KB046985

청동기시대 취락구조와 사회조직

● 지은이

이형원 _ 李亨源

충남 아산 출생(1972)
충남대학교 고고학과 졸업(1997)
충남대학교 대학원 고고학과 문학석사(2002)
충남대학교 대학원 고고학과 문학박사(2009)
충남대박물관 조교 및 백제연구소 연구원을 거쳐
현재 한신대박물관 학예연구사 겸 충남대 · 한신대 강사

논문 및 저서

「구순각목토기의 변천과 성격에 대하여」(1998)
「가락동유형 신고찰」(2001)
『한국 청동기시대 전기 중부지역 무문토기 편년연구』(2002)
「청동기시대 전기 취락의 편년 및 구조 시론」(2003)
「사비도성내 군수리지점의 공간구획 및 성격」(2003)
『한국고고학 전문사전 - 정동기시대편』(공저, 2004)
「송국리유형과 수석리유형의 접촉양상」(2005)
「삼국~고려시대 열쇠 · 자물쇠의 변천 및 성격」(2005)
「구석기~신석기시대 시화호 일원의 고고학적 문화양상」(2006)
「삼국시대 벽주건물 연구」(공저, 2006)
「호서지역 가락동유형의 취락구조와 성격」(2007)
「남한지역 청동기시대 전기의 상한과 하한」(2007)
「경기지역 청동기시대 묘제 시론」(2007)

青銅器時代 聚落構造와 社會組織

청동기시대 취락구조와 사회조직

초 판 인 쇄 일	2009년 2월 23일
초판1쇄발행일	2009년 2월 27일
초판2쇄발행일	2009년 8월 30일
지 은 이	이형원
발 행 인	김선경
발 행 처	도서출판 서경문화사
	주소 : 서울 종로구 동숭동 199 - 15(105호)
	전화 : 743 - 8203, 8205 / 팩스 : 743 - 8210
	메일 : sk8203@chollian.net
인 쇄	한성인쇄
제 책	반도제책사
등 록 번 호	제 1 - 1664호

ISBN 978-89-6062-039-1   93900

* 파본은 본사나 구입처에서 교환하여 드립니다.

정가 17,000원

靑銅器時代 聚落構造와 社會組織

이 형 원 지음

서경문화사

책머리에

　　고고학이나 지리학에서 "취락" 이라는 용어는 대체로 다음과 같은 두 가지 뜻으로 사용되고 있다. 첫 번째는 가옥의 집합체로 보는 협의의 의미이며, 두 번째는 삶의 영역인 주거공간과 생산공간을 비롯하여 죽음의 영역인 분묘공간을 모두 포함하는 광의의 개념이다. 한국 고고학에서는 주로 좁은 의미의 취락으로 사용되고 있는 것이 현실인데, 청동기시대의 취락 연구 역시 이러한 경향에서 벗어나지 않는다고 생각된다.

　　물론 이는 고고학 연구의 기본적인 토대가 되는 발굴조사 자료의 생성 환경에서 비롯되었을 것이다. 즉 과거에는 광역한 범위를 대상으로 한 발굴성과가 많지 않았기 때문에 취락의 전모가 밝혀진 유적이 별로 없었다. 그렇지만 필자가 대학 학부를 졸업하면서 직업인으로서 고고학을 접하게 된 1990년대 중후반부터 광범위 발굴조사를 통해 확인된 취락이 폭발적으로 증가하게 되었다. 이를 통해서 단순하게 개별 주거지를 비롯하여 주거공간만을 연구대상으로 삼았던 협의의 취락 연구 수준을 넘어서 생산공간 또는 분묘공간을 아우르는 광의의 취락 연구가 가능하게 된 것이다.

　　이러한 의미에서 중서부지역의 청동기시대 취락을 주제로 삼은 필자의 금번 연구는 대상 자료가 어느 정도 확보된 상태에서의 분석이었기 때문에 나름대로 행운이 따랐다고 볼 수 있다. 그래서 연구내용에 대한 학문적 평가를 떠나서 좁은 의미의 취락 연구가 주류를 이루었던 기존의 선행 연구보다는 더욱 넓은 의미의 취락 연구를 시작했다는 것에 본서의 의의를 부여하고 싶다.

　　이 책은 필자의 박사학위 논문에 독자의 이해를 돕기 위해 사진을 일부 추가하여 펴낸 것으로서, 지금까지의 연구 성과를 현 시점에서 정리한다는 의미를 일부 담고 있다. 그렇지만 그 보다는 필자가 앞으로 평생 진행할 취락 연구와 고고학 연구를 위한 출발점으로 삼고자 한다.

　　지금의 필자와 박사학위 논문이 완성되기까지 도움을 주신 분들을 적기하여 감사의 마음을 전하고자 한다. 먼저 충남대학교 고고학과에서 학부와 대학원 석박사과정을 통해서 이강승 선생님을 비롯하여 박순발, 박양진, 우재병, 성춘택 선생님으로부터 학문적인 그리고 인간적인 교육을 받을 수 있었던 것에 대해서 깊은 감사의 뜻을 표하고 싶다. 특히 석사논문과 박사논문을 지도해 주셨던 박순발 선생님은 학부나 대학원생 시절에 관계없이 지속적인 자극과 더불어 당시 무지했던 제자에게 학문적인 동료의식을 갖게 해 주셨다. 뿐만 아니라, 원래 소극적이고 수동적이었던 필자를 조금이나마 적극적이고 능동적인 연구자로 키워 주셨다. 또한 충남대박물관에서부터 시작된 성정용 선생님과의 만남도 중요한 인연이 되었다. 지금 생각해 보면 박순발, 성정용 선생님과 함께 했던 발굴현장에서의 열정과 박물관이나 연구소에서의 탐구정신, 그리고 酒席에서의 자유로운 토론은 지금의 필자를 있게 한 가장 큰 원동력이자 배경이 되었다. 사실 두 분과 오랜 기간 함께 생활하면서 자연스럽게 친숙해졌던 원삼국시대나 삼국시대 고고학을 전공할 생각을 가지고 있었지만, 그 시대를 연구하기 위해서는 청동기시대에 대한 이해가 필수적이라는 박순발 선생님의 교시에 따라 학부 졸업논문은 청동기시대의 구순각목토기에 대해서 쓰게 되었다. 이때부터 청동기시대 연구를 시작하게 되었는데, 지금도 역사시대 고고학에 관심을 가지게 된 것은 모두 두 선생님의 영향덕분이다. 가끔 그 시절을 회상하면서 마음가짐을 새롭게 한다. 두 분께 머리 숙여 깊이 감사드린다. 이 때 동고동락했던 충남대 고고학과의 동기와 후배들에게도 감사한다.

한편, 필자는 2003년부터 현재까지 한신대학교 박물관에서 근무하고 있는데, 직장의 상사로 거의 매일 얼굴을 대하고 있는 이남규, 권오영 선생님은 고고학계의 먼 후배이자 제자 같은 필자를 항상 열린 마음으로 학문적인 동료로서 대해 주시면서 많은 배려를 해 주셨다. 박물관의 식구들로부터도 많은 도움을 받았다. 그리고 조교, 연구원, 학예연구사 신분으로 직장생활을 하면서 여러 분의 관장님과 소장님을 모실 기회가 있었다. 충남대박물관에서는 이강승, 장인성 선생님을, 충남대백제연구소에서는 박순발 선생님을, 한신대박물관에서는 안병우, 이세영 선생님을 모셨는데, 이 분들께서 보여 주신 신뢰와 애정은 항상 마음속에 간직하고 있다. 이와 함께 이홍종, 김범철 선생님은 박사학위 논문의 외부 심사위원으로서 많은 교시와 도움을 주셨다. 모든 분들께 감사드린다. 또한 책을 잘 펴내주신 서경문화사의 김선경 사장님과 편집을 담당한 김윤희님께도 감사드린다.

마지막으로 늘 변함없는 버팀목이 되어주시는 존경하는 어머니와 두 동생들, 장모님과 처가식구들, 그리고 남편으로서 아버지로서 언제나 미안함을 느끼게 했던 사랑하는 아내 국성희와 아들 찬민이에게 이 책이 작은 위안과 기쁨이 되었으면 한다. 아울러 일찍이 작고하신 아버님께 이 책을 바치고자 한다. *

2009년 2월

이 형 원

차 례

靑銅器時代 聚落構造와 社會組織

청동기시대 **취락구조와 사회조직**

01 서론

　　우리나라의 청동기시대 취락연구는 1990년대 중반까지만 해도 고고학 자료의 부족으로 말미암아 개별 유물이나 유구의 검토에 머무를 수밖에 없었다. 그러나 1990년대 후반부터 개발 행위에 수반한 대규모 발굴조사에 힘입은 결과, 자료가 폭발적으로 증가하고 연구자의 수도 늘어나면서 관심 분야도 다양해졌다. 개별 주거지에 대한 검토에서부터 취락 단위, 그리고 더 나아가 지역 단위의 취락 연구에 이르기까지 많은 연구성과가 축적되고 있는 상황이다(安在晧 1996 · 2006; 이홍종 2005a · 2007; 김권구 2005; 嶺南考古學會 2005; 韓國考古學會 2006; 湖南考古學會 · 湖西考古學會 2006; 金範哲 2005 · 2006a · 2006b; 김장석 2007 등). 이와 같은 연구성과 중에서 특히 청동기시대 후기의 송국리유형에 대한 관심이 가장 크게 나타났으며, 수전농경을 필두로 한 성숙한 농경문화와 이를 토대로 형성된 사회적 계층화의 논의가 중시되었다. 그리고 이 시기의 사회적 특징을 반영하는 지표로서 환호취락과 지석묘, 그리고 비파형동검 등이 주요 연구대상이 되었다. 이러한 의미에서 이제 남한지역의 청동기시대 연구는 유물과 유구를 통하여 편년을 확립하는 자료로서의 가치보다는, 취락의 구조를 통한 집단의 성격과 취락간의 관계를 통한 사회의 복원을 추구하는(安在晧 1996) 진정한 의미의 취락연구가 시작된 것이다. 이와 같은 연구경향이 반영된 최근의 청동기시대 취락 연구사를 시기별, 지역별, 주제별로 나누어서 정리하면 다음과 같다.

우선, 시기에 따른 취락연구는 청동기시대 전체를 대상으로 한 검토가 안재호(1996 · 2006)와 송만영(2002)에 의해 본격적으로 이루어진 바 있다. 이들의 연구에서는 주거지와 유물에 대한 편년을 토대로 취락의 구조가 청동기시대 내에서 어떠한 양상으로 변화하는지를 추적하였다. 특히 안재호의 1996년도 논문("무문토기시대 취락의 변천-주거지를 통한 중기의 설정-")은 주거지와 취락의 변천을 통해 사회변화의 큰 흐름을 구체적으로 제시한 점에서 청동기시대 취락연구의 수준을 한 단계 높여 놓았다. 필자는 중서부지역의 전기 청동기시대 취락에 대한 연구를 진행하였는데(李亨源 2003b), 특히 가락동유형 취락의 분석에 관심을 집중하였다(李亨源 2007b). 역시 중서부지역의 전기에 해당하는 역삼동 · 흔암리유형의 취락에 대해서는 허의행(2007)의 연구성과가 있으며, 이 지역의 후기 송국리유형 취락에 대해서는 이홍종과 김범철의 연구성과가 눈에 띈다(李弘鍾 1996 · 2005a · 2007; 金範哲 2005 · 2006a · 2006b).

청동기시대 자체를 넘어선 수준의 통시대적 관점에서는 삼한의 국의 형성에 초점을 두면서 신석기시대에서 원삼국시대에 이르는 취락을 검토한 권오영(1996)의 논문과 중서부지역의 신석기~삼국시대 백제에 해당하는 정주취락의 형성과 발전을 거시적으로 분석한 박순발(2002)의 논문이 주목된다. 이와 같이 보다 넓은 관점에서 장기간의 시대를 포괄하는 논문들은 청동기시대 안에서 모든 것을 완결시키려는 일부의 연구 논문들을[1]

---

[1] 예를 들어 청동기시대 후기의 송국리유형 단계에 國이 형성되었다고 보는 武末純一(2002)의 논문, 그리고 여기에서 더 나아가 이 시기의 남한지역에 5개 권역의 광역 지역정치체(國)가 존재한다는 배진성(2006)의 주장이 그것이다.

비판적인 시각에서 바라볼 수 있게 해 준다.

지역별로 살펴보면 남한 전역을 대상으로 한 전술한 안재호(1996 · 2006)와 송만영(2002)의 글이 있으며, 호서지역을 대상으로는 이형원 (2003b · 2007b)과 허의행(2007)이 전기단계를, 이홍종(2005a · 2007)과 김범철(2005 · 2006a · 2006b)이 후기단계의 취락을 연구지역으로 선정하여 논의를 진행하였다. 이 밖에 강원도의 영서지역은 김권중(2005), 영동지역은 박영구(2004) 등에 의한 연구성과가 제출되어 있으며, 영남지역은 안재호(1996 · 2004), 김권구(2005), 배덕환(2005), 그리고 울산을 대상으로 한 이수홍(2008)의 글도 발표되었다. 호남지역은 주로 주거지나 지석묘에 대한 연구가 중심을 이루고 있으며, 취락구조에 대한 관심은 아직 나타나지 않고 있다(李榮文 2002; 李宗哲 2002; 김규정 2006).

청동기시대 취락 연구에서 유형(Cultural Assemblage) 단위로 작성된 논문은 시기와 지역을 종합한 것으로, 가락동유형(李亨源 2007b)과 역삼동 · 흔암리유형(宮里修 2006, 허의행 2007)의 전기 청동기문화와 송국리유형(李弘鍾 2005a · 2007; 金範哲 2005 · 2006a · 2006b; 김승옥 2006b; 李亨源 2005a)의 후기 청동기문화의 취락 분석이 있다.

한편, 단위 취락에 대한 집중적인 논의도 이루어지고 있는데, 보령 관창리유적에 대해서는 이홍종(2005a)과 김재호(2006)가 다양한 분석을 시도하였으며, 관창리와 더불어 한국 청동기시대를 대표하는 부여 송국리와 울산 검단리유적은 각각 손준호(2007)와 유병록(2008)의 재검토가 있었다.

주제별로는 취락 유형(Pattern)에서 환호나 목책으로 대표되는 방어취락 또는 취락내 경계시설에 대해서는 이성주(1998), 권오영(2002), 배덕환(2007)의 글이 참고되는데, 그 논의의 중심은 역시 후기의 송국리유형 단계에 해당한다. 그리고 청동기시대의 사회성격에 대해서는 단위 취락 또는 취락과 취락 사이의 지역 수준의 위계화(계층화)에 대한 김종일 (2004 · 2007), 박양진(2005), 송만영(2006b), 김승옥(2006d), 김범철

(2006c), 배진성(2006), 김장석(2007) 등의 연구가 있다. 다수의 청동기시대 연구자들이 남한지역의 청동기시대를 불평등이 강조된 수장사회(Chiefdom Society) 또는 계층사회(Stratified Society)로 추정하는 데 반해서, 김종일과 박양진은 평등사회적인 성격에 가깝다고 주장하였다.

위와 같은 연구성과들은 본서에서 진행할 취락 연구의 기본적인 토대가 된다. 그렇지만 일정한 지역을 대상으로 주거공간과 분묘공간을 종합적으로 검토한 취락 논문은 찾아보기 힘들다. 이를 고려하여 필자는 선행 논문들을 비판적인 관점에서 재조명하면서 청동기시대의 취락론을 전개시키고자 한다.

전술한 바와 같이 지금까지의 청동기시대 취락 연구에서는 후기의 송국리문화가 논의의 중심에 었었다고해도 과언이 아니다. 물론 이러한 연구경향에 어느 정도 긍정적인 생각을 가지고 있지만, 한편으론 송국리문화 이전 시기에 해당하는 청동기시대 조기를 포함한 전기 문화에 대한 논의가 매우 부족하였던 것이 사실이다. 조기의 자료는 양적, 질적으로 부족한 상황이지만, 전기의 발굴자료는 눈에 띄게 늘어나 이제 본격적인 연구를 진행할만한 여건이 조성되었다고 생각한다. 이는 취락고고학 연구가 과거의 사회조직을 연구하고 장기간에 걸쳐 일어난 사회적·문화적 변화를 연구할 수 있는 점에서 중요하며(朴洋震 1997), 안재호(1996·2006)의 논문에서 나타나듯이 청동기시대 전반에 대한 취락연구를 통해 시기에 따른 변천양상을 파악할만한 연구환경이 마련되었기 때문이다.

聚落이라는 용어에 대해서는 한 지역을 점유하는 과정에서 인간이 세운 건조물이며, 공동생활의 단위인 가옥의 집합체로 해석하는 협의적인 관점도 있지만, 가옥뿐만 아니라 주거와 연관된 모든 유구들, 즉 주거지 주변의 경작지, 도로망, 행위공간, 패총과 같은 쓰레기터, 분묘, 요지, 사회공공건물지, 제사유적과 같은 의례장소 등이 모두 포함되는 보다 넓은 의미의 개념이 있다(추연식 1997, 49쪽). 본서에서도 좁은 의미의 취락 개념보다는 주거공간, 분묘공간, 저장공간, 생산공간 등을 포함하는 보다 넓은 의미의 관점에서 취락의 공간구조를 분석하고자 한다. 그렇지만 이 역시 진정한 의미에 속하는 광역의 취락을 반영한다고 보기에는 미흡할지도 모르겠다. 왜냐하면 마을 주변에 펼쳐진 산과 강 등 당시 사람들과 직접 또는 간접적으로 관련된 자연환경을 연구대상에 넣는 경관 고고학의 입장이(김종일 2006) 배제되어 있기 때문이다. 그럼에도 불구하고 기왕의 한국고고학의 취락연구가 주로 주거지와 이에 부속된 시설들만을 중심으로 논의가 진행되어 온 것을 비판적인 시각에서 볼 필요가 있다고 생각하였다. 이에 따라 현실적인 여건상 취락과 관련된 모든 것을 연구대상으로 할 수는 없기에, 위에서 언급한 생활영역과 매장영역만이라도 동시에 검토하고자 하였다. 이와 같은 관점에서 취락이라는 용어를 사용하고자 하며, 이를 기본 바탕에 두고 개별 주거공간을 비롯하여, 전술한 여러 기능공간을 살펴보면서 취락의 공간구조를 분석한다. 그리고 여기에서 유추되는 집단 내의 사회조직과 집단과 집단 사이의 관계에 대해서 연구하고자 한다.

상기의 연구목적을 달성하기 위한 연구대상의 공간적 범위는 한반도 중서부지역으로 설정하였는데, 행정구역상으로는 서울·경기도와 충청남북도에 해당한다. 이는 필자가 그동안 발굴 등의 야외조사를 진행하면서 연구를 병행해 온 지역이어서 당 지역의 고고학 자료를 쉽게 접할 수 있고 친숙하다는 것이 첫 번째 이유이며, 두 번째는 청동기시대 취락이 전기에서 후기로 변화하는 양상이 다른 지역에 비해 비교적 뚜렷하며, 이와 관련된 자료가 풍부하기 때문이다.

책의 제목은 "한국 청동기시대의 취락구조와 사회조직"이며, 이를 구명하기 위해 다음과 같은 구성 순서에 따라 진행할 것이다.

서론에 이어지는 제 2장에서는 청동기시대의 취락 논의를 구체화하기 위한 전제를 설명한다. 본 연구에서 사용하는 청동기시대의 문화적 유형들, 즉 미사리유형, 가락동유형, 역삼동·흔암리유형, 송국리유형의 개념을 설명하고 시기구분과 편년의 내용을 제시한다. 이는 청동기시대 취락의 단계적인 변화양상을 살피는 데 있어서 가장 기초적인 작업으로 볼 수 있다.

제 3장은 청동기시대의 시기구분에 따른 유형별 취락을 살펴보게 되는데, 이를 토대로 하여 본 논문의 중심적인 본론에 해당하는 제 4장과 제 5장의 분석과 검토가 이루어진다.

제 4장은 청동기시대 시기별 취락의 입지 변화와 생계 방식의 변화가 어떻게 연동하는지를 살펴본다. 그리고 주거와 주거군의 분석을 통해 주거지의 분포양상, 개별 주거와 주거군의 양상과 의미를 고찰하는데, 이 가운데 개별 주거에서는 전기의 대형 주거지의 공간분할을 시도하며, 노지가 확인되지 않았던 후기의 송국리식주거지를 구체적으로 재검토한다. 이와 더불어 주거 규모와 거주 방식에 대해서는 주거 구조가 바뀌면서 소형화하는 현상을 설명한다.

제 5장은 취락의 구조, 특히 시기별 단위 취락의 공간 구성을 집중적으로 검토하고 이를 통해서 사회조직에 대한 접근을 시도하게 되는데, 이는 본 연구의 핵심적인 내용에 해당한다. 즉 각 시기별 취락의 여러 가지 기능 공간의 조합을 분류하고 그것의 변천 양상을 제시한다. 이러한 취락 구조의 다양한 형태에 대한 패턴을 인지한 상태에서 이를 통해 청동기시대 각 시기의 사회조직을 석출할 것이며, 특히 후기 송국리유형 시기의 취락과 취락 사이의 관계가 어떠하였는지를 추적하고자 한다. 또한 취락의 상위계층에 의해서 주도적으로 이루어졌을 재지계 취락과 외래계 취락의 교류양상에 대해서도 고찰한다. 이는 청동기시대 늦은 시기의 재지계의 송국리유형 취락과 점토대토기로 대표되는 외래계의 수석리유형 취락 사이에 있었던 고고학적 현상을 규명하는 사례연구로서, 무엇보다 집단의 운영 측면에서 사회조직의 최상위 계층의 동향을 주목한다.

마지막으로 제 6장은 본서 전체의 내용을 요약 정리하는 한편, 연구의 한계와 향후의 과제를 언급하면서 결론을 맺는다.

O2 청동기시대 유형의 개념과 편년

靑銅器時代 類型의 槪念과 編年

이 장에서는 본서에서 주로 사용하는 핵심적인 용어의 개념을 설정하고, 취락론의 전제조건 중의 하나인 시기구분과 편년에 대해서 설명하고자 한다.

1. 청동기시대 유형의 개념

청동기시대 연구단위로서 이 책에서 사용하는 類型(Cultural Assemblage)의 개념은 "동질적 문화전통을 가지고 있으면서 고고학적 동시간대로 포괄될 수 있는 제작·사용집단에 의해 제작·사용된 일련의 유구 및 유물군"(朴淳發 1999, 81쪽)을 의미한다. 여기에서 사용하는 문화적 유형은 渼沙里類型, 可樂洞類型, 驛三洞·欣岩里類型, 松菊里類型을 지칭한다.

유형 개념에 대한 신중론(송만영 2006a)과 비판론(李盛周 2006; 安在晧 2006)이 있는데, 특히 이성주는 유형에 대해서 집단의 실체가 없는 관념적인 요소로 파악하며 이는 편년을 위한 유물복합체로만 인식해야 한다며 강한 비판을 제기하였다.

그러나 이성주의 비판은 유형론에 대한 과도한 불신 또는 오해에서 비롯된 것 같다. 즉 필자가 여기에서 언급하는 유형은 종족집단을 나타내는 경우도 있지만 반드시 그런 것은 아니라는 점을 밝혀둔다. 다양한 사회적인 상호 관계를 통해서 같은 종족이라도 다른 물질문화를 제작·사용할 수 있으며, 또한 서로 다른 물질문화를 제작·사용하는 집단이 같은 종족이 될 수도 있기 때문이다. 결국 유형이 유구 또는 유물복합체를 의미하는 것은 주지의 사실이며, 단지 이에 대한 사회 고고학의 측면에서 물질문화의 행위주체인 인간을 통해 설명하는 방식을 취하는 것이 과거 사회를 이해하는데 더욱 도움이 되기 때문이다. 예를 들어, 조기 또는 전기의 미사리유형, 가락동유형, 역삼동·흔암리유형의 유물복합체를 사용하는 서로 다른 종족집단들이 후기의 송국리유형이라는 하나의 종족집단으로 통합되었다고 생각하기는 어려울 것이다. 이 시기의 종족 문제를 고고학적으로 해명하는 것은 매우 어렵다고 생각하며, 다만 유형론에서 말하는 제작·사용 집단의 의미는 다양하게 해석될 여지가 있으므로 신중하게 사용해야 할 것이다. 또한 유형론에 내재되어 있는 문제점 역시 분명히 존재하지만, 복잡 다양한 고고학 자료를 보다 체계적이고 합리적으로 설명할 수 있는 유용한 틀 가운데 하나로 자리잡을 수 있도록 더욱 정교한 이론화 작업이 요구되는 시점이기도 하다(李亨源 2007b).

1) 미사리유형

이는 1990년대 후반까지만 해도 한반도 무문토기문화의 논의 과정상에서 그다지 주목받지 못했다. 물론 자료의 부족이 가장 큰 이유였을 것이다. 渼沙里類型의 가장 특징적인 突帶刻目土器[2]는 구연부 바로 아래의 동체 상부에 돌대를 부착하고 그 위에 직선·사선·×자문·거치문 등을 종방향으로 긋거나 눌러서 무늬를 새긴 청동기시대의 매우 특징적인 무문토기를 말한다. 제천 黃石里유적(李隆助 1984)에서 처음 알려진 이 토기는 1980년대 후반 이홍종(1988)에 의해 한반도 남부와 일본 구주 출토의 돌대각목토기를 비교 검토한 이후 더 이상의 본격적인 논의는 이루어지지 않았다. 이홍종은 1988년도 논문에서 제천 황석리 포함층에서 출토된 돌대각목토기를 분석한 후, 이를 일본의 繩文만기에서 彌生초기에 걸치는 시기 동안 사용되었던 이른바 夜臼式土器와의 형태상 유사성을 들어 한반도의 돌대각목토기문화가 일본에 초기 수전농경을 전파한 것으로 파악하였다. 또한 공렬토기 보다는 늦게 나타나는 토기형식으로 이해하였다.

그러나 최근 들어 하남 미사리와 남강댐 수몰지구의 선사유적 등에서 돌대각목토기를 출토하는 주거지가 조사됨으로써 이 유형의 내용을 좀더 자세히 이해할 수 있는 여지가 마련되었다. 이를 통해서 이와 관련된 논의가 진행되고 있는 상황(安在晧 2000; 宋滿榮 2001)이지만, 이들 논문에서도 미사리유형의 개념에 대한 자세한 논의는 이루어지지 않았다. 안재호는 정방형 평면에 石床圍石式爐址를 가진 渼沙里式住居址[3]에서 출토된 돌대각목토기를 전기(가락동식, 역삼동식, 흔암리식)에 앞서는 조기로 설정하는 한편, 上村里나 本村里유적과 같이 흔암리식토기와 공반되는 유적들은 전기후반에 위치하는 것으로 이해하고 있다(安在晧 2000).

이들의 편년 및 전개양상에 대해서는 뒤에서 다시 상술하겠지만, 한

---

2) 이 토기는 덧띠새김무늬토기(李弘鍾 1988), 突帶刻目文土器(崔鍾澤 1994), 刻目突帶文土器(尹世英·李弘鍾 1994) 등 대동소이하게 여러 이름으로 사용되고 있으나, 突帶刻目(文)土器로 부르고자 한다. 이는 구순부에 각목이 있는 것을 구순각목(문)토기로 부르는 것과 같은 명명방식이다.

3) 이와 관련하여 安在晧는 舊稿(1996, 62쪽)에서 주거지 내부의 기능분화 및 가족구성에 초점을 맞추어서, 2分室을 예상하여 축조된 正方形住居址를 '渼沙里式住居址'로 분류한 바 있는데, 최근 논문(2000)에서는 上記의 의미로 사용하였다. 두 가지 모두를 포함하고 있는지의 여부는 확실히 알 수는 없으나, 현 단계에서 필자가 따르고 있는 용어는 최근의 용례에 해당된다.

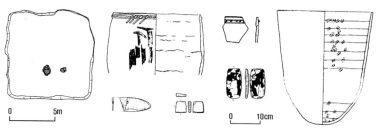

도면 1 미사리유형의 주거지(1/400)와 유물(1/12)

강유역의 미사리유적을 비롯한 남강선사유적 등지에서 확인되는 여러 유적들의 특징은 안재호가 제시한 주거구조 및 유물상에서 동일한 패턴을 보이고 있어 하나의 유형으로 설정해도 좋다고 생각한다. 그리고 이중구연 단사선문을 표지로 하는 토기를 가락동식토기로, 공렬문을 표지로 하는 토기를 역삼동식토기로 사용하고 있듯이, 돌대각목토기 또한 대표유적을 따라서 "渼沙里式土器"로 불러도 무방하다고 생각한다.

　위와 같은 의미에서 미사리유형의 개념은 다음과 같이 정의할 수 있다.

　"주거구조는 미사리식주거지(방형 또는 장방형 평면에 板石敷圍石式爐址[4]설치)를 특징으로 하며, 토기는 미사리식토기(돌대각목토기)를, 그리고 삼각만입석촉이나 반월형석도, 편평석부[5] 등의 석기 등을 표지로 한다"(李亨源 2001 · 2002).

---

4) 위석식노지의 바닥에 돌을 깔았다는 점에서 안재호의 석상위석식노지와 동일한 의미이다. 노지의 바닥에 깔린 대부분의 돌들이 판석들이기 때문에 "판석을 깐 위석식노지"라는 표현이 보다 의미전달이 용이하지 않을까 하는 생각에서 이 용어를 사용한다.
5) 석기의 경우는 지금까지 알려진 예가 많지 않아서 자세한 논의가 어려운 실정이다.

2) 가락동유형

미사리식토기를 제외한 청동기시대 전기의 무문토기군은 可樂洞式·驛三洞式·欣岩里式土器로 대표되며, 이를 표지로 한 토기·석기 등의 유물복합군을 무문토기문화로 유형화함으로써, 이들을 각각 가락동유형·역삼동유형·흔암리유형으로 분류(李淸圭 1988·1995)해온 것이 1990년대까지의 통설이었다. 세부적으로 가락동식토기는 서북한지역의 팽이형토기가 남하하면서 변화가 일어난 것으로 이중구연 단사선의 구연부 장식이 특징적이며, 역삼동유형은 동북한지역의 공렬토기·구순각목토기와 적색마연토기가 남하하여 성립된 것으로 이해하고 있다. 흔암리유형은 역삼동식과 가락동식토기가 공반되거나 일정한 토기에 두 양식의 장식속성이 복합되어 나타나는 토기군으로 지칭하는데, 이와 관련된 중요 논문들(李白圭 1974·1986; 安在晧 1991; 朴淳發 1993a)의 논지 또한 대동소이하였다.

가락동유형을 좀 더 자세히 살펴보도록 하자. 가락동유형은 처음에 서울 可樂里유적이 조사되면서 첨저의 빗살무늬토기와 구별되는 심발형의 이중구연과 단사선을 전형으로 한 "可樂式土器"와 그 문화가 "可樂文化"로 명명된(金廷鶴 1963) 후, 동북지역 계통의 평저 및 돌기(젖꼭지)장식 등의 요소와 이중구연 및 단사선이 시문되는 팽이토기의 요소가 결합된 것으로 파악하는 견해가 제시되었다(李白圭 1974, 99쪽).

그 후 가락동유형에 대한 보다 자세한 논의(李淸圭 1988, 43-47쪽)에서는 이를 다시 A, B 양군으로 구분한 후, A군은 심발형과 호형토기가 조합된 것으로서 심발형에만 이중구연과 단사선이 시문되어 있는 것이 특징이며, 이는 다시 단사선장식이 이중구연 중간에 엇갈린 방향으로 단속적으로 장식된 것(강화 三巨里)과 이중구연부의 하단에 일정한 방향으로 연속적으로 시문된 것(임진 仙遊里, 서울 可樂洞)으로 분류하였다. B군은 심발형과 호형 모두에 연속 단사선 장식이 있는 점에서 A군과 구분된다는 것이다. 그리고 가락동식토기는 서북한지역의 신흥동식토기(팽이형토기)가 남하하면서 변화가 일어난 것으로 보는 견해(韓永熙 1983)를 전제로, 전형적인 신흥동식토기가 보이는 A군과 그렇지 않은 B군(청원 內秀里, 천안 斗井里, 남원 新基里, 경주 九政里) 사이의 문화정형의 차이를 지역 및 시간적 차이로 이해하였다.

이처럼 가락동식토기를 이중구연과 단사선을 특징으로 하는 서북한 지역 팽이형토기의 영향으로 형성된 것으로 보는 견해가 주류였으며, 有血溝磨製石劍을 비롯한 석기에서 나타나는 동일 지역의 요소를 더해서 가락동유형을 설명해 왔다고 볼 수 있다.

그러나 위에서 살펴본 내용들은 대부분 고고학적 자료가 질적·양적으로 양호하지 않은 상황에서 진행된 논의들이기 때문에 새로운 자료가 증가된 지금의 시점에서 보면, 고고학 자료의 정형성 분석 또는 성격 파악에 다소 무리가 있었으며, 얼마간의 수정도 불가피한 것으로 생각된다. 후술하겠지만, 최근의 연구 성과는 가락동식토기를 대동강유역 팽이형토기의 영향에서 벗어나 그 기원을 압록강유역에서 찾고자 하는 견해(朴淳發 1999)가 제시되고 있어 주목된다. 또한 그동안 단순한 유물검토에서 벗어나 주거지 및 취락에 대한 분석이 가능하게 된 점 또한 가락동유형을 재조명할 수 있는 중요한 계기가 되었다.

대전·청주를 중심으로 하는 호서지역의 차령산맥 이남에 집중적으로 분포하는 가락동유형은 유구와 유물의 검토를 통해 다음과 같이 정의된다.

"주거구조는 장방형 또는 세장방형주거지에 위석식노지를 비롯하여 초석, 저장공 등의 세 요소를 전부 또는 부분적으로 공유하며(둔산식주거지[6]), 토기상으로는 이중구연과 단사선문으로 대표되는 가락동식토기[7]와 석기상으로는 이단병 또는 유혈구 마제석검을 비롯한 삼각만입석촉,

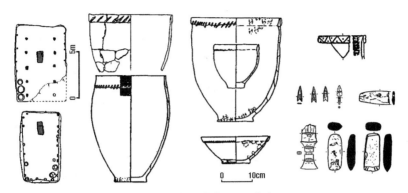

도면 2 가락동유형의 주거지(1/400)와 유물(1/12)

이단경석촉, 양인석부, 반월형석도 등을 주요 구성요소로 한다". 이와 같
은 주거구조와 유물상의 조합을 가락동유형의 전형으로 볼 수 있다(李亨
源 2001, 113쪽).

그런데 여기서 잠시 생각해 볼 문제가 있다. 이 개념규정에 의하면 후
술할 필자의 가락동유형Ⅲ기는 전형적인 가락동유형에 해당하지 않는다.
왜냐하면 주거구조는 초석이나 위석식노지가 일정 정도 유지되지만, 토기
상에서 이중구연과 단사선이 거의 보이지 않는 단계이기 때문이다. 이러
한 현상은 유구 또는 유물복합체에 해당하는 유형의 생성 - 유행 - 소멸과

6) 안재호(2000)에 의해서 설정된 가락동유형의 주거 형식명이다. 사실, 가락동유형의 주거
   지를 가락동식주거지로 명명하면 가장 좋았을 것이지만, 실상 가락동유적의 발굴에서는
   위석식노지나 초석이 전혀 확인되지 않았기 때문에 어쩔수 없이 상태가 양호한 둔산동유
   적의 주거지를 대표 형식으로 삼은 것이다. 필자 역시 이러한 형식명 부여방식에 적극 찬
   성하지만, 일반적인 관점에서는 "가락동식주거지"를 병기해서 써도 좋다고 본다. 즉 가락
   동유형, 가락동식토기와 함께 가락동식주거지를 일률적으로 사용하는 것도 용어상의 혼
   란을 피하는 좋은 방법으로 생각하기 때문이다.
7) 가락동식토기의 개념은 1)이중구연에 단사선이 시문된 토기를 비롯하여 2)이중구연+단
   사선+구순각목, 3)이중구연+거치문, 4)이중구연+구순각목, 5)이중구연+거치문+구순
   각목, 6)이중구연, 7)단사선, 8)단사선+구순각목토기 등을 모두 포함한다(李亨源 2001).

같은 전함형 빈도봉 형성의 측면에서 보면 이해될 수 있을 것이다. 또한 가락동유형이라 하더라도 모든 주거구조가 반드시 둔산식주거지일 것이라는 인식도 옳지 않다. 왜냐하면 이와 같은 사고방식은 가락동유형 내에서 나타날 수 있는 다양성을 무시하는 오류를 범할 수 있기 때문이다. 이와 관련하여 유물복합체와 유구가 상이한 경우는 어떠할까. 역삼동유형의 주거지와 가락동식토기만 조합된 경우, 또는 가락동유형의 주거지와 역삼동식 또는 흔암리식토기가 조합된 경우는 어떻게 설명할 것인가. 필자는 고고학적 정황에 따라 해석해야 한다고 생각한다. 가락동유형이 중심을 이루는 취락에서 역삼동·흔암리유형의 요소가 확인되는 경우와 또는 그 반대의 경우는 양 유형간의 교류의 증거로 삼아야 한다는 입장이다. 또한 한 취락에서 유구와 유물상이 완전히 상이하게 조합되는 경우는 어떠한가. 구체적으로 주거구조와 토기군 가운데 어느 쪽을 유형 분류의 우선순위로 둘 것인가. 양쪽 모두 인간생활에 필수적인 3가지 구성요소(衣食住)에 해당하면서, 해석에 어려움은 있지만 집단의 정체성과 전통을 강하게 내포하고 있는 것으로 알려져 있다. 물론 이 가운데 가장 필수적인 것을 하나만 고르라고 하면 역시 생물학적 신진대사 활동의 하나인 식생활이기 때문에(박순발 2007, 23쪽), 주거구조보다 토기를 중시할 수도 있을 것이다(安在晧 2006). 그렇지만 어느 한쪽 측면만을 강조하기 보다는 이들이 확인된 취락 단위 또는 지역 단위의 고고학적 정황을 이해하는 가운데에서 신중하게 구분해야 한다는 것이 필자의 입장이다(李亨源 2007b).

3) 역삼동·흔암리유형

驛三洞類型과 欣岩里類型은 앞에서 검토한 가락동유형과 함께 청동기시대 전기를 대표하는 문화유형으로 인식해온 것이 지금까지의 통설

(李白圭 1974 · 1986; 李淸圭 1988 · 1995; 安在晧 1991 · 2000; 朴淳發 1993a)이었다. 두만강유역을 중심으로 하는 동북한지역에서 남한지역으로 파급된 것으로 인식된 공렬토기, 구순각목토기, 적색마연토기 등을 역삼동식토기로 분류한 후, 이를 다시 역삼동유형으로 의미를 확대하였으며, 가락동유형은 서북한지역 팽이형토기문화의 영향으로 이해하였다. 그리고 역삼동식토기와 가락동식토기가 한강유역에서 융합하여 흔암리식토기를 형성한 것이 흔암리유형이라는 이해방식이 절대적이었다. 즉 동북과 서북의 양 지역에 계보를 둔 역삼동유형과 가락동유형이 동시 공존한 시기와 이 보다 약간 시간이 흐른 뒤에 이들이 접촉하여 새로운 흔암리유형이 성립하였다는 것으로 요약된다.

그러나 1990년대 후반부터 이러한 통설에 의문이 제기되기 시작한다. 먼저, 大貫靜夫(1996)는 두만강유역의 문화가 한반도 남부의 새로운 토기의 성립에 크게 관여했다는 것에 의문을 제기하면서, 공렬토기의 형태, 주거구조, 석기상[8] 등에서 오히려 압록강유역이나 청천강유역 등 서북한지역과의 관련성이 더욱 강한 것으로 보았다. 이중구연의 가락동식토기 역시 단사선문의 연속시문 등 토기의 형태적 특징에서 볼 때, 팽이형토기의 영향보다는 신암리나 세죽리 등의 이중구연토기와 유사하다는 점을 지적함과 동시에, 이를 통해 흔암리유형이 대동강유역보다 더 북쪽의 압록강에서 청천강유역에 걸친 서북한지역과의 관계를 통해서 형성된 것으로 이해하는 새로운 견해를 제시하였다. 그러나 그는 역삼동, 흔암리유형의 핵심요소 가운데 하나인 적색마연토기에 대해서는 서북한지역과의 관련성이 적다는 점을 인정하면서도 동북한지역과의 관련성에 대해서는 애매한 입장을 취하여 다소 불분명한 논리를 전개하였다.

---

8) 물론 석기상은 대동강유역의 팽이형토기문화권과 밀접한 관련이 있기 때문에 서북한지역에서의 복잡, 다양한 문화교류를 상정하고 있다.

박순발(1999)은 가락동유형의 성립배경에 대한 大貫靜夫의 견해를 지지하면서, 구체적인 파급경로는 압록강유역의 신암리 제2문화층 단계의 이중구연토기가 대동강유역의 팽이형토기 문화권을 우회하여 임진강 상류지역을 통하여 정착된 것으로 이해하였다. 한편 공렬토기나 적색마연토기를 보는 시각에서 大貫靜夫와는 이해방식을 달리하여, 흔암리유형은 원산만일대의 동해안 북부지역에서 압록강유역의 신암리 제2문화의 이중 구연요소와 두만강유역의 반관통공렬 및 적색마연토기 요소가 복합되는 과정에서 형성된 것으로 보았다.

이와 관련하여 흔암리유형에 대해서 주민집단을 반영하는 유형으로 보기 어렵다는 견해(金壯錫 2001)가 제시되었다. 즉 김장석은 가락동유형의 분포권이 충청도 동부내륙과 경상도 북부지역에 한정되는 반면, 역삼 동유형과 흔암리유형이 가락동유형 분포권 이외의 한반도 전역에서 중복적인 분포 현상을 보인다는 점과 흔암리식 유물복합체간의 상이성이 크다는 점을 강조하면서 흔암리유형은 동일한 문화기반을 가진 동일집단에 의해 형성된 것이 아니라는 주장을 제기하였다. 한편, 흔암리식토기의 형성과 관련하여 역삼동식토기가 가락동식토기보다 선행한다고 보고, 가락동유형 집단이 미송리형토기 사용집단에 의해 남한지역으로 밀려 내려오면서 일부가 先住한 역삼동유형 집단으로 흡수되면서 흔암리식토기가 형성되었다는 논리를 폈다.

지금까지 가락동, 역삼동, 흔암리유형에 대한 기존의 논의를 간략히 살펴보았다. 1970년대부터 이백규 등에 의해서 이루어진 동북한과 서북한이라는 두 계열의 문화가 남한의 무문토기 문화 형성에 큰 영향을 주었다는 점에 대해서는 큰 이견이 없는 것 같다. 다만 가락동유형의 경우 대동강유역보다는 압록강, 청천강유역과 더욱 밀접한 관련이 있으며, 흔암리유형의 형성지역은 한강유역보다는 원산만일대가 될 가능성이 높다는 점과 흔암리유형을 집단을 반영하는 '유형'으로 보기 어렵다는 견해 등이

1990년대 후반부터 새롭게 논의되었다는 점이다.

그럼 이제 필자의 견해를 제시하도록 한다. 앞에서 가락동유형의 개념을 단순히 토기의 양식적 속성뿐만 아니라 석기상, 주거구조 등과 함께 이해한 바 있다. 여기의 역삼동유형, 흔암리유형 역시 동일한 관점에서 다루도록 한다. 기존의 분류방식에 의해서 역삼동유형, 흔암리유형으로 분류된(李淸圭 1995 등) 유적들을 토대로 이들의 토기, 석기, 주거구조를 간단히 정리하면 다음과 같다.

- 토기상 : 역삼동유형 - 공렬토기, 구순각목토기[9], 적색마연토기
  흔암리유형 - 공렬, 구순각목과 이중구연단사선의 결합, 적색마연토기
- 석기상 : 역삼동유형 - (혈구)마제석검, 삼각만입석촉, 이단경석촉, 반월형석도 등
  흔암리유형 - (혈구)마제석검, 삼각만입석촉, 이단경석촉, 반월형석도 등
- 주거구조 : 역삼동유형 - (세)장방형평면, (토광형)무시설식노지, 주공식
  흔암리유형 - (세)장방형평면, (토광형)무시설식노지, 주공식

이처럼 역삼동유형과 흔암리유형이 토기상에서 차이만 보일 뿐 석기상과 주거구조는 거의 동일함을 보여준다. 뿐만 아니라 이들은 전국적으로 분포권을 공유하고 있는 점에서 시간적 선후관계는 약간씩 존재할지 모르겠지만, 이들을 서로 문화적 전통을 달리하는 별개의 집단으로 분리하기는 어렵다는 김장석(2001)의 견해에 적극 찬성하며, 더 나아가 양 유형을 하나로 묶어서 "역삼동·흔암리유형"이라는 용어를 사용하고 있다 (李亨源 2002). 이는 지금까지 가락동식토기, 역삼동식토기, 흔암리식토

---

9) 기존에 동북한계열의 문양요소로만 분류되었으며, 역삼동식토기나 흔암리식토기에만 나타나는 것으로 인식되어 왔던 구순각목토기는 가락동식토기나 송국리식토기에도 채택될 뿐만 아니라 점토대토기와도 공반되고 있어, 이를 특정 문화적 계통이나 편년지표로만 설명할 수는 없을 것 같다. 특히 지역적으로는 동북한지역뿐만 아니라 중국의 요령지역 등에도 폭 넓게 분포하고 있는 등, 그 해석에 신중을 기할 필요가 있다(李亨源 1998·2001).

기라는 토기의 속성조합으로부터 출발하여 각각 가락동유형, 역삼동유형, 흔암리유형 등 유형(李淸圭 1995)으로, 그리고 여기에 문화유형으로서 보다 집단적인 의미를 부여(朴淳發 1999)한 논고들과 같은 입장을 취하고 있다. 그러나 흔암리유형의 형성과정 및 전개과정에 대한 새로운 일련의 논고(大貫靜夫 1996; 朴淳發 1999; 金壯錫 2001)를 검토한 결과, 역삼동유형과 흔암리유형은 뚜렷하게 구별되는 것이 아님을 인지하게 되어 "역삼동·흔암리유형"이라는 새로운 명칭을 제안한 것이다. 한편 유형의 개념은 동일한 의미로 사용하되 역삼동식토기와 흔암리식토기는 양식적 측면을 지칭하는 의미에서 기존의 용어를 따르도록 한다. 즉 공렬토기, 적색마연토기는 역삼동식토기로, 공렬과 이중구연 또는 단사선이 한 개체에 결합된 토기는 흔암리식토기로 분류하는 입장을 취한다.

　　물론 필자의 이러한 개념규정이 기존의 통설과 많은 차이가 난다고 생각할 수도 있지만, 이해방식만 약간 바꾸면 그다지 큰 문제는 되지 않는다. 즉 흔암리유형이 가락동유형과 역삼동유형보다 시기적으로 늦다는 전제하에서는 역삼동유형과 흔암리유형을 분리해서 설명하는 방식이 단순명료하고 논리적으로 보일지는 모르겠지만, 전기 무문토기문화의 양상이 모두 그에 상응되는 것은 결코 아니다. 역삼동유형과 흔암리유형이 지역에 따라 토기나 석기와 같은 부분유형(朴淳發 1999)에서 동일한 변화상을 보여주지도 않을 뿐더러(金壯錫 2001), 시기가 내려오면 한강유역이나 강원지역에서는 소위 역삼동유형이 송국리유형과 동일한 단계를 거쳐 점토대토기단계로 직접 이어질 가능성도 있기 때문이다. 이러한 점에서 토기 속성의 문양조합이 조금씩 변화하지만 큰 틀은 그대로 유지하고 있다는 것이 되므로 역삼동유형과 흔암리유형을 굳이 나눌 필요가 없게 되는 것이다. 이 점은 이청규(1988, 88쪽)에 의해서도 일찍이 「공렬토기문화라 함은 역삼동유형과 흔암리유형으로 구성되어 있으며, 이러할 때 공렬토기문화는 가락동유형 및 송국리유형 토기문화와 구분되면서 남한지역의 무문

표 1 가락동유형과 역삼동 · 흔암리유형의 개념 비교

논문 \ 유형	가락동유형		역삼동유형			흔암리유형	
李白圭 1974, 1986	명칭	A-III군	명칭	A-I군	A-II군	명칭	B군
	개념	• 동북,서북지역의 무문토기문화가 남하하여 서로 접촉이 없던 시기 • 순수팽이형토기유적	개념	• 동북, 서북지역의 무문토기문화가 남하하여 서로 접촉이 없던시기 • 무문토기, 공렬토기, 즐문토기	• 동북, 서북지역의 무문토기문화가 남하하여 서로 접촉이 없던 시기 • 공렬토기, 구순각목토기, 적색마연토기 공반 • 장방형석도 초출	개념	• 동북지역계통의 공렬토기, 구순각목토기, 굽다리접시, 장방형석도 등과 서북지역계통의 팽이형토기, 장주형석도, 석탄리식석도 등의 결합 또는 공반
	대표유적	삼거리, 선유리	대표유적	교하리	역삼동, 흔암리4, 6호, 황석리 B지구	대표유적	흔암리1, 2, 5, 7, 9, 11, 12, 미사리, 가락리('63)
李清圭 1988	명칭	가락동식 토기군: 가락동유형	명칭	역삼동식 토기군 : 역삼동유형		명칭	흔암리식 토기군 : 흔암리유형
	개념	• 서북한지역의 신흥동식 토기(팽이형토기)의 변형 • 심발형 및 호형토기에 이중구연,단사선구연부장식	개념	• 공렬 및 구순각목 장식의 심발형 토기 • 구순각목,무문의 호형토기 조합 • 호형토기에 공렬 없음 • 적색마연토기(소형호 · 원통형굽의 고배형토기)		개념	• 역삼동식 토기와 가락동식 토기의 공반 • 두 유형 장식속성의 복합 • 복합형의 비율이 적음 • 흔암리식, 내곡동식 (이중구연+단사선+구순각목), 상모리식 (이중구연+단사선+공렬+구순각목)
	대표유적	가락동, 삼거리, 선유리	유적	역삼동, 옥석리, 교하리, 양평리, 신매리, 저포리, 봉계리		유적	흔암리,미사리,내곡동, 상모리
李亨源 2002	명칭	가락동유형	명칭	역삼동 · 흔암리유형			
	개념	• 압록강,청천강유역관련 • 둔산식주거지(위석식 노지, 초석 · 주공식) • 가락동식토기(이중구연, 단사선, 구순각목의 조합) • 이단병석검 등마제석기	개념	• 동북, 서북 양 지역 관련 • 토광형노지, 주공식 중심 • 역삼동식토기, 흔암리식토기 일괄(공렬, 구순각목, 이중구연, 단사선의 조합, 적색마연토기) • 이단병식석검 등 마제석기 • 역삼동식토기,적색마연토기 사용 집단도 서북한지역의 석기상을 공유하기 때문에 동북계열로만 볼 수 없으며, 주거구조 · 석기상이 동일한 점, 전국적인 유적 분포지역의 일치 등 문화양상이 동일함			
	대표유적	가락동, 둔산동, 용산동, 내곡동, 용정동	대표유적	역삼동, 흔암리, 미사리, 백석동			

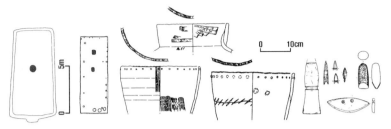

도면 3 역삼동 · 흔암리유형의 주거지(1/400)와 유물(1/12)

토기시대 전기 혹은 세형동검시기 이전의 대표적인 토기문화가 된다」는
탁견이 제시된 바 있어 현재의 필자 생각과 같지만, 이후에 역삼동유형과
흔암리유형의 토기형식에 대한 지나친 유형구분 등으로 말미암아 무문토
기문화의 이해에 혼선을 빚었다고 생각한다. 위의 논의를 통해서 도출된
역삼동 · 흔암리유형의 개념은 다음과 같다.

"주거구조는 장방형 또는 세장방형 평면에 토광형 또는 무시설식의
노지, 그리고 주공식 기둥배치방식을 중심으로 한다. 토기는 공렬토기(구
순각목토기), 적색마연토기로만 구성되거나(역삼동식토기) 이들이 이중
구연, 단사선 등과 결합(흔암리식토기) 혹은 공반되는 것 양자를 포함하
며, 석기는 (혈구)이단병식석검, 삼각만입 · 이단경석촉, 반월형석도 등을
중심으로 한다[10]" (李亨源 2002).

---

10) 서울 역삼동유적에서 노지가 확인되지 않은 점이 다소 문제가 될 수도 있지만, 필자는 역
삼동 · 흔암리유형의 특징적인 주거구조를 "역삼동식주거지"로 사용해도 좋다고 생각한
다. 현재 장축선상에 복수의 무시설 또는 토광형노지가 설치된 주거지를 "관산리식주거
지"로도 부르고 있지만, 사실, 다소 혼란스러운 점이 있다. 이는 앞서 언급한 가락동유형
의 둔산식주거지를 가락동식주거지로 바꾸어서 불러도 문제가 없을 것이라는 관점과 동
일선상에 있다. 이렇게 하면, 역삼동 · 흔암리유형은 역삼동식주거지, 역삼동식토기, 흔
암리식토기를 핵심요소로 분류할 수 있다.

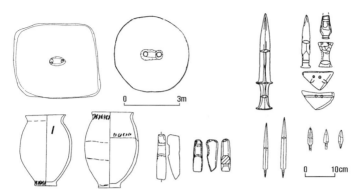

도면 4 송국리유형의 주거지(1/200)와 유물(1/12)

4) 송국리유형

청동기시대 후기를 대표하는 松菊里類型의 개념에 대해서는 별 다른 이견이 없다. 부여 송국리유적을 표지로 하며, 주거지는 중앙부에 타원형의 구덩이가 있고 여기의 내부 또는 외부에 중심기둥이 설치되는 방형이나 원형의 평면형을 가진다. 이를 송국리식주거지로 총칭하며, 이는 다시 휴암리식(방형)과 송국리식(원형)으로 대별된다. 유물은 외반구연의 호형토기(송국리식토기)와 플라스크형의 적색마연토기, 일단병식석검, 일단경식석촉, 삼각형석도, 유구석부 등이 조합을 이루는 것이 특징이다(姜仁求외 1979; 李淸圭 1988; 安在晧 1992; 李健茂 1992). 이와 함께 석관묘, 석개토광묘, 옹관묘만을 송국리유형의 분묘로 설정한 견해도 있지만(金承玉 2001)[11], 지석묘나 토광묘도 당연히 포함해야만 한다고 본다.

또한 송국리유형은 원래 충청 이남의 남부지역 청동기시대 후기를

---

11) 이러한 관점은 송국리유형을 남한 재지사회로부터의 자체발생이 아닌 외래기원으로 보는 입장이 기저에 깔려 있기 때문이 아닌가 생각한다.

대표하는 문화유형으로 인식되어 왔으나, 최근 경기남부와 충청북부에서도 이와 관련된 자료가 속속 확인되고 있다. 특히 반송리식주거지로 새롭게 명명된 주거지[12]를 비롯하여 방형의 휴암리식과 원형의 송국리식주거지를 포괄하는 넓은 의미의 송국리식주거지가 일단병식석검, 일단경식석촉, 유구석부, 삼각형석도 등과 더불어 여러 유적에서 확인되고 있다(李亨源 2006c).

2. 청동기시대 시기구분과 편년

여기에서는 우리나라 청동기시대의 시기구분에 대해서 시간의 흐름에 따라 간략하게 언급하면서 필자의 편년안도 함께 제시하고자 한다.

1) 시기구분

지금까지 이루어진 청동기시대의 시기구분은 크게 보면 2분기설, 3분기설, 4분기설 등 모두 3가지로 분류할 수 있다.

먼저 2분기설은 1960년대 말부터 1970년대에 걸쳐서 임병태(1969), 後藤直(1973), 이백규(1974) 등의 연구에 의한 것이다. 즉 전기는 비파형동검을 중심으로 하는 청동기문화와 공렬토기, 각형토기, 적색마연토기를 표지로 하며, 후기는 세형동검문화와 점토대토기, 흑도장경호 등으로

---

12) 후술하겠지만, 일반적인 송국리식주거지에는 타원형 수혈이 중앙에 설치되지만, 반송리식주거지는 중앙축선에서 약간 벗어난 곳에서 확인된다. 중심2주공의 위치는 양자가 동일하다.

대표된다.

3분기설은 1970년대 후반부터 진행된 부여 송국리유적의 발굴성과로부터 비롯되었는데, 藤口健二(1986)의 토기인식을 통해 기왕의 전기와 후기 사이에 중기가 설정된 것이다. 그 이후에 하인수(1989)는 비파형동검, 송국리식토기, 유구석부, 삼각형석도, 송국리형주거지, 개석식지석묘, 稻作 및 송국리문화의 일본으로의 전파 등을 언급하면서 청동기시대 중기를 종합적으로 보완하였다. 1990년대에 들어와 이 3시기설은 별 무리없이 수용되었으며(宋滿榮 1995), 安在晧(1996, 2000)는 여기에 사회구조적인 의미(군집형태 취락에서의 2~4동으로 분동된 세대공동체화, 유력개인 또는 유력집단의 등장)를 부여하였다. 후술하겠지만 안재호의 3분기설은 4분기설로 변경된 후 다시 또 다른 3분기설로 이어진다.

한편 1980년대 이후 송국리유형의 부각 및 새로운 시기 설정에 대해서는 전적으로 인정하되, 이를 중기가 아닌 후기로 파악한 견해도 있다. 이홍종(1996)은 유물의 편년이 아닌 사회의 변화요인을 시기구분의 기준으로 하면서 다수의 연구자들이 후기로 분류하고 있는 점토대토기문화를 시기구분으로 삼기에는 미약한 것으로 보고 있다. 그러나 新來한 세형동검, 점토대토기, 적석목관묘 사용집단이 재지의 지석묘 사회를 재편 또는 변화시키는 데 큰 영향을 주었다는 점에서 중요한 획기가 되는 것은 분명하다(朴淳發 1993b; 李健茂 1994b).

정한덕(1999)은 가락동유형-전기, 흔암리유형-중기, 송국리유형-후기의 시기구분안을 제시한 바 있다. 송국리유형을 후기로 나누는 점에서는 이홍종과 동일하지만, 점토대토기를 철기시대의 시작으로 인식한다는 점에서 큰 차이가 있으며, 가락동유형을 흔암리유형과 분리하였다는 점이 기존의 편년안과 다른 점이다(李亨源 2002).

4분기설은 안재호가 2000년도에 주장한 돌대문토기문화의 조기설정과 함께 등장한 것이다. 이는 한반도 압록강유역 또는 요동지역의 田作중심 농경문화가 한반도의 신석기 말기문화와 접촉하여 성립한 시기를 말한다(安在晧 2000). 청동기시대 편년연구사에서 보면 매우 중요한 진전사항으로 평가할 수 있을 것이다.

2000년대 전반까지는 전기 - 중기 - 후기의 3분기설 또는 조기 - 전기-중기 - 후기의 4분기설이 폭넓은 지지를 받았다. 필자 역시 3분기설을 따랐는데 조기설에 대해서도 긍정적인 생각을 가지고 있었다(李亨源 2002). 3분기안을 사용했던 많은 연구자들이 그 당시만 해도 조기로 설정된 돌대문토기 관련 유적이 보고 예가 많지 않았기 때문에 신중한 입장을 취했던 것을 감안하면, 4분기설은 3분기설을 포괄하는 시기구분으로 이해할 수 있다.

그런데 안재호의 4분기설은 그의 박사학위논문을 통해 다시 3분기설로 바뀌게 된다. 물론 이 새로운 3분기설(이후 신3분기설(안)로 칭한다)은 후기의 점토대토기문화를 청동기시대에서 제외하면서 중기의 송국리유형을 후기로 재배열한 것으로서[13], 구체적으로는 조기-전기-후기로 구분하는 안이다(安在晧 2006)(표2 참조).

현재 청동기시대 연구자들은 안재호의 4분기안과 신3분기안 사이에서 혼란을 겪고 있는 것 같다. 그러나 문제의 핵심은 비교적 간단하다. 송

표2 안재호(2006)의 청동기시대 단계 설정 (신3분기안)

시기	조기	전기	후기
표준토기	이중구연토기 (기존의 말기즐문토기) 돌대문토기	가락동계토기, (역삼동계)흔암리계토기	송국리식토기 검단리계토기

---

13) 그렇지만 이홍종은 1990년대 중반부터 지금까지 송국리유형을 계속해서 후기로 사용하고 있는데, 점토대토기문화를 송국리유형과 같은 후기로 편입시키고 있는 것이 다른 연구자들과 다른 점이다(李弘鍾 1996). 최근 김장석도 이홍종의 글을 인용하지는 않았지만, 같은 견해로 볼 수 있다(김장석 2007, 19-20쪽).

국리유형을 수석리유형(점토대토기문화)에 앞선 시기로 설정하여 사용해 온 것은 상대편년상에서 큰 문제가 없다고 보며, 철기가 공반하는 수석리 유형을 초기철기시대로 편년하면 된다. 그렇지만 조기(미사리식돌대문토기) - 전기(가락동식 · 역삼동식 · 흔암리식토기) - 중기(송국리식토기) - 후기(수석리식원형점토대토기)의 4분기안을 따를 것인지, 아니면 조기(미사리식토기) - 전기(가락동식 · 역삼동식 · 흔암리식토기) - 후기(송국리식토기)를 따를 것인지의 사이에서 많은 연구자들이 고민하고 있는 것은 사실이다.

필자는 송국리유형을 청동기시대 중기로 보는 입장을 견지해 왔으나, 최근 안재호의 신3분기설을 따라 후기로 사용하고 있다[14]. 가장 큰 이유는 기존에 점토대토기를 표지로 하는 시기 가운데 철기를 수반하지 않는 단계를 청동기시대 후기로 하였으나(李亨源 2005, 16쪽), 최근 장수 남양리나 완주 갈동유적 등 원형점토대토기단계 유적에서 철기가 출토되는 점과 중국 동북지역이나 서북한지역의 양상을 고려하면, 점토대토기단계 (수석리유형, 늑도유형)를 초기철기시대로 하는 것이 보다 합리적이기 때문이다(金元龍 1986; 한국고고학회 2007).

앞서 언급한 바와 같이 조기-전기-후기의 신3분기설에 따라 문화내용을 설명하고자 한다. 먼저, 안재호(2000)에 의해서 설정된 청동기시대 조기는 돌대문토기를 표지로 하면서 신석기시대 말기 형식의 유물과 공반하는 단계를 말한다. 이 시기는 쌀,보리,밀,조 등의 재배작물과 함께 수확용의 석도를 통해서 볼 때, 말기 신석기시대에서 농경을 기반으로 한 청동기시대로 진입하는 과도기로 이해할 수 있다. 필자는 이 단계의 문화상을 대

---

14) 필자의 이전 논고(李亨源 2002)에서 사용했던 중기는 이하에서는 모두 후기로 통일하여 부른다.

표유적의 이름을 딴 渼沙里類型으로 설정한 바 있는데, 이에 대해서는 전술한 바와 같다(李亨源 2001 · 2002). 주거구조에서는 미사리식주거지(방형 또는 장방형 평면에 판석부위석식노지 설치)를 특징으로 하며, 토기로는 미사리식토기(돌대각목문토기)와 삼각만입석촉이나 반월형석도, 편평석부 등의 석기를 표지로 한다. 유적의 입지는 충적지로 한정된다.

필자는 2002년도 논문 당시까지만 해도 미사리유형을 즐문토기와 공반하거나 즐문토기적 요소가 보이는 미사리유형 I 기와 이러한 요소가 확인되지 않고 무문토기적 특징만을 보이는 미사리유형 II 기로 나누어 전기내에서의 시간적 선후관계 및 문화양상의 차이를 설명한 바 있다(李亨源 2002). 지금부터는 안재호의 조기설을 적극 수용하여 미사리유형 I 기를 조기로, 미사리유형 II 기를 전기로 구분하고자 한다. 결국 청동기시대 조기란 즐문토기 말기 요소와 무문토기 요소가 결합된 시기, 그리고 이와 동시기의 돌대문토기 단순기로서 이전 시기에 비해 농경의 비중이 높아진 신석기~청동기시대의 전환기로 볼 수 있을 것이다[15]. 조기문화의 기원은 요동 및 압록강유역의 농경문화에서 찾는 견해가 유력하다(安在晧 2000; 李亨源 2002; 朴淳發 2003; 千羨幸 2005).

청동기시대 전기는 즐문토기적 잔재가 거의 간취되지 않는 무문토기 일색으로, 조기부터 이어진 미사리식토기를 포함하여 가락동식토기, 역삼동식토기, 흔암리식토기를 중심으로 구성된다. 현재까지 발굴된 자료에 따르면 돌대각목문의 미사리식토기가 발견된 예는 소수에 불과하며, 이중구연단사선문이나 공렬문 등이 주요 문양대를 구성하는 가락동식 · 역삼동식 · 흔암리식토기가 대부분을 차지한다.

다음으로 이 단계부터는 조기에는 존재하지 않았던 마제석검과 청동

---

15) 이건무(2006)는 남한의 미사리유형을 비롯하여 북한의 오동유형, 신암리유형, 공귀리유형 등을 조기로 편년하고 이를 청동기문화의 여명기로 규정하였다.

기가 출현한다. 마제석검의 경우 비파형동검을 모방한 유혈구이단병식석검이 전기 전반부터 나타나지만, 비파형동검은 전기중반 또는 전기후반부터 출토된다[16]. 즉 전기 청동기사회는 요서 또는 요동 비파형동검문화의 영향을 받으면서 형성된 것으로 볼 수 있다. 청동기만을 기준으로 보면, 비파형동검문화기를 전기로 보고, 동검의 영향을 받아 마제석검만 존재한 선동검기(전기전반)와 동검이 사용된 비파형동검기(전기후반)로 세분가능하다.

그렇다면 연대가 가장 이르게 편년되는 혈구이단병식석검은 어떠한 과정을 거쳐서 나타난 것인가. 필자는 이러한 형태의 석검은 가락동유형의 기원지로 추정되는 압록강~청천강유역에서 발생했을 가능성이 높다고 생각한다. 아직 이 지역에서 중강 토성리의 혈구유경식석검 외에 대전 궁동이나 울산 굴화리유적 출토품과 같은 혈구이단병식석검이 출토된 바는 없으나, 고고학적인 정황상 앞으로 확인될 것으로 기대한다.

이 형식의 석검은 병부 및 신부의 혈구 등의 형태로 보아 비파형동검을 모방하여 만들어졌을 가능성이 높다(朴淳發 1993a; 近藤喬一 2000). 특히 遼寧省과 접해 있는 내몽고자치구 寧城縣의 小黑石溝 M8501 石槨墓(項春松·李義 1995)에서 출토된 비파형동검과 의창 平城里(沈奉謹 1984)와 울산 東部里(有光敎一 1959) 출토 마제석검은 병부와 반타원형의 검파두식은 너무 흡사하다(도면 5 참조). 아마도 비파형동검을 직접 입수하기 곤란한 상황에서 이를 모델로 하여 만든 代價品적 성격을 가지는 威勢品으로 이해할 수 있을 것이다(中村大介 2003; 宮本一夫 2004). 이와 같은 견해에 찬성하면서 더 나아가 필자는 비파형동검의 모방이 두 가지 방향으

---

16) 필자는 기존에 남한지역 청동기시대 전기를 선동검기로, 중기(현재의 후기)를 비파형동검기로 보았으나(李亨源 2002), 최근의 발굴 및 연구성과로 볼 때 전기부터 비파형동검이 나타나는 것으로 밝혀졌으므로 이를 수정하고자 한다.

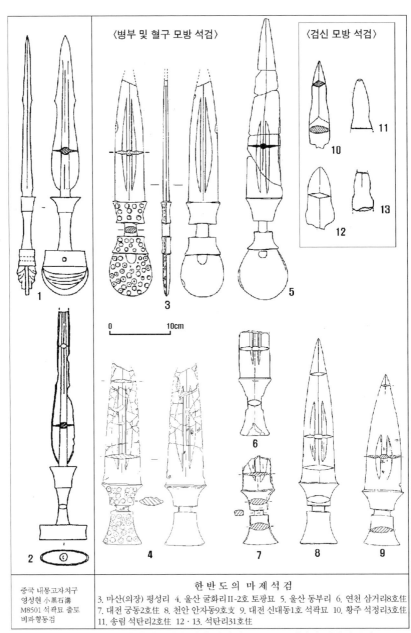

〈병부 및 혈구 모방 석검〉　〈검신 모방 석검〉

0　　　10cm

중국 내몽고자치구 영성현 小黑石溝 M8501 석곽묘 출토 비파형동검	한 반 도 의 마 제 석 검
	3. 마산(의창) 평성리 4. 울산 굴화리Ⅱ-2호 토광묘 5. 울산 동부리 6. 연천 삼거리8호住 7. 대전 궁동2호住 8. 천안 안자동9호支 9. 대전 신대동1호 석곽묘 10. 황주 석정리3호住 11. 송림 석탄리2호住 12 · 13. 석탄리31호住

도면 5　전기 청동기시대의 마제석검과 이와 관련된 중국 동북지방의 비파형동검 (1/6)

로 이루어진 것으로 생각한다. 즉 평성리 · 동부리를 비롯하여 궁동 출토
품과 같이 비파형동검의 柄部 및 血溝를 모방한 석검(도면 5-3~9)과 서북
한의 황주 석정리 3호주거지(리경철 1996) 출토품이나 송림 석탄리 2호 ·
31호(과학백과사전출판사 1980) 예와 같이 비파형동검의 劍身을 모방한
석검(도면 5-10~13)이 있다. 이들 병부 및 혈구 모방석검과 검신 모방석검
에 대해서는 앞으로 보다 심도있는 검토가 필요할 것이다(李亨源 2006a).

　近藤喬一(2000)은 마산(舊의창) 평성리나 울산 동부리 출토 마제석검
을 고려하여, 遼西의 영성부근에서 한반도의 경상도지역으로 이 타입의
동검이 들어온 후, 이를 직접 보고 모방했을 가능성을 제기하였다. 이 주
장도 설득력이 있다고 생각되지만, 필자는 비파형동검문화의 중심지인 요
령지역의 外緣地帶에서 동검을 모방한 마제석검이 만들어진 후[17], 이것
이 한반도 남부로 이입된 것으로 보고 싶다. 아마도 비파형동검의 代價品
인 이단병식혈구마제석검의 발생지는 가락동유형의 기원지인 압록강~청
천강유역이 가장 유력한 후보지가 될 수 있을 것이며, 이러한 형식의 마제
석검은 가락동유형 집단의 남하를 계기로 하여 한반도 남부로 확산된 것
으로 추정된다. 가락동유형 I 기 단계에는 비파형동검의 대가품인 마제석
검만 존재하였지만, II기 또는 III기 단계가 되면 대전 비래동 1호 고인돌
출토예를 통해 비파형동검 자체가 남한지역으로 유입되고 얼마 지나지 않
아 현지 생산이 시작되었을 가능성이 있다[18]. 이와 비슷한 시점에 북한지
역에도 선암리나 대아리 예에서 보는 바와 같이 비파형동검이 등장하는
것으로 이해된다. 이 선암리, 대아리, 비래동의 비파형동검(A군 - 돌기부

---

17) 요령지역을 포함한 중국 동북지역에서 마제석검은 혈구 없는 유경식석검이 일부 출토되
　　는 현상을 제외하면, 매우 미미하다고 볼 수 있다. 그나마 길림성의 서단산문화에서 유경
　　식석검이 타 지역보다 눈에 띄며, 유병식석검 역시 예외적으로 길림성 蛟河市의 東山석
　　관묘(董學增 1992)에서 일단병식석검이 1점 보고된 바 있으나, 혈구이단병식석검은 아직
　　접하지 못하였다.

가 없음)이 송국리 출토에 등과 같은 전형적인 비파형동검(B군)보다 연대
가 올라가는 것으로 본 庄田愼矢(2005)의 견해는 타당하다[19]. 그런데 그
는 B군 동검이 요령지역에서 자주 보이는 것에 반하여, A군과 공통하는
형식의 동검을 찾을 수가 없기 때문에 그 기원지는 알 수 없다고 하였으
나, 필자가 판단하기에는 小黑石溝 M8501에서 출토된 2점의 비파형동검
가운데 한 점(도면 5-2)이 A군 비파형동검과 유사한 것으로 생각한다. 이
러한 추정이 타당하다면, 요령지역에 A군과 B군의 비파형동검이 공존하
는 가운데, A군 동검이 B군 동검보다 먼저 한반도로 이입된 것으로 보아
도 좋을 것이다. A군 비파형동검과 공반된 석촉은 삼각만입촉과 이단경촉
인데, 특히 선암리에서 보이는 경부 단부가 돌출된 이단경식석촉의 경우
는 익산 영등동 I-3호·II-7호주거지, 대전 노은동 3호주거지, 대전 신대
동 1호지석묘, 진안 풍암 16호지석묘 등에서도 출토된 바 있다. 이러한 점
에서 이 A군의 동검은 가락동유형 II기, 또는 III기에 해당하는 시기에 존
재한 것으로 볼 수 있으며, 전형적인 비파형동검인 B군은 일단병식석검과
일단경식석촉의 공반양상으로 보아 송국리유형 단계부터 등장하는 것으
로 이해된다. 요약하자면, 청동기시대 전기전반에는 비파형동검의 대가품
이자 위신재인 (혈구)이단병식석검만 존재하였으며, 전기중반 또는 후반
이 되면 A군 비파형동검이 한반도 남부에 이입되면서 동검의 현지생산이
시작되었을 가능성이 있다. 이 때부터 취락내에서의 최상위 위신재는 석
검에서 동검으로 변화되는 것 같다. 이 보다 약간 늦은 송국리유형 단계부

---

18) 주지하는 바와 같이 경부에 홈이 있는 유구경식비파형동검은 한반도 남부에만 분포하는
특수한 형식이기 때문이다(李健茂 1992). 그렇지만, 이 홈은 결구방식의 문제이지 주조시
의 흔적이 아니기 때문에 신중하게 접근할 필요는 있을 것이다. 일단 한반도에서의 청동
기 생산의 가능성만을 언급해 놓고자 한다.
19) 선암리나 대아리의 비파형동검에 대해서는 북한의 박진욱도 기존설을 폐기하고 연대가
가장 빠른 것으로 이해한 바 있다(박진욱 1995).

터 B군 비파형동검이 들어오고 동검의 현지생산이 확실하게 이루어지면서, 동모·동촉·동부·동착 등 청동기의 종류도 다양해진다. 마제석검은 일단병식이나 유경식석검이 주류를 이루는데, 이러한 현상은 위세품의 최고 등급이 석검에서 비파형동검으로 옮겨가면서 석검 제작에 정성을 덜 기울이게 되면서 나타난 현상으로 생각된다. 아마도 집단내, 또는 지역단위의 최상위 엘리트는 동검의 입수 및 제작에 보다 많은 노력을 기울였을 것이다(李亨源 2006a). 지금까지 다소 장황하지만 전기 청동기시대의 핵심적인 문화 요소로 판단되는 마제석검과 비파형동검이 남한지역에 나타나게 된 계기에 대해서 설명하였다.

한편 취락의 입지와 구조를 통해서도 조기와 전기를 나눌 수 있다. 조기의 취락 입지가 충적지로 제한되는 반면에[20], 전기부터는 충적지뿐만이 아니라 산지나 구릉으로 입지가 확산하기 때문이다. 주거지는 복수의 노지가 설치된 장방형 또는 세장방형의 중·대형이 주체를 점하고 있는데, 공동거주형 주거방식으로 해석할 수 있다(김승옥 2006b). 이는 후기가 되면 주거규모가 소형으로 축소되어 독립거주형으로 변화하는 것과 대비된다.

이와 더불어 전기부터 환호취락과 분묘가 새롭게 등장한다. 청원 대율리 환호취락(中央文化財硏究院 2005)의 존재는 매우 돌출적인 현상이며, 분묘는 울산 굴화리유적 II지구의 2호 토광묘를 비롯하여 대전 비래동의 지석묘, 춘천 우두동의 석관묘 등으로 다양한 편이다.

전기 청동기시대의 사회성격과 관련하여 배진성(2006)은 석검의 출현과 분묘의 축조, 그리고 청동기 등 부장품의 양상을 검토하면서 계층화를 논의하였다. 계층화의 개념과 정도에 차이는 있지만 계층사회로 나아

---

20) 물론 이는 현재까지 알려진 자료만을 대상으로 판단한 것이지만, 앞으로 충적지 이외의 입지에서 조기 유적의 발견될 가능성을 전혀 배제할 필요는 없을 것이다.

가기 위한 초보적인 단계로서 전기 사회를 이해해 볼 여지는 충분히 있다고 생각한다. 이에 대해서 김승옥(2006d)은 "통합과 차별화의 태동"으로, 필자는 "계층화의 맹아"로 이 시기의 사회성격을 표현한 바 있다(李亨源 2007b). 이와 같은 남한지역의 전기 청동기문화는 중국동북지역을 비롯하여 한반도의 서북한 및 동북한과 밀접한 관련성을 가지면서 복합적으로 영향을 받은 것으로 이해된다(李亨源 2002; 裵眞晟 2003; 安在晧·千羨幸 2004).

전기에 이어지는 청동기시대 후기의 문화가 송국리유형으로 대표된다는 것은 대부분의 연구자들이 공감하는 바와 같다. 그러나 그 이행과정에 대한 해석은 현재 뜨거운 논쟁이 진행중인데, 아직 명쾌하게 해결되지는 않은 것 같다. 외래기원설을 주장하는 쪽(이홍종,김승옥,우정연,이진민 등)과 자체발생설의 입장에 서 있는 연구자들(안재호,김장석,나건주,송만영 등)의 견해차는 좀처럼 좁혀지지 않고 있는 실정이다. 필자는 역삼동·혼암리유형(李亨源 2002)으로부터 송국리유형이 형성된 것으로 생각하므로(李亨源 2006c·2007a) 자체발생설의 지지자로 볼 수 있다.

어찌되었건 간에 선송국리유형을 포함한 후기의 송국리유형 단계는 전기와 비교할 때 매우 뚜렷한 고고학적 변화 양상이 간취된다. 여기에서는 토기에 대한 것만을 설명하고 다른 문화양상은 〈표 3〉으로 대신하고자 한다.

후기의 토기문화는 시간의 경과에 따라 전반적으로 전기에 유행했던 문양이 지속 또는 퇴화되거나 소멸하는 경향을 보여준다. 안재호(1991·1992)의 편년연구 이후 후기전반[21]에는 전기단계의 토기 전통이 이어지

---

21) 안재호의 1992년 논문에는 송국리유형을 중기단계로 설명하였으나, 본고에서는 2006년의 신3분기설에 따라 후기로 표현한다. 이에 찬동하는 배진성(2005·2006)의 글을 언급함에 있어서도 동일하게 적용한다.

표 3 남한지역 청동기시대 시기별 주요 문화 요소

시기	조기	전기	후기
토기	말기 즐문토기, 미사리식토기(돌대문)	미사리식토기, **가락동식토기** **역삼동식토기, 혼암리식토기**	역삼동식토기 검단리식토기 **송국리식토기**
석기	삼각만입석촉, 반월형석도	**마제석검**, 삼각만입 · 이단경석촉, 반월형석도	**유구석부, 삼각형석도,** 일단병식석검, 일단경석촉
청동기	不在	**비파형동검**, 동촉	비파형동검, 동촉, 동모, 동부, 동착
주거지	미사리식주거지 주거규모 - 대형 주거방식 - 공동거주형	(미사리식), 둔산식, 관산리식주거지 주거규모 - 대형 주거방식 - 공동거주형	장방형주거지 **송국리식주거지** 주거규모 - 소형 주거방식 - 독립거주형
분묘	不在(?)	지석묘, (주구)석관묘, 토광묘	지석묘, 석관묘, 석개 토광묘, 옹관묘 등
입지	충적지	충적지, **산지**, 구릉	충적지, 산지, **구릉**
문화 유형	미사리유형	(미사리유형), 가락동유형, 역삼동 · 혼암리유형	**송국리유형**, 역삼동유형, 천전리유형, 검단리유형

며, 후기후반에는 외반구연의 무문양토기인 송국리식토기 중심으로 변화
한다는 것이 일반적인 인식이었다. 그러나 울산, 포항, 경주를 중심으로
하는 영남의 일부지역에서 공렬토기 전통이 늦은 시기까지 지속된다는 주
장이 송만영(2002)에 의해 제기되면서 편년연구에 변화가 일어난다. 배진
성의 2005년도 논문이 대표적인데, 그는 공렬토기 전통의 검단리유형을
새롭게 설정한 후, 이것이 후기후반의 송국리유형 시기까지 공존한 것으
로 보았다(裵眞晟 2005). 물론 송국리유형의 분포 외곽지역에 속하는 강
원지역이나 서울,경기지역의 경우는 송국리식토기가 잘 확인되지 않아서
공렬토기문화가 지속된 것으로 이해되었다(宋滿榮 2001; 李亨源 2002; 김
한식 2006). 이 가운데 강원 영서지역은 천전리유형[22)](김권중 2005 ·
2008)으로 새롭게 해석하기도 하며, 경기 남부에서도 송국리유형의 실체
가 속속 드러나고 있어(李亨源 2006c) 매우 복잡한 양상을 띠고 있는 실정
이다. 이렇게 볼 때, 청동기시대 후기의 남한지역 토기문화는 지역차가 존

재하면서 역삼동식의 공렬토기와 송국리식토기가 동시기에 공존한 것으로 이해할 수 있을 것이다.

2) 편년

(1) 조기

미사리유형으로 대표되는 청동기시대 조기는 세부편년의 틀을 만들기에는 자료가 너무 부족한 상태이다(千羨幸 2005). 자료의 폭을 남한지역으로 넓혀서 본다면, 하남 미사리와 같이 신석기시대 말기의 즐문토기가 공반하는 유적을 가장 빠른 시기로 볼 수 있다(安在晧 2000). 그리고 이와 더불어 순창 원촌이나 정선 아우라지 1단계 등은 순수하게 돌대각목문토기로만 구성되는 단계인데, 이들 역시 조기로 볼 수 있다.

그러나 돌대문토기가 출토되는 유적 중에는 전기로 편년되는 자료가 상당 수 있다. 가락동식의 이중구연 또는 이중구연단사선토기나 역삼동식의 공렬토기가 공반되는 예가 그것인데, 필자는 이를 전기로 포함시키고 있다. 일부 연구자들이 돌대각목토기를 조기로만 편년하고 있기 때문에(김승옥 2006b 등), 여기에서는 이를 적기하여 주의를 환기시키고자 한다. 해당 자료는 다음과 같다.

- 전기전반
  진주 대평 어은1지구 77호 : 절상돌대토기+가락동식토기(이중구연거치문) 공반
  진주 대평 어은1지구 104호 : 가락동식토기 공반
  절대연대 2850±60bp(쌀), 2830±60bp(조), 2840±60bp(조)

---

22) 원래 제안자인 김권중이 "북한강유형"으로 설정했던 것인데(김권중 2005), 최근 "천전리유형"으로 바꿔 사용하고 있다(金權中 2008). 필자 역시 이전부터 대표유적명을 딴 천전리유형을 선호하고 있었으므로(이형원 2005b), 변경된 유형 명칭을 따르고자 한다.

진주 상촌리 D지구 10호 : 돌대각목토기+공렬토기 공반
진주 대평리 옥방5지구 C-3호 : 절상돌대+공렬토기 공반
김천 송죽리1단계 : 돌대각목+절상돌대+가락동식토기 공반
정선 아우라지 2단계 및 홍천 철정리 등

• 전기중반
금산 수당리, 익산 영등동 등

• 전기후반
경주 금장리 (?)

(2) 전기

중서부지역의 청동기시대 전기 문화는 가락동유형과 역삼동·흔암리유형이 주체를 점하고 있다. 먼저 가락동유형과 역삼동·흔암리유형 각각의 편년을 검토한 후, 이들의 병행관계를 살펴보고자 한다[23].

① 가락동유형

먼저 가락동유형에 관한 것이다. 필자는 호서지역 가락동유형의 변천을 크게 3단계로 설정한 바 있다. 그 변화의 경향성은 주거지 구조[24]는 I 기에서 II기로 오면서 細長化하면서 노지수가 증가하며, 토기상은 I 기에 이중구연+단사선토기가 압도적인데 비해, II기에는 단사선토기가 높은 비중을 차지하며, 단순 구순각목토기와 무문토기가 크게 증가한다. III

---

23) 필자는 이 시기의 세부편년에 대해서 2002년도의 석사학위논문을 통해 전체적인 틀을 짜 본 적이 있는데(李亨源 2002), 여기에서는 그 이후의 발굴자료와 학계의 진전된 연구성과를 참조하면서 편년의 내용을 보완하고자 한다.
24) 둔산식주거지(安在晧 2000)의 세부형식은 공민규(2005a)의 분류안에 따라 둔산식, 용암 I 식, 용암II식주거지로 구분하여 사용한다.

표 4 중서부지역 가락동유형 편년

구분	가락동 I 기		가락동 II 기	가락동 III 기
	I a기	I b기		
유적	궁동, 용산동1호, 용정동 I -1호, 강서동 ※부곡동 영등동 I -17호 대율리,봉명동14호	둔산, 내곡동, 수당리1호 ※가락동, 두정동(?)	용정동 II단계, 영등동 II-7, 노은동, 사양리, 수당리6호, 관평동, 신대동4호 ※영등동 I -3	신대동 II단계, 가오동, 상장리, 하당리, 황탄리
주거지	〈둔산식〉 장방형 **단수위석식노지 중심** 2열초석 ※단수무시설노지	〈둔산식〉 장방형 **단수위석식노지 중심** 2열초석 ※단수무시설노지	〈둔산식, 용암 I , II 식〉 세장방형중심, 장방형 **복수위석식노지 중심** 2열초석 **중앙주열** ※복수무시설노지	〈둔산식, 용암 I , II 식〉 세장방형중심, 장방형 **복수위석식노지 중심** 단수위석식노지, 무시 설노지 초석소멸경향(일부잔존) **중앙주열** 주공중심
토기	심발, (호) **이중구연+단사선** 이중구연+大거치 문+점렬 이중구연+小거치문 ※ 원통형토기 (節狀突帶文토기)	심발, 호 이중구연+단사선 **이중구연+단사선 +구순각목** 이중구연+점렬 +구순각목 이중구연+大거치문 단사선토기 ※ 두형토기, 점열문토기 節狀突帶文토기	심발, 호 이중구연+단사선 이중구연+小거치문 **퇴화이중구연(횡선) +단사선** 단사선토기 **구순각목토기** ※절상돌대문, 점열문토기 적색마연음각선문토기	심발, 호(급증) **이중구연과 단사선 소멸** **구순각목, 외반구연 토기중심** ※ 적색마연음각선문 토기
석검	廣혈구이단병 (I a1)	細혈구이단병(I b2) 무혈구이단병(I b3)	廣혈구이단병(I b1) 細혈구이단병(I b2) 일단병(II)	이단병 일단병
석촉	삼각만입, 이단경	삼각만입, 이단경	삼각만입, 이단경, 일단경	삼각만입(I), 이단경 (II), 일단경(III) 급증
시기 구분	청동기시대 전기전반		청동기시대 전기중반	청동기시대 전기후반

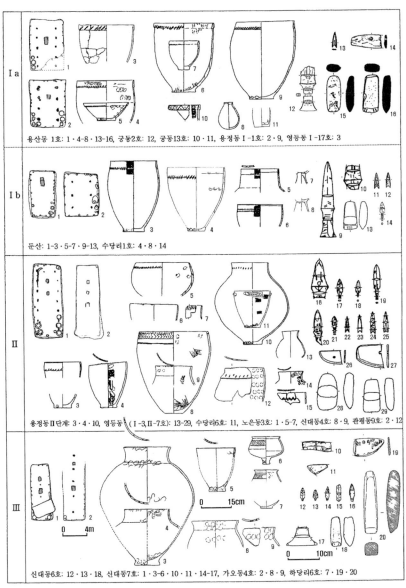

Ⅰa	용산동 1호: 1·4-8·13-16, 궁동2호: 12, 궁동13호: 10·11, 용정동Ⅰ-1호: 2·9, 영등동Ⅰ-17호: 3
Ⅰb	둔산: 1-3·5-7·9-13, 수당리1호: 4·8·14
Ⅱ	용정동Ⅱ단계: 3·4·10, 영등동(Ⅰ-3,Ⅱ-7호): 13-29, 수당리6호: 11, 노은동3호: 1·5-7, 신대동4호: 8·9, 관평동9호: 2·12
Ⅲ	신대동6호: 12·13·18, 신대동7호: 1·3-6·10·11·14-17, 가오동4호: 2·8·9, 하당리6호: 7·19·20

도면 6 가락동유형 편년(주거지 1/600, 토기 1/18, 석기 1/12)

표 5 가락동유형 절대연대 측정결과

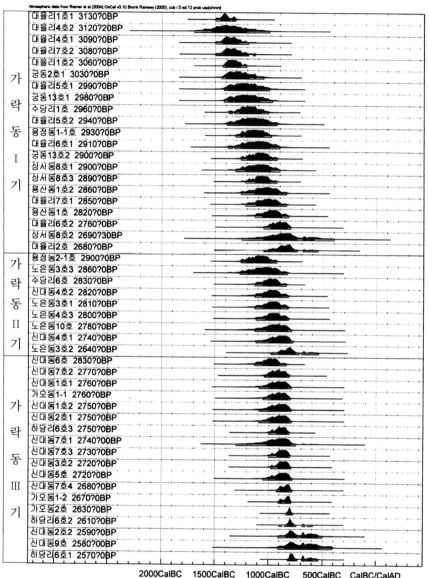

Atmospheric data from Reimer et al (2004);OxCal v3.10 Bronk Ramsey (2005); cub r:5 sd:12 prob usp[chron]

	대율리1호1 3130?0BP
	대율리4호2 3120?20BP
	대율리4호1 3090?0BP
	대율리7호2 3080?0BP
	대율리1호2 3060?0BP
가	궁동2호1 3030?0BP
	대율리5호1 2990?0BP
락	궁동13호1 2980?0BP
	수당리1호 2960?0BP
	대율리5호2 2940?0BP
동	용정동1-1호 2930?0BP
	대율리6호1 2910?0BP
I	궁동13호2 2900?0BP
	상서동8호1 2900?0BP
	상서동8호3 2890?0BP
기	용산동1호2 2860?0BP
	대율리7호1 2850?0BP
	용산동1호 2820?0BP
	대율리6호2 2760?0BP
	상서동8호2 2690?30BP
	대율리2호 2680?0BP
가	용정동2-1호 2900?0BP
	노은동3호3 2860?0BP
락	수당리6호 2830?0BP
	신대동4호2 2820?0BP
동	노은동3호1 2810?0BP
	노은동4호3 2800?0BP
II	노은동10호 2780?0BP
기	신대동4호1 2740?0BP
	노은동3호2 2640?0BP
	신대동6호 2830?0BP
	신대동7호2 2770?0BP
	신대동1호1 2760?0BP
가	가오동1-1 2760?0BP
	신대동1호2 2750?0BP
	신대동2호1 2750?0BP
락	하당리6호3 2750?0BP
	신대동7호1 2740?00BP
동	신대동7호3 2730?0BP
	신대동3호2 2720?0BP
	신대동5호 2720?0BP
III	신대동7호4 2680?0BP
	가오동1-2 2670?0BP
기	가오동2호 2630?0BP
	하당리6호2 2610?0BP
	신대동2호2 2590?0BP
	신대동9호 2580?00BP
	하당리6호1 2570?0BP

2000CalBC   1500CalBC   1000CalBC   500CalBC   CalBC/CalAD

Calibrated date

기는 가락동유형의 전통을 잇는 한편 외반구연토기, 일단경촉, 관옥, 석겸 등 송국리유형에서 많이 확인되는 요소의 공반을 특징으로 한다. 그리고 많은 자료가 축적된 절대연대 역시 상대연대 분석에 부합된다(李亨源 2002).

최근 새롭게 보고된 가락동유형의 자료 역시 이를 뒷받침하고 있다. 大田 官坪洞유적(中央文化財研究院 2002)에서는 위석식노지가 2개 있는 11호 세장방형주거지(가락동II기)가 1개의 노지가 있는 6호 장방형주거지(가락동 I 기)를 파괴하고 축조되어 시간적 선후관계를 잘 보여주고 있으며, 3개의 위석식노지가 설치된 세장방형의 9호 주거지에서는 이중구연의 퇴화형인 횡침선이 형식적으로 시문되어 있어 가락동II기로 편년된다. 또한 大田 加午洞 4호 주거지(中央文化財研究院 2003)의 경우 2개의 위석식노지와 중앙에 장축방향으로 1열의 柱礎石이 설치되었는데, 여기에서는 가락동식토기 없이 구순각목토기와 외반구연토기가 다수 공반된 점에서 가락동III기로 분류할 수 있다.

필자의 2002년 논문 이후에 보고된 자료를 추가하여 기존 편년안(李亨源 2002)을 보완하여 제시한 것이 〈표 4〉와 〈도면 6〉이다.

기존의 편년안과 다른 점은 가락동 I 기를 두 단계로 세분한 점이며, 나머지는 각 분기의 특징을 좀 더 자세히 부각시켰다. 가락동 I a기와 I b기는 주거지구조는 동일하나, 출토유물상에서 약간의 차이가 존재한다. 즉 I a는 토기의 기종상 심발이 주류를 이루며 가락동식토기에 대부분 이중구연이 채택되어 있는 반면, I b는 심발에 호가 조금씩 증가하며, 가락동식토기는 단구연 단사선문토기의 공반과 구순각목이 나타나는 특징이 있다. 물론 그렇다고 I a기에 호형토기나 구순각목이 전혀 없다기보다는 매우 극소수라는 표현이 옳을 것이다[25]. 그러나 가락동 I 기 내에서 이들 간의 시간차는 그다지 크지 않을 것으로 판단된다. 그리고 전체적인 I →II→III기의 변화양상에 대해서는 〈표 4〉와 〈도면 6〉에 구체적으로 제시하였으므로, 부연설명은 생략한다. 한편, 기존의 청동기시대 시기구분에서 가락동Ⅰ기와 Ⅱ기를 전기로, Ⅲ기를 중기로 구분하였는데(李亨源 2002), 여기에서는 이를 철회하고 Ⅰ,Ⅱ,Ⅲ기 모두를 전기로 한다. 세부적인 분기설정으로는 Ⅰ기는 청동기시대 전기전반, Ⅱ기는 전기중반, Ⅲ기는 전기후반에 해당한다. 또한 현재 호서지역에서는 하남 미사리와 같은 조기유적은 아직 확인되지 않은 것으로 판단된다(李亨源 2007b · 2007c).

〈표 5〉는 가락동유형에 대한 절대연대 측정결과이다. 측정 연대 자체만으로 보면 기원전 13세기 이상을 상회하고 있으나 검토의 여지가 있다. 왜냐하면 가락동유형 Ⅰ기에 중국 동북지역 비파형동검의 영향을 받은 혈구이단병식마제석검이 나타나는데, 이 시기의 중국은 이미 역사시대이므로 이와 관련된 기년명 자료와 공반유물의 비교연구가 필수적이기 때문이다(李亨源 2006a). 이러한 이유에서 가락동유형의 상한을 잠정적으로 기원전 12~13세기, 하한은 기원전 9~10세기로 설정해 놓고자 한다(李亨源 2007b).

그런데 이와 관련하여 필자의 2002년 가락동유형 편년안(李亨源 2002)에 대해서 절대연대측정치를 활용한 베이지안 통계분석을 통해 Ⅰ기와 Ⅱ기가 시간적 선후관계가 아니라 동시 공존 또는 서로 구분되지 않는 유형일 가능성이 제기된 바 있다(김명진 외 2005). 이 논문은 개별 유물 또는 유구에 대한 고고학적 분석이 배제된 채 절대연대측정결과만을 대상으로 이루어진 것인데, 이에 대한 필자의 생각은 다음과 같다.

먼저, 김명진 등이 절대연대측정치상에서 가락동Ⅰ기의 궁동2호가

---

25) 구순각목문을 다소 늦게 보는 경향도 있지만(安在晧 2006; 김현식 2008), 전기전반(가락동유형 Ⅰ기)의 청원 대율리유적에서 2점의 이중구연토기에 시문되고 있는 점에서(보고서 도면 9-③, 11-①), 구순각목문은 이른 시기부터 나타난 것으로 보아야 할 것이다. 대율리보고서의 11-①번 토기는 이중구연점열문에 구순각목문이 시문된 것으로 보고서에는 이에 대한 기술이나 실측도가 없으나, 실물을 관찰한 결과 뚜렷한 구순각목이 확인되었다.

13호보다 앞설 확률이 98.0%이며, 가락동II기의 용정동II-4호가 II-1호보다 앞설 확률이 94.1%이기 때문에 이들을 서로 다른 시기로 판단하여, 분석과정에서 이를 독립적인 모수로 다룬 점에서 이는 순수하게 절대연대치만을 신뢰한 것이 된다. 그런데 노은동 3호와 4호는 절대연대상에서 차이가 나지만, 고고학적 검토(李亨源 2003b)에 의존하여 동시기로 파악하였다(김명진 외 2005, 46쪽). 후자(노은동)에 대한 해석은 고고학적 분석과도 부합하므로, 타당한 해석으로 볼 수 있지만, 전자(궁동, 용정동)에 대한 해석은 절대연대에만 의존한 너무 순진한 결론을 도출하고 있다. 궁동이나 용정동에 대해서도 고고학적 분석이 병행되었다면 이러한 실수는 범하지 않았을 것이다. 필자가 가락동유형을 편년하면서 절대연대자료를 보조자료로 활용한 이유는 측정기관(미국의 베타, 서울대AMS센타, 국립문화재연구소)에 따라 측정치가 다소 불안정한 점이나, 주지하듯이 시료의 채취방법이나 주변 상태, 또는 처리환경에 따라 측정치에 오류가 발생하기 때문이다. 그리고 고고학적 문화양상에 대한 편년연구는 그 자료가 가지고 있는 맥락에 따라 단절적인 선후관계가 인지되는가하면, 장기지속적인 관점에서의 평가가 필요한 경우가 있다. 본고에서 연구대상으로 삼고 있는 가락동유형의 경우는 후자에 속할 가능성이 높다. 이러한 점에서 각 분기의 물질문화 양상이 병존하는 전함형 빈도봉의 모습을 나타낼 가능성이 높으며, 이에 수반하여 절대연대측정치의 양상도 유사할 것으로 생각한다. 이러한 점에서 고고학 자료의 특성과 자연과학적 연대측정이 가지고 있는 잠재적 오류를 종합적으로 고려하면서 편년연구를 진행해야만 할 것이다.

결국, 김명진 등이 제기한 문제는 고고학분석이 병행되지 않은 자연과학적 해석은 많은 오류가 발생할 수 있음을 여실히 보여주고 있다. 비단, 이 문제는 청동기시대 가락동유형에만 국한되는 것이 아니라, 역사시대에 들어서도 마찬가지인데, 절대연대에 근거한 풍납토성의 축조연대에 대한 고고학적 비판이 대표적이다. 그러나 이러한 문제점에도 불구하고, AMS 방사성탄소연대측정을 비롯하여 OSL, 고지자기측정, 연륜연대측정 등과 같이 절대연대측정법이 과거에 비해 다양화·정교화되고 오차가 줄어들고 있는 경향성을 고려한다면, 향후 고고학적인 상대연대분석과 더불어 이들 자연과학적인 절대연대분석에 대한 통계분석을 적극 활용할 필요가 있다고 생각한다. 또한 한국고고학 편년연구를 위한 발전적인 측면에서 이와 같은 비판, 또는 논쟁이 활발하게 이루어지기를 기대한다(李亨源 2006a).

② 역삼동·흔암리유형

다음은 중서부지역 역삼동·흔암리유형의 세부편년에 대해서 검토해 보고자 한다. 필자의 기존 편년안에서는 I ~IV기까지 모두 4단계로 나누었는데(李亨源 2002), 본고에서는 최근의 발굴성과를 추가하여 그 내용을 약간 수정, 보완하고자 한다. 큰 틀에서는 이전의 II기와 III기를 같은 시기로 파악하여 II기로 하고, IV기를 III기로 조정하여 3단계로 편년하였다. 그 구체적으로는 다음과 같다.

I 기는 장방형주거지 단계로서 하남 미사리2기[26], 평택 현화리유적 등을 들 수 있다. 역삼동식의 공렬토기와 공반되는 가락동식의 이중구연단사선토기는 이중구연의 폭이 매우 좁고, 단사선의 길이가 짧은 것이 특징이다. 충청지역에서는 아직 이 단계의 주거지는 확인되지 않았다.

II기는 장방형과 세장방형 평면의 주거지가 주류로서, 흔암리식토기가 주체를 이룬다. 이중구연단사선토기는 이중구연의 폭이 5cm 이상으로 넓어지거나 심지어는 접합띠만 남아 있는 퇴화이중구연화 현상이 나타난

---

26) 미사리유적은 조기의 미사리유형을 미사리1기로, 전기의 역삼동·흔암리유형 I 기를 미사리2기로, 전기의 역삼동·흔암리유형 II기를 미사리3기로 고쳐 사용한다.

다. 이는 II-1기와 II-2기로 세분된다.

하남 미사리3기, 수원 율전동, 용인 봉명리, 안성 반제리, 천안 청당동, 천안 백석동, 천안 운전리, 보령 관산리유적 등이 이에 해당한다.

III기는 가락동식토기의 요소인 이중구연이나 단사선요소가 거의 사라진 단계로 역삼동식토기가 주체를 점하는 시기이다. 공렬문과 구순각목문이 단독으로 시문되거나 함께 나타나는 문양패턴을 보여준다. 세장방형주거지가 중심을 이루지만 장방형주거지도 같이 나타난다.

서울 역삼동, 파주 옥석리, 파주 다율리, 화성 천천리, 천안 쌍용동, 천안 불당동, 아산 명암리 유적 등이 있다.

이상의 역삼동·흔암리유형 I기를 청동기시대 전기전반으로, II기를 전기중반으로, III기를 전기후반으로 비정한다.

③ 병존편년

지금까지 중서부지역의 가락동유형과 역삼동·흔암리유형의 세부편년을 검토하였는데, 여기에서는 이들의 시기적인 관계에 대해서 언급하고자 한다. 결론부터 말하면, 양 유형 각각의 I·II·III기는 서로 비슷한 시기에 공존했을 가능성이 높다. 가락동유형과 역삼동·흔암리유형의 트레이드마크인 주거구조와 토기상의 현격한 차이에도 불구하고, 이들간에는 다양한 측면에서 유사점이 관찰된다. 이에 대한 설명을 하고자 한다.

먼저 청동기시대 전기전반의 가락동유형 I기와 역삼동·흔암리유형 I기는 토기에서 짧은 이중구연부를 갖는 점과 삼각만입석촉 가운데 中村大介(2005) 분류의 빠른 형식(I a)이 공반되는 점에서 공통된다. 또한 다음 시기의 주거지들이 대부분 세장방형을 띠는 데 반해, 이 단계는 가락동유형 I기나 역삼동·흔암리 I기 모두 장방형이 주류를 점한다.

가락동유형 II기와 역삼동·흔암리유형 II기의 전기중반에서도 양 유형의 유사성이 간취되는데, 먼저 토기상에서는 이중구연단사선토기가 전

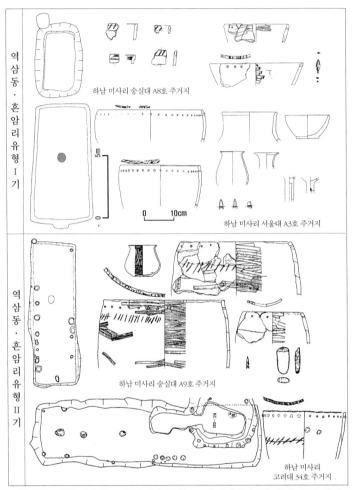

역삼동·흔암리유형 Ⅰ기

하남 미사리 숭실대 A8호 주거지

5m

0   10cm

하남 미사리 서울대 A3호 주거지

역삼동·흔암리유형 Ⅱ기

하남 미사리 숭실대 A9호 주거지

하남 미사리
고려대 34호 주거지

도면 7 역삼동·흔암리유형 Ⅰ기(전기전반)와 Ⅱ기(전기중반)(주거지1/300, 유물1/12)

시기에 비해 이중구연의 비율이 적어지는 점, 퇴화이중구연화 현상이 나
타나는 점[27], 단사선문 단독 시문이 늘어나는 점 등 비슷한 흐름을 보이
고 있다. 주거지의 구조가 세장방형이 주체를 점하는 것도 비교될 수 있
다.[28]

　　마지막 단계인 전기후반에는 가락동유형Ⅲ기에서 이중구연이나 단

화성 천천리 7호 주거지

평택 토진리 주거지

0   10cm

천안 쌍용동 1호주거지

불당동 II-3호

불당동 III-6호

천안 불당동 III-9호 주거지

0

5m

도면 8 중서부지역 역삼동·흔암리유형 III기(전기후반)(주거지1/300, 유물1/12)

27) 가락동유형 II기의 대전 관평동 9호에서는 횡침선을 돌린 후 단사선을 시문한 예가 있는
데, 이 역시 역삼동·흔암리유형 II기의 접합띠만으로 이중구연의 효과를 낸 것으로 몬텔
리우스의 흔적기관과 같은 관점에서 설명할 수 있다.

28) 그렇지만 가락동유형보다 역삼동·흔암리유형의 주거지들이 세장도가 더 큰 차이는 있
다(도면 30 참조).

사선 요소가 모두 사라지는데, 역삼동 · 흔암리유형Ⅲ기의 토기상 역시 가락동식토기 요소는 보이지 않고 공렬이나 구순각목문만 남는다.

이와 같이 미사리유형, 가락동유형, 역삼동 · 흔암리유형의 3유형을 새롭게 개념규정하면서 제시된 병존편년안[29](李亨源 2002)은 이와 견해를 같이하는 논고들이 발표되면서(배진성 2003; 安在晧 · 千羨幸 2004; 千羨幸 2005; 安在晧 2006) 어느 정도 학계에서 정착되고 있는 것 같다[30]. 그러나 최근 김현식(2008)은 호서지역 무문토기의 흐름을 가락동식 → 흔암리식 → 역삼동식으로 이해하면서 병존편년안을 비판하였다. 이와 같은 편년도식은 이미 庄田慎矢(2007)에 의해서도 이루어진 바 있는데, 필자는 이들의 편년관을 인정할 수 없다. 단적인 예로, 이들이 강조하는 형식학적 변천관에서는 (이유는 모르겠지만) 그다지 주목하지 않는 가락동식토기와 역삼동식토기가 공반하는 하남 미사리유적의 빠른 단계에 속하는 숭실대 A8호 주거지, 또는 평택 현화리 4호 주거지 등에서 출토된 이중구연단사선문토기는 가락동유형 I 단계의 것들보다 늦다고 볼 합당한 이유가 없기 때문이다.

이와 같이 가락동유형과 역삼동 · 흔암리유형의 유구 또는 유물복합체를 사용한 집단들이 주거구조나 토기상 등에서[31] 상당히 이질적인 문화요소를 가지고 있었음에도 불구하고, 청동기시대 전기의 전반부터 후반에 이르기까지 유사한 흐름을 보여준다는 것에 대해서 신중히 검토할 필요가 있다고 생각한다. 필자는 이전부터 이를 양 유형간의 교류의 산물로 이해하였는데(李亨源 2002), 그 관점은 지금도 유효하다고 본다. 단적인

---

29) 가락동유형과 역삼동 · 흔암리유형의 편년에 대해서는 김장석(2001)의 흔암리유형에 대한 비판적 검토로부터 많은 영향을 받았다.
30) 물론 편년의 세부내용은 조금씩 차이가 있다.
31) 또한 양 유형의 시간에 따른 석기 변화도(예를 들어 마제석검이나 석촉의 형식변화 등) 큰 틀에서 보면 동일한 현상을 엿볼 수 있다.

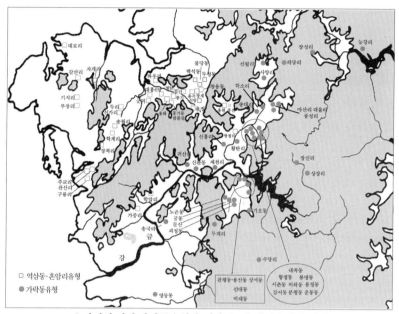

도면 9 호서지역 전기 가락동유형과 역삼동 · 흔암리유형 유적의 분포

예로, 가락동유형이 집중적으로 분포하는 차령산맥 이남의 호서남부의 경우, 가락동유형 II기의 대전 노은동유적이나 대전 신대동유적에서 공렬토기가 1점 내지 2점 출토된 것은 호서북부의 역삼동 · 흔암리유형과의 교류를 통해 입수된 것이다. 호서북부 역삼동 · 흔암리유형의 일부 주거지에서 가락동유형의 트레이드마크인 위석식노지나 초석이 발견되는 현상도 마찬가지이다. 아울러 양 유형의 석기상이 유사한 점이 이를 더욱 극명하게 보여준다고 생각한다. 이러한 점들이야말로 호서지역에서 차령산맥을 경계로 호서북부에 역삼동 · 흔암리유형 취락이, 호서남부에 가락동유형이 집중적으로 분포하면서 서로 다른 문화영역을 형성하는 상황을 설명할 수 있는 이유라고 본다(도면 9 참조)[32]. 마지막으로 상술한 내용을 근거로 하여 연구자간에 견해차이가 많았던 청동기시대 전기의 가락동유형과 역삼동 · 흔암리유형의 병행관계를 다음과 같이 정리한다.

표 6 청동기시대 전기 가락동유형과 역삼동 · 흔암리유형의 병행관계

분기설정 유형	가락동유형	역삼동 · 흔암리유형
청동기시대 전기전반	가락동유형Ⅰ기	역삼동 · 흔암리유형Ⅰ기
전기중반	가락동유형Ⅱ기	역삼동 · 흔암리유형Ⅱ기
전기후반	가락동유형Ⅲ기	역삼동 · 흔암리유형Ⅲ기

(3) 후기

중서부지역의 후기는 후기전반의 선송국리유형과 후기후반의 송국리유형으로 나눈 안재호(1992 · 2006)의 편년을 대체적으로 수용하여 사용한다. 최근에 발표된 논문들도(나건주 2005 · 2008; 김규정 2006; 庄田愼矢 2007) 세부적으로는 차이가 있지만, 큰 틀에서는 안재호의 견해를 따르고 있다. 즉 휴암리식주거지로 불리는 방형의 송국리식주거지가 주로 사용된 시기를 후기 전반으로, 협의의 송국리식주거지로 불리는 원형의 송국리식주거지가 주체를 점하는 시기를 후기 후반으로 설정한다. 물론 당연한 얘기지만, 주거지간의 중복에 의한 선후관계를 통해 이러한 흐름은 인정할 수 있지만, 이 두 형식의 주거지들이 공존한 시기도 존재하다는 것은 명백하다.

그런데 서울 · 경기지역은 충청 이남과는 약간 다른 상황을 보여주고 있다. 여기에서는 이에 대한 필자의 견해를 약간 피력하고자 한다. 이 지역의 청동기시대 후기 이전의 전기후반은 이중구연과 단사선이 사라지고 공렬과 구순각목의 역삼동식토기가 주체를 이루는 것이 특징인데(李亨源 2002; 李眞旼 2004; 김한식 2006), 이어지는 후기를 어떻게 구분하고, 이를 남한 제지역과 어떠한 병행관계를 상정할 수 있는지가 과제로 남아 있었

---

32) 그렇지만, 현재까지의 발굴결과로 볼 때는 중서부지역에서 역삼동 · 흔암리유형Ⅰ기 유적은 미사리나 현화리의 예에서 볼 수 있듯이 경기도에서만 확인되었으며, 충청도에서는 아직 조사된 예가 없는 것 같다.

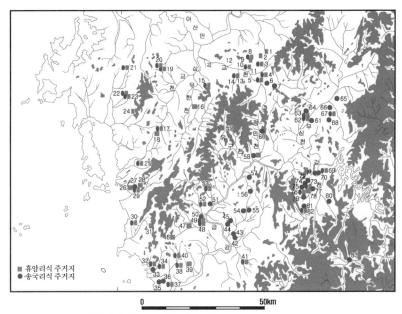

도면 10 호서지역 후기 송국리유형 유적의 분포(나건주 2008을 수정 전재)

1.천안 업성동 2.천안 백석동 3.천안 불당동 4.천안 신방동 5.천안 남관리 6.천안 석곡리 7.천안 대홍리 8.아산 덕지리 9.아산 명암리(11) 10.아산 명암리(9) 11.아산 용두리 12.아산 백암리 13.아산 풍기동 14.아산 용화동 15.아산 시전리 16.예산 두리 17.홍성 송월리 18.홍성 학계리 19.당진 자개리(Ⅰ) 20.당진 자개리(Ⅱ) 21.서산 부장리 22.서산 기지리 23.서산 휴암리, 24.서산 신송리 25.보령 진죽리 26.보령 주교리 27.보령 연지리 28.보령 관산리 29.보령 관창리 30.보령 죽청리 31.보령 평라리 32.서천 당정리 33.서천 한성리 34.서천 오석리 35.서천 옥남리(2지구) 36.서천 옥남리(5지구) 37.서천 도삼리 38.서천 월기리 39.서천 추동리 40.서천 봉선리 41.논산 마전리 42.논산 정지리 43.논산 원북리 44.부여 증산리 45.부여 송국리 46.부여 신암리 47.부여 송학리 48.부여 나복리 49.부여 석우리 50.부여 나복리 통실 51.부여 합정리 52.청양 분향리 53.청양 학암리 54.공주 안영리 55.공주 장선리 56.공주 산의리 57.공주 태봉동 58.공주 귀산리(1지구) 59.공주 귀산리(2지구) 60.공주 장원리 61.청원 황탄리 62.청원 만수리 63.청원 쌍청리(2지구) 64.청원 쌍청리(3지구) 65.청원 내수리 66.청주 송절동 67.청주 봉명동 68.청주 가경동 69.대전 상서동 70.대전 용산동 71.대전 관평동 72.대전 자운동 73.대전 궁동 74.대전 노은동 75.대전 노은동(월드컵) 76.대전 복룡동 77.대전 구성동 78.대전 장대동 79.대전 대정동 80. 대전 가오동 81.계룡 두계리 82.계룡 입암리 83.금산 수당리

다. 이와 관련하여 현재 생각하고 있는 서울·경기지역의 전기와 후기의 구분 기준을 다음과 같이 제시하고자 한다[33].

---

33) 물론 자료가 매우 제한적이어서 경향성의 측면이 강하다는 것을 인정할 수밖에 없다. 이러한 이유로 어느 한 가지 요소만을 강조할 수는 없으며 종합적인 판단이 요구된다.

• 후기의 표지유적 :
  - 화성 반송리유적(權五榮 외 2007; 畿甸文化財硏究院 2006) - 주거지 19동
  - 인천 중산동유적(중앙문화재연구원 2008c) - 주거지 34동
• 주거지 :
  "반송리 I 식주거지"(노지 있는 장방형주거지)[34]와 "송국리식주거지" 공존

---

34) 필자는 반송리유적을 서울·경기지역 청동기시대 후기의 표지유적으로 삼아, 기왕에 설
정했던 주거지의 형식명칭을 일부 변경하고 새로운 형식명을 제안하고자 한다. 2006년도
에 "반송리식주거지"로 제안했던(李亨源 2006c) 주거지를 "반송리 II 식주거지"로 개명하
고자 하며, 동시기에 공존한 장방형 또는 방형의 단수노지를 갖춘 소형 주거지를 "반송리
I 식주거지"로 새롭게 제안한다. 사실, 반송리 I 식주거지는 역삼동·혼암리유형 주거지
의 계보를 잇는 것으로, 전기단계의 일부 주거지와는 형태만으로는 구별이 어려울 수도
있다. 이를 감안하여 이 주거 형식은 형태적 특징과 편년적 위치(청동기 후기의 송국리단
계)를 함께 고려한 것임을 밝혀둔다. 이는 어디까지나 설명의 편의를 위한 측면이 강하므
로, 일단 잠정적으로 사용하기로 한다.
  "반송리 II 식주거지"를 다시 한번 설명하면, 송국리식주거지의 트레이드마크인 타원형수
혈과 중심2주공이 설치되는 점은 동일하지만, 타원형수혈이 주거지 장축선상에서 약간
벗어난 지점에 위치하는 점이 다르다. 〈도면 37〉의 반송리12호주거지가 그 전형에 해당
하며 이를 "방형반송리 II 식주거지"로 한다. 그리고 역시 〈도면 37〉의 천천리 9-2호주거
지를 "원형반송리 II 식주거지"로 나눌 수 있다. 다만, 반송리유적에서는 원형 또는 타원
형주거지가 조사되지 않았기 때문에 공식적으로는 이를 "천천리식주거지"로 하는 것이
좋다고 생각한다.
  최종적으로 정리하면, 송국리식주거지를 방형송국리식(휴암리식)과 원형송국리식(송국
리식)으로, 반송리 II 식주거지를 방형반송리 II 식(반송리 II 식)과 원형반송리 II 식(천천리
식)으로 분류한다. 물론 전술한 바와같이 주거평면형과 타원형수혈, 그리고 중심2주공의
조합에 의한 이 모든 세부 형식은 송국리식주거지로 총칭된다. 또한 타원형수혈과 중심2
주공의 위치관계에 따른 분류는 이 4가지 분류체계 안에서 다시 세분하면 될 것인데, 모
식도는 아래와 같다. 다만 본고에서는 기왕의 "반송리식주거지"만을 사용하며, 상기의
분류안은 향후에 보다 구체적인 검토에서부터 적용할 것임을 밝혀둔다.

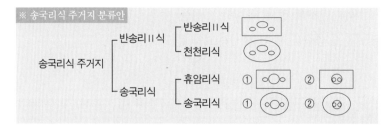

- "반송리 I 식주거지" : 장방형 또는 방형, 장단비 2 : 1이하(1.2 : 1~1.6 : 1중심), 면적 30m²이하(10~20m²중심), 단수노지
- 광의의 송국리식주거지 : "반송리 II 식"(기존의 반송리식), "천천리식", 휴암리식, 송국리식
• 토기 : 역삼동식토기(공렬,구순각목), 무문양토기 다수, 일부 송국리식토기
• 석기 : 송국리유형의 석기조합(일단병식석검, 일단경식석촉, 유구석부, 삼각형석도)
• 분묘 : 연구미흡

결국 서울·경기지역의 청동기시대 후기는 노지가 확인되는 소형의 장방형주거지(반송리 I 식주거지)와 반송리 II 식(기존의 반송리식) 주거지를 포함하는 광의의 송국리식주거지가 공존한다. 그리고 유구석부나 일단병식석검, 일단병식석촉 등 송국리유형의 석기조합을 생각하면, 남부지역과 큰 차이는 없다고 생각한다. 다만 공렬토기가 어느 시기까지 존속하는지의 여부와 일부 유사한 토기들이 있지만, 외반구연의 송국리식토기의 양상이 어떠한지를 계속 염두에 두고 추적할 필요가 있을 것이다. 이를 통해 서울·경기지역 후기의 세부편년이 이루어질 것으로 기대한다.

03 청동기시대 유형별 취락

靑銅器時代 類型別 聚落

1. 조기 미사리유형 취락

1) 하남 미사리취락^(渼沙里先史遺蹟發掘調査團 1994)

河南 渼沙里 취락은 청동기시대의 시작을 알려주는 조기의 표지적인 유적이다(도면 11). 이 유적은 한강변의 충적대지에 입지하며 신석기시대에서 삼국시대 백제 한성기에 이르는 생활유구가 대규모로 분포하는 취락임이 밝혀졌다. 청동기시대 주거지는 조기 미사리유형의 주거지가 4동, 전기 역삼동 · 흔암리유형의 주거지가 28동 조사되었다.

청동기시대 조기에 해당하는 미사리유형의 주거지 4동은 비교적 좁은 범위에 인접하여 소군을 형성하고 있는데, 3동이 삼각형(△) 모양으로 배치되어 있으며, 1동(서1호)만 약간 떨어져 위치한다. 이러한 삼각형 구도는 후술할 가락동유형 I 기의 대전 둔산유적에서도 확인된다. 미사리유형의 주거지 4동은 평균 장단비가 1.1 : 1로서 거의 정방형에 가까운 평면형태를 취하며, 노지는 미사리식주거지의 핵심 요소인 판석부위석식노지로서, 평면형과 노지형태 등에서 다른 주거지들과 확연히 구분된다. 서울

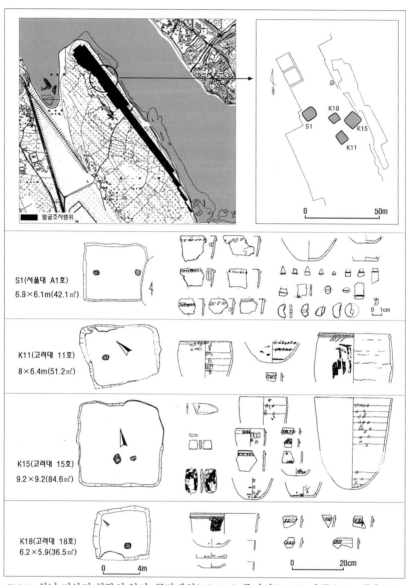

도면 11 하남 미사리 취락의 입지, 공간배치(1/2,500), 주거지(1/400), 유물(1/15, 곡옥 1/4)

대A1호 주거지(42.1m²)와 고려대15호 주거지(84.6m²)의 경우 넓은 면적과 복수의 노지를 가지고 있어 확대가족적 성격을 갖는 복합거주가옥으로 추정되며, 노가 하나씩만 설치된 다른 2기의 주거지도 51.2m²(고려대11호)와 36.3m²(고려대18호)로 상당히 넓은 면적이기 때문에 동일한 성격으로 볼 개연성이 있다. 노지는 주로 벽쪽으로 편재한 편이지만 위치선정에 뚜렷한 규칙성은 보이지 않는다. 다만 정방형에 가까운 평면임에도 불구하고 신석기시대의 주거지처럼 노지가 정중앙에 위치하지 않는 점은 다른 청동기시대 전기의 주거지들과 상통하는 점으로서, 가족 구성원의 문제 및 주거내부의 공간활용과도 밀접히 연관된다고 볼 수 있다.

2. 전기 가락동유형 취락

1) 대전 둔산취락^(李康承 · 朴淳發 1995)

대전분지의 갑천에 인접한 해발 60m의 구릉 정상부에서 3동의 장방형주거지가 조사되었다. 屯山유적의 1호와 3호 주거지는 위석식노지가 설치되었으며, 2호에서는 노지가 확인되지 않은 반면에 초석이 존재한다. 위석식노지나 초석의 존재를 통해서 가동유형의 전형적인 주거 형식인 「둔산식주거지」를 명명하게 한(安在晧 2000) 표지적인 유적이다.

3호 주거지는 일부분이 파괴·유실되어 전체적인 모습을 확인할 수 없으나, 1호 주거지와 비교하면 장축방향과 단축의 길이가 거의 비슷한 점, 그리고 위석식노지와 저장공의 형태가 같은 점에서 두 주거지는 동일한 구조를 가진 것으로 판단된다.

2호 주거지는 장축 6.8m, 단축 5.8m로서 장단비가 1.17:1에 불과하여 방형 평면을 취하고 있는 점에서 정방형에 가까운 미사리식주거지와 유사

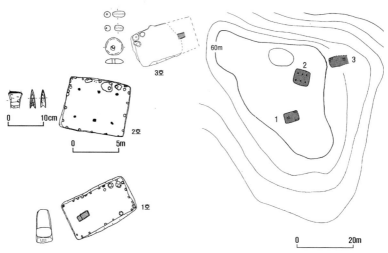

도면 12 대전 둔산취락(1/1,300), 주거지(1/400), 유물(1/10)

하다. 주거지 내부에는 장축 2행×단축 3열로 주초석이 배치되어 있다. 이 주거지 내부에서는 노지나 저장공이 확인되지 않아 주거용인지의 여부가 불분명한 점도 있으나, 출토유물에서 1·3호 주거지와 거의 차이가 없어 주거용으로 이용되었을 가능성이 높다.

한편 1호와 3호 주거지는 노지와 저장공의 위치로 볼 때 대칭구조를 한 것으로 생각된다. 즉 양 주거지의 노지는 각각 서반부(1호)와 동반부(3호)에 설치되어 있는 반면에, 저장공은 동반부(1호)와 서반부(3호)에 배치되어 있다. 일반적으로 주거지의 안쪽에 노지가 있고 그 반대편에 출입구가 마련되는 점을 고려하면, 이 두 주거지의 출입구는 서로 마주보면서 2호 주거지 쪽을 향한다. 이러한 점에서 둔산유적의 취락구조는 약간 면적이 넓은 2호 주거지(39.44m²)를 중심으로 10여 미터 간격을 두고 비슷한 규모인 1호(30.66m²)와 3호 주거지가 양쪽에 대칭으로 배치되어 있음을 알 수 있으며, 이들은 또한 삼각형구도를 하고 있는 점이 흥미롭다. 3동의 주거지는 이들 사이에 형성된 삼각형 모습의 광장을 향해서 출입시설을 두면서 상호간의 밀접한 관련성을 보여주고 있다. 또한 1 · 3호 두 주거지는 취사공간과 저장공간, 그리고 이들 사이의 주생활공간으로 나뉘어져 있어 주거공간의 기능분할이 이루어졌음이 추정된다.

보고서에서 분석된 것과 같이 둔산유적의 3동의 주거지는 구조 및 공간적 분포양상, 그리고 출토유물로 볼 때 동시기로 판단할 수 있으며, 이들은 혈연관계의 가족 또는 집단을 이룬 세대공동체로 볼 수 있을 것이다 (李康承 · 朴淳發 1995, 294쪽). 유물상은 대부분 비슷하지만, 특히 1호 주거지에 마제석부와 석착이 많은 점, 3호 주거지에서만 어망추 및 방추차가 출토된 점, 2호 주거지에서만 마제석검이 확인된 점에서 약간의 차이가 있다. 중앙에 위치한 2호 주거지가 면적이 가장 넓은 점과 마제석검을 소유한 점에서 3동 가운데 약간 우위에 있었던 것 같으며, 1 · 3호는 각각 석부 및 어망추, 방추차 등의 차이에서 어느 정도 차별화를 둘 수도 있겠지만, 역시 출토유물의 양이 많지 않아 성격파악에 무리가 있다.

취락의 인구규모를 추정하는 작업은 매우 어려운 일이나 지금까지 보통 주거지의 면적과 인구수 사이에 밀접한 관련이 있는 것으로 이해되고 있다. 청동기시대의 1인당 거주면적을 5m^2로 추산한다면(金正基 1974)[35], 둔산취락의 인구규모는 2호가 39.44m^2에 7.89인, 1호와 3호를 구조적인 측면에서 동일하다는 전제하에 각각 30.66m^2에 6.13인이 된다. 이를 총 합산하면 100.76m^2에 20.15인이라는 수치가 나오므로 둔산취락 단위 집단의 규모는 최대 20여명 정도였을 것으로 추정된다.

2) 청주 용정동취락^(韓國文化財保護財團 2000)

龍亭洞유적은 I 지구에서 2동, II지구에서 11동 등 총 13동의 주거지가 조사되었다. 보고서 및 필자의 편년관에 따라 I 지구가 빠르며, II지구가 늦은 것으로 판단된다. I −1호의 주거구조는 위석식노지와 초석이 모

표 7 청주 용정동유적 주거지 현황

시기	주거군	주거지	규모(cm) 길이×너비	면적(m²)	장단비	노지 위석식	노지 토광식	저장공	주주배치 초석	주주배치 주공	비고
가락동유형 I기	I	I-1	772×582	44.93	1.33 : 1	1		7	2행4열	○	
		I-2				1		3		○	○
가락동유형 II기	II-A	II-1	1094×558	61.05	1.96 : 1	2		1	2행6열	○	
		II-2	496×318	15.77	1.56 : 1						
	II-B	II-3	(640)×330	(21.12)		1			1행2열		중앙주열
		II-4	(796)×372	(29.61)		1			1행(3열)	○	중앙주열
		II-5	(690)×(440)	(30.36)			1			○	
		II-11	(195)×400	(7.8)			1	1		○	
	II-C	II-6	618×(426)	(26.32)		2				○	중앙주열
		II-7	800×537	42.96	1.49 : 1	1		1	2행	○	
		II-8	1074×357	42.60	3 : 1	2		2	1행5열	○	중앙주열
		II-9	(560)×(265)	(14.84)		1		1		○	
	II-D	II-10	(1136)×340	(35.22)		2		?	1행5열	○	중앙주열

35) 김정기(1974, 35-38쪽)는 청동기시대 주거지 60여 동의 면적을 산출한 결과, 20m²(11동), 30m²(5동), 40m²(5동), 50m²(8동), 60m²(5동)로 구분되며, 이를 통해 주거지간에 10m²의 차이가 있음을 주목하였다. 이것을 가족구성원의 확대, 즉 주거면적의 확장 규모와 관련된 것으로 추정하고 부부 한쌍이 차지하는 면적이 10m²이므로, 성인 1인당 5m²의 면적이 도출된다고 해석하였다. 이 때 어린 자녀는 주요 변수로 상정하지는 않았다. 이와 같은 김정기의 거주인수 추정에 대해서는 산출방법에 많은 논리적 비약이 있음이 지적된 바 있다(崔夢龍·朴洋震 1986, 19쪽). 그리고 북한과 일본 학계에서는 3m²로 추정하고 있지만, 일본에서는 노지의 면적 3m²를 빼고 있기 때문에 북한 학계에서 추정하는 인원수보다 항상 1인이 적은 수치가 산출된다고 한다(權五榮 1997, 61쪽). 또한 기계적인 계산방법에 반대하며 주거면적에서 입구부, 土間(봉당), 부뚜막 구역을 뺀 수치에 일인당 橫臥면적을 나누는 계산법이 현실적이라는 견해도 있다고 한다(和島誠一·金井塚良 1996,「集落と共同體」,『日本の考古學』古墳時代 下, 河出書房, 175쪽 및 都出比呂志 1975,「家とムラ」, 『日本的生活の母胎』, 日本生活文化史1, 111쪽, 權五榮 1997, 61쪽에서 재인용). 일단 여기에서는 여러 가지 문제점이 있음에도 불구하고, 1인당 거주면적 5m²라는 김정기의 안을 잠정적으로 사용한다. 김정기 안 이외의 대안들 역시 다양한 문제점들을 가지고 있기 때문이다. 또한 모든 주거지에 대해서 획일적인 산출방법을 적용하는 것 역시 적절하지 않다고 생각한다.

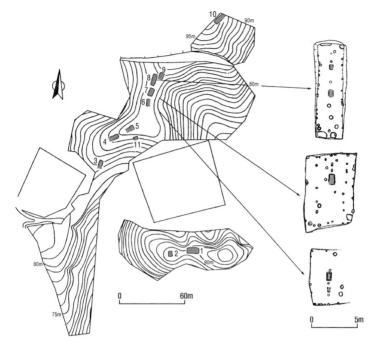

도면 13 청주 용정동 II지구 취락(1/3,300)과 3동 조합의 주거군(1/400)

두 있는 형태이다. 2호 주거지는 대부분 파괴되어 자세한 양상을 알 수 없으나 유적 내의 공간분포상 1호 주거지와 동시기로 생각된다.

　II지구의 취락은 11동으로 구성되지만, II-1·2호가 있는 구릉과 II-3~10호가 위치하는 지점 등 크게 두 지역으로 나뉜다. 편의상 전자를 남쪽 구릉, 후자를 북쪽 구릉으로 서술한다. 남쪽 구릉(A군)은 2동 밖에 없는 점에서 I지점과 유사하지만, 주거지의 구조면에서 II-1호의 길이가 10.9m로 길고, 장단비가 1.96 : 1로 약간 세장하며, 위석식노지도 2기로서 가락동유형 II기에 해당하는 점에서 차이가 있다. 중요한 점은 이 때부터 둔산식주거지에 복수의 노지를 설치한 주거지가 늘어난다는 것이다. 노지는 모두 동반부에 위치하며, 저장공은 동남 모서리에 1개 만들어져 있다. 복수의 노지 가운데 하나가 주거지의 중심부에 위치하고 있어, 노지가 위치한 공간이 전체 주거지의 절반을 차지하는데, 이러한 특징은 북쪽 구릉에서 복수의 노지가 설치되어 있는 주거지들도 같은 양상이다.

II지점의 북쪽 구릉에는 8동의 주거지가 구릉 정상부의 평탄면을 따라 線狀으로 길게 형성되어 있다. 파괴정도가 심한 II-3·5·9호를 제외하면 대부분 주거지의 상태가 양호한 편이다. 이 가운데 II-6·8·10호가 복수의 노지를 갖추고 있다. 여기의 주거지들은 분포상 3그룹으로 구분되는데, 중앙부의 II-6·7·8·9호 그룹(C군), 서쪽의 II-3·4·5·11호 그룹(B군), 그리고 가장 동쪽에 위치한 II-10호 주거지(D군) 등이다. 이들 가운데, 특히 C군의 II-6·7·8호는 가까운 거리를 두고 나란히 인접해 있어 상호간에 밀접한 관련성을 시사하고 있다. 이들은 한 개의 노지가 있는 7호 주거지를 사이에 두고, 두 개의 노지가 있는 6호와 8호가 각각 양쪽에 위치하는데, 6호와 8호는 출입구가 7호 쪽을 바라보고 있는 점에서도 더욱 그러하다. 아마도 이 3동의 주거지를 동일 집단의 세대공동체로 인식한다면 7호에 가장 유력한 인물이 거주했을 가능성이 높다. 7호의 면적이 가장 큰 점도 이를 뒷받침한다. 출토유물이 양호하지 않아 이를 통한 분석은 불가능하다. 이 3동의 주거지는 安在晧(1996)의 해석에 따른다면 6호와 8호가 2개의 노지를 소유하고 있어, 노지의 개수에 대응해서 각각 두 가족이 거주했던 것으로 추정할 수 있으며, 중앙의 주거지는 1개의 노지만 존재하는 점에서 세대공동체의 중심인물이 살았던 단일 가족의 가옥으로 이해할 수 있다.

한편 용정동 2단계, 즉 가락동유형 II기가 되면서 주거구조의 변화가 일어난다. 앞에서 언급한 노지수의 증가와 장단비의 세장화 경향을 비롯하여 기둥배치에서 장축의 중앙에 기둥렬이 나타나는 현상을 들 수 있다. 또한 주거지들의 공간배치도 이 때부터 능선을 따라 길게 형성되는 이른바 線狀聚落(大貫靜夫 2000)의 모습을 보여주는 점도 주목된다. 2동의 주거지로 형성된 용정동 1단계 취락은 Ⅰ-1호가 8.97명으로, Ⅰ-2호는 파괴되었지만 잔존상태로 보아 대략 5명 정도일 가능성이 높다. 또한 2단계 취락의 인원수는 전체 주거지를 평균 면적으로 환산하여 계산하면 89명 정도가 산출된다. 그렇지만 Ⅱ-D군은 10호 1동 밖에 조사되지 않았으나 분포상으로 볼 때 1~2동 정도 더 존재했을 가능성도 있으므로 전체 인구는 100명 내외로 생각해 볼 여지도 있다.

3) 대전 노은동취락(忠南大學校博物館 1998)

老隱洞유적은 정식 발굴보고서가 간행되지 않아 전체적인 성격파악에 무리가 있으나, 청주 용정동유적과 함께 가락동유형 Ⅱ기의 전형적인 취락구조를 보여주고 있어, 개요보고 및 충남대학교 박물관 조사자료를 토대로 간략히 검토하고자 한다.

청동기시대 취락은 가장 북쪽(고려대학교 조사구역, A군)에서 가락동유형의 장방형주거지 2동과 이후의 늦은 시기인 송국리유형 단계의 원형주거지 2동이 조사되었으며, 중앙지역(충남대학교 조사구역, B군)과 남쪽지역(한남대학교 조사구역, C군)에서 각각 5동씩의 가락동유형 주거지들이 확인되었다.

A군의 청동기시대 후기의 2동을 제외하면 노은동의 전기 취락은 총 12동의 주거지가 분포하고 있다. 북쪽에서부터 각각 2동(A군), 5동(B군), 5동(C군)씩 군집을 이루고 있는데, C군에서 한29호 주거지는 별개의 주거군으로 나뉠 가능성도 생각할 수 있다. C군의 주거 밀집 지역과 50여 미터 정도 거리를 두고 떨어져 있으며, 출입구 또한 반대쪽을 향하고 있기 때문이다. 그렇지만 이 취락의 주거군이 대부분 복수의 주거지들로 구성된 점이나, 가락동유형 Ⅱ기의 일반적인 경향이 단독으로 존재하는 주거지가 잘 안보이는 점에서 볼 때 필자는 C군의 다른 주거지들과 동일한 군집을

사진 1 대전 노은동유적(①취락 ②층3호주거지) (충남대학교박물관 2007에서)

형성한 것으로 이해하고자 한다.

　노은동 취락에서 가장 중심이 되는 지역은 B군일 가능성이 높다. 취락 중앙의 가장 넓은 평탄지대에 입지할 뿐만 아니라 개별 주거지의 규모 또한 A, C군에 비해 월등하게 넓기 때문이다[36]. B군에서 눈에 띄는 점은 주거의 공간분포 및 내부구조의 대칭성이다. 먼저, B군이 자리한 지역은 남북 일직선상의 구릉 중간에서 서쪽으로 뻗은 가지능선으로 T자형을 하고 있다. 대형 주거 가운데 하나인 충1호를 중심으로 왼편에 충8, 충10호가 오른편에 충3, 충4호가 각각 2동씩 소군집을 이루며 한쌍씩 배치되어 있다. 특히 '일렬배치(－－형)'로 마주보고 있는 충3호와 충4호 주거지는 노지와 저장공이 각각 대칭으로 설치되어 있으며, 출입구는 상대방 주거

표 8　대전 노은동유적 주거지 현황

시기	주거군	주거지	규모(cm) 길이×너비	면적(m²)	장단비	노지 위석식	노지 토광식	저장공	주주배치 초석	주주배치 주공	비고
가락동 II기	A군	고2호	940×400	37.6	2.35 : 1	2		4		○	
		고4호	(640)×240				2	1		○	
	B군	충1호	1250×340	42.50	3.68 : 1	2	1	○	2행7열	○	
		충3호	1150×455	52.33	2.53 : 1	2		6	2행7열	○	
		충4호	855×435	37.19	1.97 : 1	3	1	2		○	
		충8호	980×310	30.38	3.16 : 1	1		3		○	
		충10호	1080×380	41.04	2.84 : 1	3		6		○	
	C군	한1호	(1120)×360				?	4		○	
		한18호	(880)×350			1		○			溝
		한21호	(430)×400			2		○		○	
		한29호	(750)×(294)			2		○		○	
		한34호	(1043)×(367)								
총계 (평균)				241.04 (40.17)	(2.76:1)						

---

36) 전체 주거지 가운데 규모가 가장 크고 B군에 속해 있는 충1, 충3호 주거지만이 주초석식 기둥배치방식을 취하고 있는 점도 어느 정도 관련이 있을지도 모르겠다.

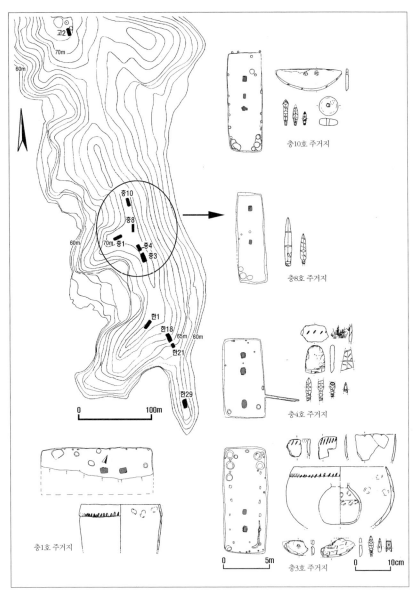

충10호 주거지

충8호 주거지

충4호 주거지

충1호 주거지

충3호 주거지

도면 14 대전 노은동 취락(1/5,000), 주거지(1/400), 유물(1/10)

지를 향하고 있어 상호 밀접한 관련성을 시사한다.

　노은동취락의 집단규모를 평면적과 관련하여 검토하면 다음과 같다. 3개의 주거군 가운데 B군만이 모든 주거지가 장, 단축이 완벽하게 남아 있어 명확한 수치산출이 가능하다. 여기의 총 주거평면적은 203.44m²로서 40.69명이 나온다. 한편, A군의 1동과 C군의 대부분의 주거지들이 파괴된 것들이 많아 전체규모를 자세히 알 수 없지만, 평균면적 40.17m²를 취락 전체의 주거지수에 대응시키면 총면적 482.04m²에 96.41명이라는 수치가 얻어진다. 이렇게 보면 여기의 취락규모는 12동의 주거지에 96.41명으로 볼 수 있어, 앞서 분석된 용정동 2단계의 11동－100인 내외와 거의 같은 것으로 추정된다.

4) 청원 대율리취락^(中央文化財研究院 2005)

　청원 大栗里유적은 9동의 주거지와 환호 2조, 그리고 토기요지 1기가 확인되었다(도면 15). 구릉 정상부에 규모가 가장 큰 1호와 9호 주거지가 나란히 자리잡고 있으며, 그 아래의 사면부에 7동(2~8호)이 列狀으로 정연하게 분포하고 있다. 그리고 1 · 9호 주거군과 2~8호 주거군 사이에 환호(이후 내환호라 함)를 설치하여 구분을 하였으며, 2~8호 주거군 아래에는 취락 전체를 감싸듯이 환호(이후 외환호라 함)가 돌아가고 있다. 이 밖에 외환호로부터 15미터 정도 떨어진 사면 하단에는 토기요지가 1기 위치한다. 결국 외환호로 전체 주거공간을 구획함과 동시에 여기에 주거공간을 다시 2개의 그룹으로 경계를 구획하는 내환호를 축조한 것이며, 외환호의 밖에는 토기를 구웠던 가마시설을 배치한 것이다. 주거지들은 2동씩 조합된 일렬배치(1 · 9호, 2 · 3호, 4 · 5호) 또는 병렬배치(7 · 8호)를 취하고 있는데, 이들 각각의 주거군은 세대공동체의 주거군집으로 이해된다.

　이와 같이 대율리 환호유적은 입지나 규모상으로 볼 때, 상위집단으

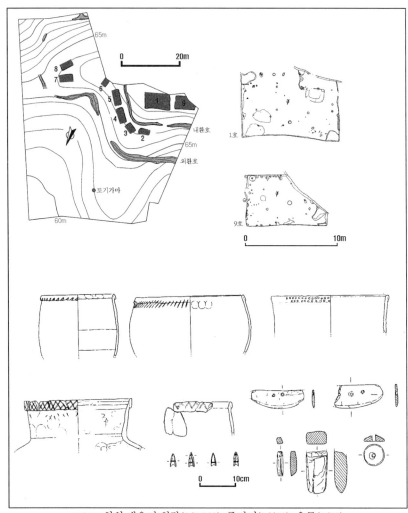

도면 15 청원 대율리 취락(1/1,300), 주거지(1/400), 유물(1/10)

로 추정되는 1·9호 주거군을 중심으로 매우 정연한 취락구조를 보여주고 있는 점에서 중요하다. 또한 출토유물로 보아 필자의 편년상 가락동유형Ⅰ기(청동기시대 전기 전반)로[37] 볼 수 있어, 한반도에서 가장 이른 시기에 등장한 환호취락이라는 데 의미가 크다. 이 점에서 청주 내곡동 유적을 주목할 필요가 있다. 대율리 환호취락에서 남서쪽으로 12km 정도 떨어져 있으며 이곳에서도 구획의 의미를 갖는 구가 확인된 바 있기 때문이다. 물론 조사범위가 매우 제한적이어서 취락의 규모를 추정할 수는 없지만, 내곡동 주거지 역시 가락동 I 기에 속하므로 대율리유적의 환호와 관련될 가능성만을 지적해 놓고자 한다[38].

5) 대전 신대동취락(성정용 1997, 李亨源 2002)

新垈洞 취락은 대전의 갑천변에 면하고 있는 해발 60m 내외의 나즈막한 구릉에 자리잡고 있다. 북쪽 구릉에서는 주거군이 남쪽 구릉에서는 분묘군이 동시에 확인되어 취락의 성격 및 형성과정을 이해하는 데 좋은 자료를 제공하는 유적이다[39].

주거지의 변천은 중복관계와 출토유물 등에 의해서 4호·10호(?)·11호(?) → 1·6·7·8·3·9호·5호(?) → 2호의 3단계 순으로 변천하였을 가능성이 높다[40]. 가장 빠른 시점인 1단계에 속하는 4호 주거지는 주초

---

37) 필자와 달리 공민규(2005b)는 전기 중반으로 송만영(2006a·2006b)은 전기후반으로 편년하고 있어 다소 차이가 있지만, 最古의 환호취락으로 보는 데에는 의견이 일치한다.
38) 내곡동의 도랑시설을 감안하더라도 대율리 환호취락의 예가 가락동 II 기 또는 III기로 이어지지 않는 점에서는 돌출적인 모습이다. 이와 관련하여 공민규(2005b)는 대율리 유적의 성격을 주변의 가락동유형보다는 흔암리유형 쪽에 비중을 두고 있다. 아마도 대율리 유적에 가락동유형의 전형인 둔산식주거지가 전혀 없는 점이나, 공렬토기가 주체를 이루는 대구 팔달동 환호취락(兪炳琭 1998)과 주거배치가 유사한 점을 염두에 두고 내린 해석으로 추정된다.
39) 경부고속도로 확장구간에 대한 구제발굴조사의 성격상 취락의 전모를 밝힐 수는 없었다. 그러나 구릉 정상부에 대한 트렌치조사를 통해 장방형주거 2기의 존재를 확인하였으며, 현재 중복현상이 심한 설상대지 부분이 주거입지에 최적인 점을 고려하면, 취락의 성격파악에는 큰 무리는 없는 것으로 생각된다. 물론 일부는 경부고속도로 건설에 의해 파괴되었을 가능성도 완전히 배제할 수는 없다.

사진 2 대전 신대동유적(①취락 ②3~5호주거지 ③④⑤1호석곽묘와 출토유물) (충남대학교박
　　　물관 2007에서)

석식 기둥배치방식으로 축조되었으며, 복수의 위석식노지를 소유하고 있다. 이 주거지의 내부는 동반부에 2기의 노지가 있으며 서남 모서리에 저장공이 1기 만들어져 있어, 노지 사이를 경계로 각각 소형과 대형으로 분실된 것으로 볼 수 있다. 이 신대동1단계는 가락동유형Ⅱ기에 대응하며, 후술할 신대동2단계는 가락동유형Ⅲ기에 해당한다.

2단계에 해당하는 1호 주거지는 반파된 상태지만, 대부분의 주거지가 등고선에 평행하게 축조된 점에서 초석을 이용한 4주식의 방형주거지로 볼 수 있다. 6, 7호 주거지는 단벽을 맞대고 있는 '일렬(――형) 배치'를 하고 있는데, 7호에는 2개의 노지가 설치된 반면 6호에는 노지의 흔적이 확인되지 않아 양 주거지가 기능적으로 분화되었을 가능성이 있다. 6호 주거지에서는 미완성석기나 숫돌, 石材 등이 다수 출토된 반면에, 7호에서는 저장공 4기와 함께 완형 석기들만 확인된 점에서 볼 때, 석기 제작 등 생산활동은 6호가, 저장기능은 주로 7호가 담당한 것으로 추정된다. 취락 전체 주거지에서 노지가 확인된 것과는 대조적으로 6호만이 분명한 형태의 노지가 확인되지 않았을 뿐, 저장공의 존재나 토기 등의 전반적인 구성은 7호가 별 차이가 없기 때문에 주거용으로 이용되었을 가능성이 높다. 7호는 주거지 중앙을 기준으로 각각 1개씩의 노지를 지니고 있는 개별 가족으로 2분실될 가능성이 높으며, 6호도 같은 양상일 것으로 생각된다. 동시기로 편년되는 1호와 8호는 소형 주거지로 개별 가족의 가옥으로 생각된다. 2단계의 3호와 9호 주거지는 1단계와 위석식노지를 설치한 점에서는 동일하나 노지의 수가 한 개 뿐이며, 초석이 없다는 점에서 차이가 있다. 면적이 각각 17.38m²와 10.35m²로 작은 점에서, 1단계의 소형주거와

---

40) 전고(李亨源 2007b)에서는 단계설정과 그 내용을 맞지 않게 설명하였다. 본고를 통해 바로잡는다.

동일한 가족형태일 것이다.

마지막 3단계의 2호 주거지는 말각방형의 평면에 네 벽의 중간부분에 1개씩 4개의 주공이 배치되어 있어 求心構造(都出比呂志 1989)의 송국리식주거지에 가깝다. 석부, 석창, 석착의 형태 역시 앞선 단계와는 차이가 있으며, 관옥도 1점 출토되었다.

남쪽 구릉의 남사면에 등고선과 직교된 방향으로 축조된 지석묘에서는 적색마연토기 1점을 비롯하여 석검 1점, 석촉 13점이 출토되었다. 전반적인 유물의 형식이 주거군의 2, 3단계보다는 빠른 것들로서, 1단계의 4호 주거지와 관련된 것으로 추정된다.

여기서 멀지 않은 구릉의 서사면에서도 지석묘와 동일하게 등고선에 직교하는 소형 석관묘 1기가 분포하고 있다. 2기가 계층적인 차이를 반영하는 것인지, 시간성이 반영되어 있는지는 확실치 않으나, 어떻게 보든지 간에 동일 취락 내에 생활 유구와 매장 유구가 동시에 존재한다는 점이 중요하다.

한편, 신대동취락에서 남동쪽으로 약 4km 정도 떨어져 있는 比來洞 유적에서는 5기의 고인돌이 확인되었고 이 가운데 3기가 조사되었다. 이 가운데 1호 지석묘에서는 비파형동검을 비롯하여 적색마연토기, 석촉 등이 부장되어 있었다. 석촉의 형식이 신대동 1,2단계의 주거지에서 출토된 것들과 큰 차이는 없다. 비래동유적에서는 주거군이 조사되지 않아 취락의 양상을 자세히 알 수는 없으나, 마제석검을 부장하는 신대동의 지석묘와 동검을 부장하는 비래동지석묘의 분묘간 차별 양상으로 보아 취락간의 우열이 존재했을 가능성을 시사하고 있다(성정용 1997, 222쪽). 다만, 두 지석묘가 동시기에 존재했는지에 대해서는 아직 분명하게 밝혀지지는 않은 상황이기 때문에, 신중하게 접근할 필요가 있다고 생각한다. 즉 신대동의 지석묘는 가락동유형 II기로 편년되는데, 비래동의 지석묘는 가락동유형 II기에 속하는지, III기에 속하는지 확실하지 않기 때문이다. 후기 송국

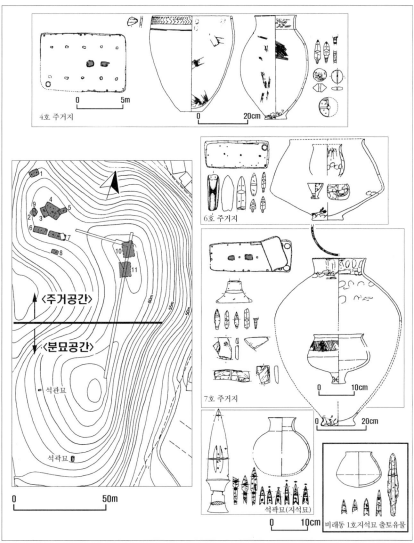

리유형 유적에서 출토되는 비파형동검과의 계기적인 흐름을 중시하여, 잠
정적으로 가락동유형Ⅲ기인 청동기시대 전기후반으로 위치시키고자 한

다[41].

3. 전기 역삼동 · 흔암리유형 취락

1) 여주 흔암리취락(서울大學校博物館 1973~1978, 崔夢龍 · 朴洋震 1986)

欣岩里유적은 남한강에 인접한 해발 123m의 산지성 구릉에 1~3호 및 4~16호 주거지가 지역을 달리한 능선에 취락이 형성되어 있다. 3곳에서 중복현상이 확인되고 장축방향을 달리하는 주거지가 존재하는 것에 의해서 2시기(藤口健二 1986, 安在晧 1996)로 보기도 하지만, 전체 주거지의 유물상의 차이가 거의 인지되지 않는 점에서 이들을 거의 동시기로 보기도 한다(朴淳發 1999). 필자 역시 전술한 바와 같이 중복관계를 인정한다 하더라도 이들간의 시간적인 선후관계는 그리 크지 않다고 보지만, 취락의 형성측면에서는 검토대상이 되어야 한다고 생각한다.

먼저 1~3호 주거지(A군)는 2호와 3호가 중복현상을 보이므로 여기의 동시 공존 주거지는 최대 2동 밖에 되지 않는다는 것을 알 수 있으며, 더욱이 3호를 파괴하고 축조된 2호가 1호와 너무 근접한 점으로 볼 때, 1호와 3호가 동일 시점에 존재한 것으로 이해된다. 3호 주거지가 2호에 의해 어느 정도 파괴되었지만 장축은 온전하게 남아 있어 주거지의 규모 파악에는 무리가 없는 듯하며, 두 주거지 모두 유물의 상태 또한 양호하여 주거지의 성격을 이해하는 데 도움이 된다. 세트 관계로 볼 수 있는 이들은 1호의 장단축이 8.2×4.2m(34.4m²), 2호의 장축이 6.9m인 점에서 1호 주거지가 대

---

41) 비래동 지석묘와 마찬가지로 비파형동검이 출토된 서천 오석리 오석산의 주구석관묘도 (忠淸文化財研究院 2006) 청동기시대 전기후반으로 편년될 가능성이 높다고 생각한다.

표 9 여주 흔암리유적 주거지 출토유물 현황(토기제외)

주거군	주거지	길이×너비(cm) 면적(m²)	장단비	석검	석촉	석창	석부	석도	어망추	방추차	기타
A군	1	820×429 (34.4)	1.95 : 1	2	5		9	2	4	1	
	2	690×(320)			5			3	1	4	
	3	570×(390)		3			6		4		
B군	8	745×300 (22.4)	2.48 : 1	1	2		1				
		9705×355 (25.0)	1.99 : 1		13		5	4	18		
	10	445×260 (11.6)	1.71 : 1								
	12	970×370 (34.9)	2.70 : 1	4	10		9	2	4	1	환상석기1
	16	×340									
C군	4	(760)×450			3		2	2	5	4	
	5	(470)×393			5		3	3	2		
	6	(780)×(200)			2		4	1			
	11	(496)×(245)			10		3		13	1	관옥1
	13	700×(280)			5			2		1	
D군	7	(960)×(280)					2		1	1	
	14	1000×(420)		4	1		8	1			
	15	×260									

형으로 우위를 점하고 있다. 주거지 규모 이외에도 〈표 9〉에서 볼 수 있듯이, 석검과 석부의 출토수량에서 현저한 차이를 보이고 있어 석기의 소유 관계에서도 동일한 양상을 확인할 수 있다.

다음으로 4~16호 주거지가 입지한 곳을 살펴보자.

같은 구릉 능선에 자리잡은 주거지들은 공간적 분포를 통해서 가장 위쪽의 B군(8 · 9 · 10 · 12 · 16호), 중간부의 C군(4 · 5 · 6 · 11 · 13호), 아래쪽의 D군(7 · 14 · 15호)으로 구분할 수 있다. 그렇지만 위에서 언급한 바와 같이 여기에서는 중복된 주거지들이 두 곳에서 확인되는데, B군의 9, 10호 및 C군의 4, 5호가 이에 해당한다. 출토유물상에서 이들의 존속시기를 명확히 알 수 없으므로 B군과 C군은 아무리 많아야 4동을 넘지 않는다. D군은 분포상으로 볼 때 당시 주거의 평면 구도를 그대로 유지했던 것으로 생각된다. 이러한 점에서 흔암리유적은 2~4동의 주거지로 구성된 소

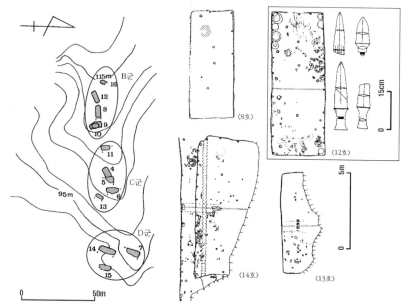

도면 17 여주 흔암리취락(1/2,500) 및 주거지(1/250), 유물(1/15)(주거지의 격실안은 安在晧 1996에서)

규모 4개의 군으로 이루어진 취락이었을 가능성이 높다.

B군에서는 12호 주거지가 온전히 남아 있어 비교적 구조를 자세히 알 수 있다. 장축 9.7m, 단축 3.7m로서 장단비는 2.7:1이며, 면적이 34.9m²로 B군내에서 가장 큰 규모이다. 내부에는 3기의 노지와 7기의 저장공이 설치되어 있다. 노지는 양단벽 가까이에 1기와 2기로 나뉘어져 있어, 배치상 2분실된 것으로 생각할 수 있다. 후술할 館山里式住居址의 노지가 장축의 중앙선상에 복수로 놓인 것과는 달리 장벽쪽에 인접한 형태로 차이를 보이고 있어, 안재호(1996, 54쪽)는 이러한 노지의 위치 차이에 주목하여 '欣岩里式住居址'로 규정한 바 있다. 8호주거지도 노지가 한 개 밖에 확인되지 않았으나 장벽쪽에 치우친 점에서 12호와 동일한 형식으로 분류되고 있다.

한편 12호 주거지는 B군에서 가장 넓은 평면적을 가질 뿐만 아니라 마제석검 4점, 석촉 10점, 환상석부 1점 등 흔암리 취락내에서 가장 많은 무장적 성격의 석기를 소유하고 있는 점으로 미루어 상위의 가족이 살았던 것으로 추정된다. 또한 7개가 설치된 저장공 또한 다른 주거지에서는 거의 유례를 찾을 수 없는 점에서도 그러하다.

C군에서는 온전하게 남아 있는 주거지들이 거의 없어서 상대적인 비교가 어려운 실정이나, 11호에서 많은 양의 석촉들과 위세품으로 볼 개연성이 높은 벽옥제 관옥도 1점 출토되어 이 주거지가 B군의 핵심 주거지일 가능성이 높다. 보고서에 의하면 13호 주거지는 土壁이 확인되어 내부가 2개의 방으로 나뉘어져 사용되었다고 한다.

D군은 7호, 14호, 15호 등 3동의 주거지가 하나의 군을 형성하고 있다. 14호 역시 위에서 언급한 13호와 함께 토벽의 존재로서 2分室된다고 한다. 토벽의 존재는 매우 중요한 고고학적 자료임에도 불구하고, 보고서에는 사진이나 층위설명 등 자세한 자료제시가 결여되어 있는 점이 문제로 지적되고 있다(大貫靜夫 2000). 여기의 군집에서는 가장 규모가 큰 14호 주거지가 세대공동체에서 주도적인 역할을 담당했을 것이다.

지금까지의 검토를 통해서 흔암리취락은 A~D군 등 총 4개의 주거군집이 일정한 공간내에서 2~4동의 세대공동체를 형성했던 것으로 이해된다. 그리고 1호, 11호, 12호, 14호 주거지는 각각의 세대공동체를 대표하는 주거로서 인정될 수 있는데, 이들의 공통적인 특징은 주거규모의 우월성, 석검이나 석촉으로 대표되는 무장적 성격의 석기소유에서 주목된다는 점이다.

한편 안재호의 자세한 검토에 의하면 두 개로 분실된 각 주거지는 분실의 규모차이는 적지만 기능면에서 차별성이 인정된다고 한다. 즉 저장공과 대형토기들로 표현되는 제1실은 곡물의 저장과 소비가 중요시되고, 석기가 중심을 이루는 제2실은 생산활동이 주축을 이루었던 것으로 설명한다. 더 나아가 2분실된 1동의 주거지에 생활하였던 가족공동체는 혼인한 부부와 그들의 자식들로 구성되었을 가능성을 추론하였으며, 제1실의 구성원이 제2실의 구성원보다도 노동력을 비교적 적게 투입하고 있음에도 불구하고 제1실에 곡물의 저장 기능이 강한 점으로 미루어 다분히 가부장적인 성향을 엿볼 수 있다고 해석하고 있다(安在晧 1996, 55쪽).

혼암리 취락의 인구규모는 대부분의 주거지가 파괴가 심하여 통계적인 의미를 추출하기 어렵지만, 길이와 너비를 알 수 있는 주거지를 기준으로 평균을 구한 후 여기에 전체 주거지를 대입시켜 보면 16동(1기 평균면적 25.66m²)의 총 면적 410m²에 전체인구는 82명 정도가 추산된다. 여기에 중복관계를 고려한다면 60명에서 최대 82명 사이로 이해하는 편이 좋을 듯하다.

2) 보령 관산리취락(尹世英 · 李弘鍾 1996)

보령 館山里의 해발 40여 미터의 완만한 구릉지대에서 11동의 주거지가 조사되었다. 송국리식주거지인 1호주거지를 제외한 나머지 10동은 세장방형 또는 장방형의 평면에 혼암리식토기가 주류를 이루고 있는데, 공반유물상에서 큰 차이가 없어 동시기로 생각되고 있다.

대형 주거지인 4호와 13호 주거지가 구릉의 능선에 자리잡고 있으며, 나머지 주거지들이 약간 완만한 구릉사면에 분포하고 있다. 아마도 이 2동이 관산리취락의 중심이 되는 주거였을 것이다.

4호 · 9호 · 13호 주거지는 안재호(1996)에 의해서 특별히 "관산리식주거지"로 분류된 것들이다. 이 형식의 주거지는 한 주거내에 복수의 노지가 장축선에 위치하는 것을 특징으로 한다. 4호 주거지는 길이 20.4m, 폭 5.8m로서 평면적이 118.3m²에 달해, 청동기시대 전기 주거지 가운데 가장 큰 규모 가운데 하나에 속하는데, 내부에는 노지 4기가 비대칭적으

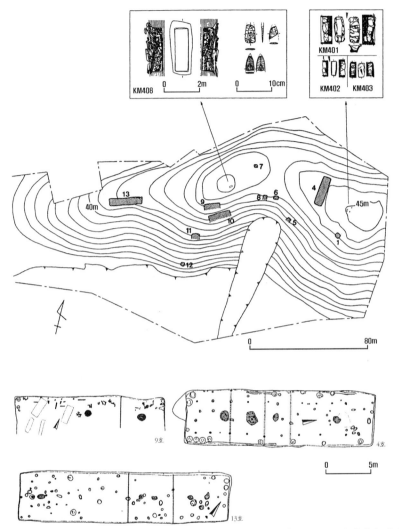

도면 18 보령 관산리 취락(1/2,500), 주거지(1/400), 석관묘(1/200), 유물(1/10) (주거지의 격실 안은 安在晧 1996에서)

로 설치되어 있다. 안재호는 흔암리유적 13, 14호 주거지가 토벽에 의해 주거지가 양분된 점, 중국 신석기시대의 여러 유적에서도 분실된 가옥의 형태가 다수 확인되는 점 등에서 관산리 4호주거지를 핵가족 4단위로 군집된 한 세대의 가옥으로 규정하고 있다. 또한 각실의 규모 등에서 제1실에는 세대의 家長이 거주하고 제2~4실은 그의 直系 또는 傍系의 혼인한 자식들의 거주공간으로 해석하였다. 즉 복수의 노지로 구성된 대형주거지는 가족공동체로, 내부의 각실은 개별 가족으로 부르고 있다.

13호 주거지 역시 3개로 분실된 관산리식주거지에 속하지만, 각각 2기씩의 노지를 소유하고 있어 다르다. 이러한 점에서 노지수가 반드시 이에 대응하는 세대수를 결정짓지는 않는 것으로 볼 수 있다. 옥내에서의 취사, 난방, 조명 등 다양한 기능적 접근이 필요하며, 이와 더불어 소토흔적만 남아 있는 노지의 경우는 노 사용 장소의 변경 등이 고려될 수 있기 때문이다. 필자는 관산리식주거지를 확대가족으로 이해하는 것에 대해서는 전적으로 동의하지만, 아직 세부적으로 뒷받침되어야할 점이 많이 있다고 생각한다. 특히 분실 또는 격실구조에 대한 규명을 들 수 있다. 혼암리주거지의 토벽의 존재는 위에서도 언급한 바와 같이 동시기의 다른 유적에서 전혀 확인이 되지 않는점, 보고서 자체에서도 자료제시가 불분명한 점에서 지금으로서는 수긍하기 어렵다. 오히려 민족지 사례에서 보이는 목재나 모피 등을 이용한 간단한 가리개 정도가 선호되었을 가능성이 높으며, 이 점이 주거지내부에서 분실구조가 잘 확인되지 않는 현상을 설명해 줄 수 있을지도 모르겠다(武藤康弘 1997).

한편, 관산리유적에서는 석관묘 5기가 조사되었는데, 구릉의 서쪽 정상부에 1기, 동쪽 정상부에 4기가 분포하고 있다. 서쪽 정상부의 KM-008호는 취락 중심부 구릉의 정상부에 단독으로 입지할 뿐만 아니라, 규모가 가장 크고 다른 석관묘와 달리 석촉이 부장되어 있다는 점에서 상대적으로 높은 위계를 지닌 것으로 생각된다. 이 무덤에 대해서 전기 주거지와 동시기로 생각했던 적이 있으나(李亨源 2003), 손준호(2007)의 비판을 받아들여 이를 철회하고자 한다. 이는 한 점 출토된 석촉의 형식이 점토대토기 단계의 그것과 비슷하며, 다른 유적의 청동기시대 전기의 석관묘에서 유물이 출토되지 않은 예는 거의 없어 후기의 송국리 단계 혹은 점토대토기 단계로 편년될 가능성이 높기 때문이다.

3) 천안 백석동취락
(李南奭外 1998; 李南奭 · 李賢淑 2000; 충청문화재연구원 2007; 오규진 · 배상훈 2007)

표고 100m 내외의 구릉성 산지에 입지하는 청동기시대의 대규모 취락으로, 주거지의 수는 200여동을 넘는다. 여기에서는 보고서가 간행된 공주대학교박물관 조사지역만을 검토하기로 한다. 이 백석동유적은 역삼동 · 흔암리유형의 취락으로 아직 자세한 편년은 이루어지지 않았으나, 주거지간의 중복관계를 통해 세장방형주거지가 이르고, 이 보다 규모가 축소된 장방형주거지가 늦은 것으로 설명되고 있다(李南奭外 1998, 大貫靜夫 2000).

필자는 이중구연 단사선토기 및 대부소호의 세부속성을 함께 검토하는 가운데, 늦은 시기로 편년된 장방형주거지 중에서 일부는 세장방형주거지보다 선행할 가능성을 제시한 바 있다(李亨源 2002). 여기에 따르면 대략 3단계 구분이 가능한데[42], 가장 빠른 단계는 이중구연부가 비교적 뚜렷하게 남아 있는 무문토기와 대부소호II형이 주로 출토되는 장방형주거지 단계이다. 출토유물이 양호한 주거지가 많지 않아 전체주거지를 대상으로 하기는 어렵지만, 95I-15호, 95III-1 · 2 · 6호, 95II-2 · 3 · 7호, 95IV-3, 94B-8 · 10 · 12호 등이 이 시기에 해당할 것으로 생각한다.

---

42) 3단계 구분은 유효한 가운데, 금번 논문의 편년조정에 따라 2002년 당시의 역삼동 · 흔암리유형 I 기는 그대로 I 기로, II기는 II-1기로, III기는 II-2기로, IV기는 III기로 설명한다. 이에 대해서는 앞 장 역삼동 · 흔암리유형의 편년부분 참조.

사진 3 천안 백석동유적(①94A지구 ②94A-4 · 5호주거지) (공주대학교박물관 1998에서)

백석동1단계이면서, 역삼동·흔암리유형 II-1기에 속한다. 이어지는 백석동2단계는 장축 10m 이상되는 세장방형주거지가 중심을 이루며, 퇴화된 이중구연이 특징적이며 단사선의 길이가 길고, X선문도 다수 확인된다. 대부소호 IIb형도 일부 출토된다. 동시기로 판단되는 주거지는 94A−4·5·6·8호, 94B−1·2·11·13·19·20·22호, 95 I −12·13−①, 23·24호, 95 II −1·5·6·9·10호, 95III−3·4·5·9호, 95IV−1·2·4호 등이다. 역삼동·흔암리유형 II-2기에 해당한다.

장방형주거지의 백석동3단계는 이중구연이나 단사선문 및 대부소호가 거의 보이지 않으며 공열문과 구순각목문이 중심을 이룬다. 95 I 지구의 남사면에 집중적으로 넓은 면을 형성하며 밀집 분포하는데, 95 I −2~7·9·10·13−②, 14·18~22호 등이 대표적이다. 이 밖에 95 I 지역에서 서쪽으로 뻗어나간 구릉 정상부쪽(94B−4·5·7·16·17·18호)과 남동부(96−4~9호)에도 일부 분포하고 있다. 이 단계는 역삼동·흔암리유형III기로 연결된다.

본 유적에서 유일하게 송국리식주거지 구조를 취하고 있는 94B−6호 주거지는 청동기시대 후기에 속하는데, 이와 같은 시기의 주거지는 충청문화재연구원의 2006년 조사에서 상당수 확인되었다. 정식 발굴보고서가 발간되기를 기대해 본다.

시기판정이 불분명한 주거지들이 많이 있지만, 주거구조 및 배치관계를 고려하면 대략 백석동1단계가 10동 정도이며, 2단계와 3단계가 40여 동 전후일 것으로 생각된다. 시기에 따른 주거지의 분포적인 특징을 보면, 우선 백석동1단계의 취락은 1동 단독 또는, 2~4동이 하나의 주거군을 형성하면서 구릉 곳곳에 點在하는 양상이다. 다음으로 세장방형주거지가 중심이 되는 2단계가 되면 대부분의 구릉 능선 정상부에 길게 늘어선 형태의 線狀聚落의 모습을 나타낸다. 가장 늦은 3단계는 비교적 일정한 정형성을 보이면서 결집된 面狀聚落이 형성된다. 취락내에서는 가장 넓은 구

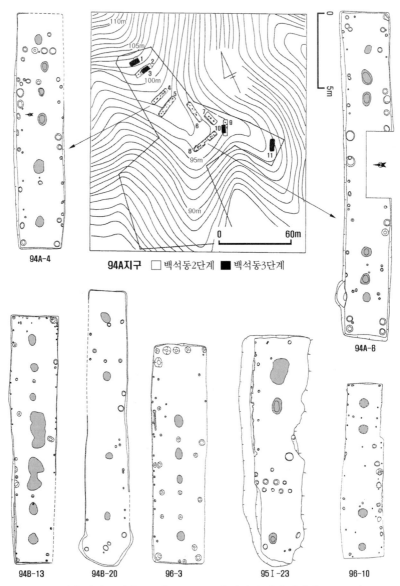

도면 19 천안 백석동 취락 94A지구(1/3,000)와 백석동2단계 주거지(1/250) 각종

릉 사면을 선택하여 집중적으로 입지하는 한편, 약간 떨어진 구릉들에 3~4동씩 組를 이루면서 분포한다.

그리고 주거지의 배치에 있어서도 얼마간의 차이가 인정된다. 1단계에는 95Ⅱ−2·3호 및 95Ⅲ−2·6호와 같이 2동의 주거지가 장축을 마주보는 형태의 '=形'을 확인할 수 있으며, 2단계에는 1단계와 마찬가지로 '=형'도 보이지만(95Ⅳ−1, 2호), 2동이 단변을 마주보는 '――형'(96−2·3호, 94B−13·14호)을 비롯하여 '＼＼형'(94B−19·20호) 및 3동이 장축을 나란하게 둔 '≡형' 등이 눈에 띈다. 그런데 3단계에는 3동 내지는 4동이 모여서 소군을 이루고 있지만, 일정한 면적에 밀집 분포하기 때문인지 특별히 부각되는 형태가 없는 점이 특징이다.

이번에는 각 단계별 주거구조를 살펴보자. 2단계의 세장방형주거지가 길이 10~22m가 주류이면서 3개 이상의 노지가 확인되는 점에서 확연히 구별된다. 그에 반해서 1단계와 3단계는 장방형주거지로 비슷하게 보이지만, 이들간에도 다소의 차이가 인지된다. 즉 1단계 주거지는 단축이 3m이상인 것이 대부분이며, 노지 역시 2개인 것이 많은 반면에, 3단계의 주거지는 3m이하인 것이 주류이며, 노지 역시 1개가 중심으로 차이가 있다. 장축의 길이 역시 가장 늦은 3단계의 것들이 가장 짧으므로, 전체 면적 또한 가장 소형이다. 결국 주거규모는 약간 긴 장방형 → 매우 세장한 세장방형 → 장방형의 순으로 변화하는 경향성을 읽을 수 있다.

그런데 2단계의 주거지들은 앞에서도 언급한 바와 같이 장축선상에 복수의 노지를 소유한 관산리식주거지로 분류되는 것들이다. 가족공동체로 해석되고 있는(安在晧 1996) 이러한 주거형태는 일본에서도 시기는 다르지만 죠몽시대 전, 중기에 보이고 있으며 동일한 관점에서 이해되고 있다. 즉 武藤康弘(1997)의 연구에 의하면, 장방형대형주거는 죠몽시대 전·중기에 동일본 일원에 분포하는 주거형식의 하나로서, 타원형 내지 장방형의 평면형으로 장축 8~12m의 규모를 갖는다. 주거 장축선상에 복수의 노지가 배열되고, 격실구조의 흔적도 보이는 점에서 복합거주가옥 (다가족가옥)으로서 기능했던 것으로 이해되는데, 장방형 대형 주거를 주체로 하여 구성된 취락이 존재하는 점에서도 뒷받침된다고 한다. 그리고 종래 특수 주거로서 인식되어 왔던 장축 30m급의 초대형 주거 역시 구조적으로 장방형 대형 주거와 상당히 유사한 점에서 복합 거주가옥으로 보아야만 한다는 것이다. 시공간적으로 전혀 연결되지는 않지만, 한반도의 청동기시대 전기에 일시적으로 등장하는 관산리식주거지의 성격을 이해하는데 흥미 깊은 자료임은 분명하다.

한편, 2단계의 세장방형주거지 중에는 개조 또는 증축의 흔적이 남아 있는 주거지도 확인되었다. 94A−4호와 95Ⅰ−23호 주거지에서는 한쪽 단벽에 저장공이 일렬로 배치된 바깥쪽으로도 유구가 확장된 형태로 되어 있다. 대부분의 저장공이 장벽이나 단벽에 붙어 있는 점에서 증축의 가능성이 있으며, 증축된 부분의 벽면굴착상태가 거칠고 조잡하게 되어 있는 점에서도 뒷받침된다. 또한 96−10호주거지의 경우는 북반부의 동·서 장벽의 일부가 축소되면서 주혈도 안쪽으로 이동되는 점에서 증축과 관련된 것으로 이해된다.

4. 후기 송국리유형 취락

후기의 취락에 대해서는 세부적으로는 후기전반의 선송국리유형 단계와 후기후반의 송국리유형 단계로 나눌 수 있지만(安在晧 1992), 큰 틀에서 후기의 송국리유형으로 분류하여 설명하고자 한다.

1) 화성 반송리취락^(權五榮외 2007; 畿甸文化財硏究院 2006)

화성 盤松里취락에서는 17동의 주거지와 1기의 수혈이 조사되었는데, 구릉 전체가 발굴조사된 점에서 단위 취락의 구조와 성격을 살피는데 매우 유용한 정보를 제공한다. 17동의 주거지는 구조적 형태에 따라 A형 주거군(노지설치)과 B형 주거군(중심2주공 또는 타원형수혈)으로 구분된다[43]. 이 주거지들은 구릉 정상부의 공터를 크게 두 구역으로 나눠서 광장을 조성한 듯 하며(광장1과 광장2라 칭함), 이 광장의 가장자리 사면에 주거지들이 집중적으로 배치되어 있다. 그런데 〈도면 20〉을 자세히 보면 광장1과 광장2를 중심으로 A형, B형 각각의 주거군이 경계를 유지하고 있는 것처럼 보인다. 즉 광장1과 A형 주거군이 대응하고, 광장2와 B형 주거군이 대응하고 있다. 그렇다면 A형 주거군과 B형 주거군은 어떠한 관계였을까? 이 문제에 대한 접근을 위해 우선 다음과 같은 가설을 세워보았다.

① 가설 1 : 1개의 집단내에서의 다양성
② 가설 2 : 1개의 집단이 시간적으로 변화(A형 → B형)
    가설 2-1 : 선후관계, 공존
    가설 2-2 : 선후관계, 공존 없음
③ 가설 3 : 1개의 집단이 시간적으로 변화 (B형 → A형)
    가설 3-1 : 선후관계, 공존
    가설 3-2 : 선후관계, 공존 없음
④ 가설 4 : 2개의 집단 공존 (광장1중심, 광장2중심)
    가설 4-1 : 선후관계(A형 → B형), 공존
    가설 4-2 : 선후관계(B형 → A형), 공존

---

43) B형 주거지에서 노지는 확인되지 않았지만, 이는 원래 없었던 것이 아니라, 조사과정에서 밝혀내지 못했다고 보는 것이 옳다고 생각한다. 이에 대해서는 다음 장에서 설명하고자 한다.

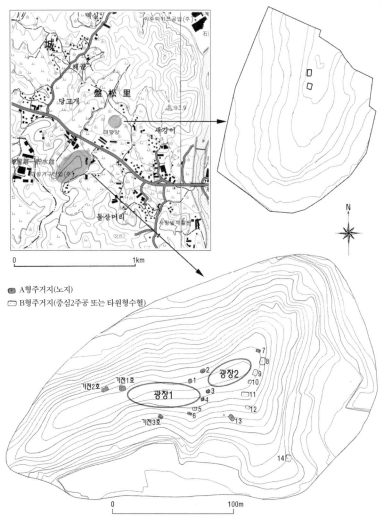

A형주거지(노지)

B형주거지(중심2주공 또는 타원형수혈)

도면 20 화성 반송리 취락의 지형(1/30,000)과 공간구성(1/3,000)

⑤ 가설 5 : 2개의 집단이 시기적 선후관계를 가짐(A형 → B형), 공존 없음

⑥ 가설 6 : 2개의 집단이 시기적 선후관계를 가짐(B형 → A형), 공존 없음

위 가설에 대한 진위여부를 판단하는 중요한 근거 가운데 하나는 편

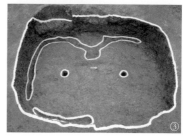

사진 4 화성 반송리유적(①취락 ②8호주거지 ③9호주거지) (한신대학교박물관 2007에서)

년에 따른 동시공존 여부가 될 것이다. 전술한 바와 같이 ① 주거지간에 중복관계가 없고, ② 전체 주거지의 공간적인 배치가 정연하며, ③ 출토유물상과 절대연대측정치상에 시기적인 큰 차이가 없는 점에서 A형 주거군과 B형 주거군은 공존했을 가능성이 농후하다. 이렇게 보면 양 주거군의 공존을 인정하지 않는 가설 2-2, 3-2, 5, 6은 고려대상에서 제외될 수 있다.

그렇다면 가설1, 가설2-1, 가설3-1, 가설4-1, 가설4-2 등 5가지 경우의 수가 남았다. 여기에서 가설 숫자를 줄일 수 있는 자료가 5호 주거지의 예이다. 5호주거지는 원래 노지가 있는 A형이었으나, 노지를 파괴하고 중심 2주공이 설치되면서 B형 주거지로 개축되었다. 즉 A형으로 사용하다가 어느 시점에 B형으로 전환된 것으로 볼 수 있다.

이로써 가설3-1과 4-2도 후보에서 탈락한다. 남아 있는 3가지 가설 가운데 가설1과 2-1은 같은 맥락에서 이해될 수도 있지만, 전자는 A형과 B형의 구분없이 처음부터 두 가지 형식이 혼재하면서 같이 축조된 것이며, 후자는 A형 주거군만이 존재하다가 이후에 B형 주거군이 들어오면서 A,B형이 공존하는 양상으로 다소 차이가 있다. 필자는 5호주거지의 개축현상을 중시하여 가설1도 제외하고자 한다.

결국 세부적으로 보면 총 9가지의 가설 가운데 다음의 2가지 가설로 압축된다.

- 가설 2-1 : 1개의 집단이 A형 주거군 → B형 주거군의 축조순서는 차이가 있지만 두 주거군 공존
- 가설 4 : 2개의 집단이 A형 주거군 → B형 주거군의 축조순서는 차이가 있지만 두 주거군 공존

이렇게 보았을 때, 반송리취락의 17동의 주거지는 동시에 공존한 취락일 가능성이 높다. 그렇지만, A타입과 B타입이 동일 집단인지 서로 다른 집단인지의 여부를 판단할만한 적극적인 근거는 없다. A타입이 반송리취락(집단) 본래의 주거구조였으며 외부에서 B타입의 정보 또는 사람이 들어온 것으로 볼 수도 있으며, A타입을 사용하던 반송리집단이 자체적으로 B타입을 고안한 것으로 볼 수도 있을 것이다. 그러나 무리한 추론일수도 있으나, 주거군의 배치상과 주거구조, 출토 유물상에서 가설4를 최종적으로 선택하고자 한다. 첫 번째, 주거군의 배치상으로 볼 때, A형 주거

군이 環狀配置를 이루며, B형 주거군이 線狀配置를 보여주고 있는 점에서 차이가 있다. 두 번째, 주거구조의 차이는 A형, B형으로 재론할 필요가 없다. 세 번째, 전체적인 출토유물상에 별 차이는 없지만, 석창,석촉,선형석기 등으로 구성된 자색 셰일제 석기가 B형주거군에만(8호, 14호) 편재하는 현상이 차이가 있기 때문이다. 결론적으로 구릉 중앙부의 광장1을 중심으로 하는 환상배치의 A형 주거군이 반송리취락을 점유한 상태에서, 일정한 시간이 지난후에 광장2를 중심으로 하는 선상배치의 B형 주거군이 취락에 들어오면서 A+B형 주거군이 공존한 것으로 추정된다. 5호주거지의 A형 → B형 개축도 두 집단이 공존한 시기중에 이루어졌을 것이다. 이러한 과정을 거쳐 취락규모가 확대되면서, 일부 세대공동체는 한신대박물관 조사지역에서 북동쪽으로 200여 미터 떨어진 구릉에 B형 주거 2동으로 구성된 분촌, 즉 최소 단위의 취락이 조성되었다(畿甸文化財研究院 2006). 그리고 이와 같은 分村化를 통해 반송리취락의 母村-子村 관계가 형성된 것으로 이해된다.

한편, B형 주거군을 조영한 집단이 어디에서 온 것인지, A형 주거군을 조영한 집단과는 어떠한 관련 속에서 동일한 취락구성을 취하게 되었는지는 모르겠다. 다만 민족지 예를 감안할 때, 집단간의 婚姻관계가 중요한 매개체 중의 하나가 될 수 있다는 정도는 언급할 수 있을 것 같다. 이와 더불어 토기가 집단의 정체성을 어느 정도 대변해 준다고 볼 때, 공렬토기나 구순각목토기가 A, B 양 집단이 공통적으로 사용하고 있으며, 유물상이 유사한 점에서 이들이 역삼동·흔암리유형의 문화전통과 계기적으로 연결된다는 점도 하나의 취락으로 통합하는데 유리한 조건으로 작용했을지도 모르겠다.

어쨌든, 필자의 추론에 의하면 반송리 청동기시대 취락은 A형 주거군(집단)이 선점하고 있던 지역에 B형 주거군(집단)이 새롭게 들어오면서 하나의 취락을 이루게 되었다. 즉 A집단이 구릉 정상부의 중앙구역에 광장1을 중심으로 環狀聚落을 조성하였으며, 뒤 이어서 B집단이 구릉 정상부의 동쪽구역에 광장2를 사이에 두고 線狀聚落을 형성하였다.

2) 보령 관창리취락

(李弘鍾외 2001; 吳相卓외 1999; 李殷昌외 2002; 忠南大學校博物館 1995)

寬倉里유적은 1994년부터 1995년에 걸쳐 발굴조사된 중서부지역 최대 규모의 청동기시대 취락으로, 현재까지의 조사에 의하면 이에 필적할 만한 유적은 부여 송국리유적밖에 없다. 고려대·충남대·아주대·대전 보건대 등 4개 기관이 지역을 나누어 발굴하였는데, 주거지는 B지구에서 100동(李弘鍾외 2001), C지구에서 1동(李殷昌외 2002), D지구에서 50동(忠南大學校博物館 1995), E지구에서 10동(李殷昌외 2002), F지구에서 35동(吳相卓외 1999) 등 모두 196동이 확인되었다. 그 밖에 A지구에서는 분묘만 14기 분포하고 있어(吳相卓외 1999) 취락전체를 위한 분묘공간임을 알 수 있으며, G지구에서는 수전이 조사되었다(李弘鍾외 2001). 관창리 취락의 전체 범위는 C지구를 제외한 B구릉의 동쪽과 서쪽에 있는 두 개의 곡부를 포함해서 폭 600m, 길이 800m에 이른다. 후술하겠지만, 이 유적에서는 주거지를 비롯하여 무덤, 경작지, 토기요지, 저장공, 지상건물 등 청동기시대 취락을 구성하는 대부분의 요소가 밝혀져서 취락의 경관만이 아니라 집단 구성원의 조직체계를 연구하는데 상당히 유효하다고 볼 수 있다(李弘鍾 2005).

B지구는 주거지를 비롯하여 다양한 형태의 지상건물과 토기요지, 그리고 저장공 등이 존재하는 반면, D, E, F지구에서는 주로 주거지만 분포하는 가운데, F지구에서 옹관묘 1기가 검출되었다. B지구에서도 산발적으로 무덤이 5기 조사되었지만, 취락 전체의 존속시기나 주거지의 수를 감안하면, 분묘공간은 A지구의 특정구역에 한정되고 있는데, 이는 주거공간

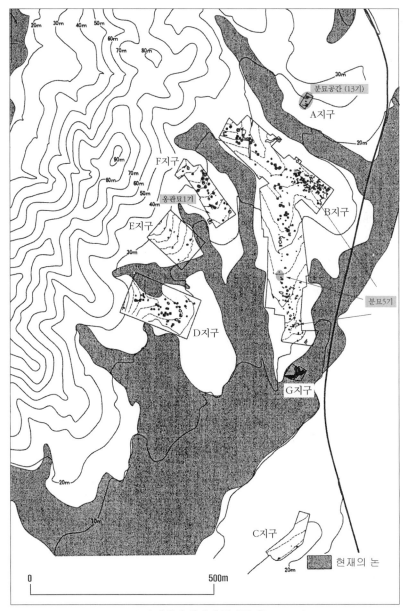

도면 21 보령 관창리 취락의 공간구성(1/10,000)

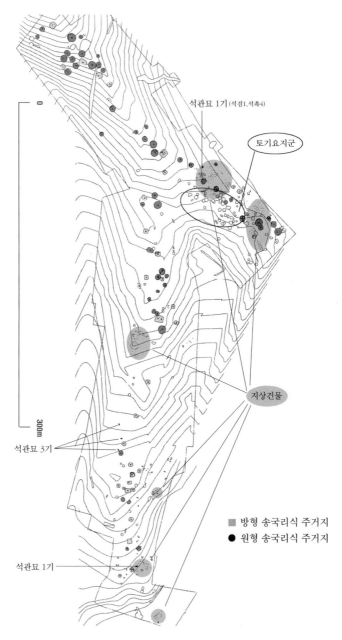

석관묘 1기 (석검1,석촉4)

토기요지군

지상건물

석관묘 3기

■ 방형 송국리식 주거지
● 원형 송국리식 주거지

석관묘 1기

0

300m

도면 22 보령 관창리 취락 B지구의 공간구성(1/3,500)

사진 5 보령 관창리유적(고려대학교 매장문화재연구소 2001에서)

의 일부 사람만이 이 분묘공간에 매장되었다는 것을 말해주는 것이다. 후
술하겠지만, 집단내의 상위계층만을 위한 취락내 공간운영의 한 양상이
반영된 것으로 생각한다.

B지구는 다른 지구에서 전혀 확인되지 않은 토기요지가 밀집 분포하
는 점에서 관창리 취락 전체를 위한 토기생산을 담당했던 것으로 볼 수 있
는데, 취락내 분업의 한 측면을 시사하는(安在晧 2004) 중요한 자료이다.
또한 각종 지상건물은 창고시설이나 여타 용도로 사용되었을 것인데, 수
전이 일부밖에 조사되지 않았지만 지형상 상당히 넓은 규모의 논농사가
이루어졌을 개연성이 높기 때문에 일부는 곡물창고로 이용되었을 것이다.
또한 구릉의 중앙에 위치하는 KB210호는 7각형의 형태에 50m²의 규모를
가지고 있는데, 이에 대해서 이홍종은 취락 구성원 전체의 집회와 같은 모
임 혹은 외부집단과의 교류의 장소로 이용되었을 것으로 추정하고 있다.

이러한 정황은 인접한 79호 초대형주거지에서 외래계의 점토대토기가 출토된 점과도 연관된다(李弘鍾 2005).

　주거지에 대해서는 뒤에서 자세히 검토할 예정이므로 간략하게 언급하고자 한다. 주거공간은 B지구를 포함하여 D, E, F지구 등 모두 4개의 구릉에 분포하는데, 이 가운데 초대형주거지는[44] 취락의 중심인 B지구와 바로 인접한 F지구에서만 확인되었다. 전체 취락 내에서의 집단간의 위상을 가늠하는 하나의 지표가 될 수 있다고 본다. B지구는 면적이 가장 넓고, 여기에 수공업생산과 저장, 관리, 의례 등 여러 가지 기능이 집합된 점에서 취락내 핵심구역으로 볼 수 있으며, 나머지 D, E, F지구의 일반 구성원들은 주로 농경행위의 주체였을 것이다. 다만 이들 가운데 초대형주거지가 존재하는 F지구의 위상이 다소 높았을 개연성이 높다.

3) 부여 송국리취락^{(金永培외 1975; 姜仁求외 1979; 지건길외 1986; 국립중앙박물}

관 1987; 金吉植 1993; 김경택외 2008)

　부여 松菊里취락은 남한지역 청동기시대 후기를 대표하는 표지유적으로 해발 30~40m의 낮은 구릉에 입지한다(도면 23). 송국리취락은 대규모 토목공사를 통해 대지를 조성하였으며, 본격적인 방어취락의 출현을 알려주는 목책과 환호의 존재, 청동기 생산을 말해주는 동부용범의 출토, 그리고 비파형동검을 비롯한 석검, 석촉 등의 무기류와 다양한 장신구가 출토된 석관묘의 발굴 등에서 청동기시대에 사회복합도가 상당히 진전되었음을 유감없이 잘 보여주고 있다. 또한 송국리유적에서 출토된 탄화미를 비롯하여 동시기의 많은 유적에서 조사된 수전의 양상을 통해 이 시기

---

44) 소형 : 20m²미만, 중형 : 20m²이상~30m²미만, 대형 : 30m²이상~40m²미만, 초대형 : 40m²
이상

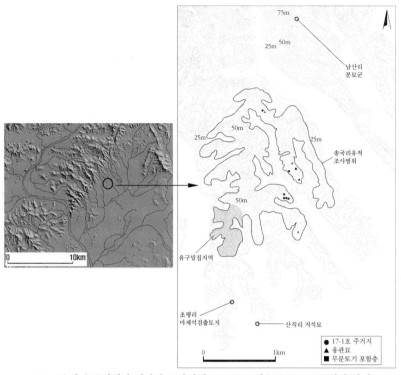

도면 23 부여 송국리취락 경관과 조사범위(오른쪽 도면은 손준호2007에서 전재)

에 수도농경 시스템이 정착되었다는 것을 알 수 있다.

송국리취락의 공간구성은 발굴성과에 따라 목책단계와 환호단계로 나누어서 살펴볼 수 있을 것이다[45]. 층위적인 선후관계와 유구의 전체적인 배치상으로 볼 때, 먼저 목책이 사용된 시기는 그 내부에 방형주거지가 중심을 이루고 있었다. 목책에 수반한 녹채와 망루시설은 취락의 방어적 성격을 선명하게 반영하고 있다. 그리고 이후에 목책을 파괴하고 환호와

---

45) 송국리유적의 전체 평면도는 손준호(2007)에 의해서 처음으로 만들어졌는데, 송국리 취락 연구에 많은 도움이 될 것으로 생각된다.

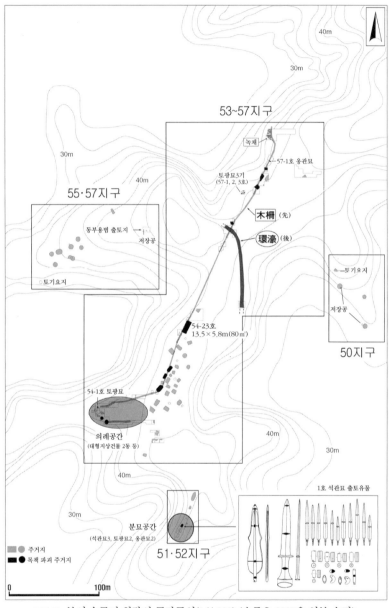

53~57지구

녹재

57-1호 옹관묘

토광묘3기
(57-1, 2, 3호)

木柵 (先)

環濠 (後)

55·57지구

동부용범 출토지 → 저장공

토기요지

50지구

토기요지

저장공

54-23호
13.5×5.8m(80㎡)

54-1호 토광묘

의례공간
(대형지상건물 2동 등)

40m

30m

40m

30m

30m

40m

30m

40m

30m

1호 석관묘 출토유물

분묘공간
(석관묘3, 토광묘2, 용관묘2)

51·52지구

주거지
목책 파괴 주거지

0   100m

도면 24 부여 송국리 취락의 공간구성(1/4,000) (손준호 2007을 일부 수정)

사진 6 부여 송국리유적 (국립부여박물관 1993에서)

세장방형주거지 및 원형주거지가 축조된다. 동부용범 출토지를 혹시 청동
기의 생산구역과 연결시킬 수 있다면 이는 환호단계에 속할 가능성이 높
다. 왜냐하면 일본 야요이시대의 환호취락 역시 취락 내부에서 청동기 생
산이 이루어진 예가 있으며, 목책단계에 당시 최첨단 기술과 관련된 행위
를 취락(집단) 외부에서 행했을 가능성은 낮다고 생각하기 때문이다.

　조사범위가 제한적이어서 취락내에서의 주거간 위계관계를 추정하
는 것은 불가능하다. 다만 환호단계에는 54-23호주거지의 규모가 장변
13.5m, 단변 5.8m에 80m²의 면적을 보여주고 있어, 현재까지 송국리취락
에서 조사된 주거지 중에는 최대 규모에 달한다. 54-23호가 주거용일 가능

성이 높고, 여타 주거지들이 일반적으로 10~30m²의 면적인 점을 감안하면, 이 주거지 거주인의 취락내 위상은 매우 높았을 것으로 추정된다(孫晙鎬 2007). 더 적극적으로 해석하면 취락의 수장 혹은 지배자의 거주공간으로 볼 개연성이 있다고 생각한다.

그리고 송국리유적을 넓은 시야로 보면, 〈도면 23〉에서 보는 바와 같이 유구 밀집 지역의 52지구 분묘군을 기준으로 남쪽으로 1.2km 떨어진 지점에 산직리 지석묘가 자리잡고 있으며(부여문화재연구소 1993), 북쪽으로 3km 정도 떨어진 곳에는 남산리 분묘군이 위치한다(尹武炳 1987). 이들간의 관계에 대한 해석은 송국리 전체 취락의 시간에 따른 공간활용 방식과 사회조직을 고찰하는데 중요한 포인트가 될 수 있다고 보는데, 뒤에서 약간의 검토를 시도하고자 한다.

한편, 최근에 실시된 54지구와 53지구를 대상으로 한 송국리유적 12차 발굴조사 결과, 기존에 목책으로 추정했던 일부 주공들이 대형의 지상건물일 가능성이 제기되었으며, 이 대형지상건물 2동을 감싸는 圍壁시설, 그리고 棟持柱地上建物 등 의례공간으로 해석될 만한 중요한 유구들이 확인되었다(김경택외 2008). 이 부분에 대해서는 뒤에서 자세히 설명하겠지만, 동검묘를 비롯한 52지구의 분묘공간과 함께 송국리취락 목책단계의 의례공간으로서 중요한 기능을 수행한 것으로 추정된다.

04 청동기시대 취락의
입지와 주거

青銅器時代 聚落의 立地와 住居

1. 취락의 입지와 생계방식

일반적으로 취락의 입지는 생계 또는 생업방식과 밀접한 관련을 가
지고 있는 것으로 이해되고 있는데, 여기에서는 청동기시대의 시기별 취
락의 입지변화와 생계방식의 변화가 연동하는지에 초점을 맞추어 검토하
고자 한다. 앞에서 살펴본 청동기시대의 취락들은 주로 산지 또는 구릉지
대나 하천변 충적대지에 입지하고 있는 양상을 보이고 있다. 취락의 입지
에 대한 연구는 주로 생업방식과 관련된 논의가 주류를 이루고 있다(後藤
直 1995; 安在晧 1996 · 2000; 金賢峻 1996; 이기성 2000). 충적대지에 위치
한 하남 미사리 유적 등의 평지형 취락은 주로 밭경작이, 천안 백석동유적
과 같은 산지형 취락은 火田耕作이, 이후 후기단계에 일반적인 구릉형 취
락은 구릉과 접하는 평지 또는 계곡부에 수전조영을 중심으로 한 농경행
위가 이루어진 것으로 파악되고 있다(安在晧 2000). 필자는 지형에 따른
취락의 입지를 안재호의 안에 따라 평지형, 산지형, 구릉형으로 구분한다.
　　청동기시대 조기의 취락은 대부분 강변의 충적대지에 입지하는 경향
이 강하다. 우선 돌대각목토기가 출토된 유적들의 경우, 하남 渼沙里유적

을 비롯하여 정선 아우라지, 가평 大成里, 가평 連下里, 홍천 哲亭里유적 등 중부지역의 유적들이 그러하며, 남부지역의 경우에도 진주 大坪里, 上村里 등 남강유역의 여러 유적이나 김천 松竹里, 순창 院村유적도 충적지의 평지형 취락이다. 물론 이와 같은 유적들 중에는 취락의 존속시기가 청동기시대 전기까지 이어지거나 전기 단계에 형성된 것도 있지만, 돌대각목토기를 표지로 하는 미사리유형의 취락 입지가 충적대지를 선호했던 것은 분명하다. 조기로 편년되는 미사리유적과 원촌유적 이외에는 모두 보고서가 발간되지 않아서 편년적 위치에 대해서는 자세히 알 수 없는 상황이다.

상기 유적들이 위치한 충적지에서 조사된 농경지는 밭에 국한된다. 진주 대평리에서는 청동기시대 후기 단계의 밭이 대규모로 확인되었으며(李相吉 1999), 하남 미사리유적에서는 청동기시대는 아니지만 삼국시대 한성백제기의 田作행위의 증거가 잘 남아 있었다. 그러나 두 유적 모두 미사리유형과 관련된 시기의 밭도 존재했을 가능성에 무게를 두고 있는 점에서 볼 때(安在晧 2000, 50쪽; 이상길 2002, 143쪽), 평지형의 미사리유형 취락이 전작을 주요 생계자원으로 하였을 것으로 추정된다. 이와 관련하여 돌대각목토기가 출토된 진주 대평리 어은1지구 104호 주거지의 식물유체 분석 결과에서는 잡곡(특히 조)이 주류를 이루면서 쌀, 밀, 보리, 콩, 들깨가 검출된 것도(安承模 2008, 19쪽) 참고된다. 그런데 전술한 바와 같이 어은1지구 유적의 경우 아직 정식보고서가 발간되지 않아 자세한 상황을 알 수 없기 때문에 조기와 전기의 시기구분은 불분명하다. 아무튼 정황상 강변 충적지에 입지하는 미사리유형의 평지형 취락이 전작과 연결될 가능성은 매우 높다고 볼 수 있다. 결국 앞으로의 조사상황을 예의주시할 필요는 있겠지만, 조기의 취락은 주로 하천변의 평지에 입지하며 밭농사를 중심으로 수렵과 채집, 어로행위를 병행하면서 생계를 유지했던 것으로 추정된다.

사진 7 청동기시대 전기의 곡물 각종(천안 백석동 고재미골유적 주거지 출토 : 오규진 · 배상훈 2007에서)

　　전기의 취락들은 조기와 달리 충적지뿐만 아니라, 산지나 구릉에서 발굴되는 경우가 많다. 중서부지역에서는 역삼동 · 흔암리유형이나 가락동유형 취락들의 입지는 山地型이 부각되는데, 이는 당시의 생계방식을 화전농경에서 찾는 연구들(朴淳發 1999; 安在晧 2000)과 밀접한 관련이 있을 것으로 생각된다. 산지형이 중심을 이루는 것은 사실이지만, 평지나 구릉에도 전기단계 취락이 많이 조영된다. 이러한 현상은 평지에 국한된 조기에 비해 산지와 구릉으로 입지가 확대되면서 취락의 수적인 증가와 함께 동시에 생계방식의 변화가 수반되었음을 의미한다.

　　현재로선 청동기시대의 화전이 발굴된 예가 없기 때문에 구체적인 증거는 없는 실정이다. 다만, 安在晧(2000)는 일본의 연구성과(佐佐木高明 1971)를 참고로 하여, 목재가공용 편인석부가 우세한 송국리유적이 수도작 중심인 것에 대해서 벌목용 합인석부가 중심을 이루는 산지형 취락인 백석동유적을 화전 중심 취락으로 이해하고 있다[46]. 즉 산지라는 입지적인 특성과 벌채용 합인석부의 출토량이 많다는 점을 정황적 근거로 제시한 것이다. 특히 백석동유적에서는 쌀, 조, 기장, 보리, 밀, 콩, 팥 등의 식물유체가 검출되었는데(오규진·배상훈 2007), 이에 대해서 청동기시대 전기부터 쌀+잡곡+맥류+두류의 곡물조성이 확립되면서 점차 도작의 비중이 증가한 것으로 보는 견해가 있다(安承模 2008).

한편, 청동기시대 화전의 존재여부에 대해서는 부정적인 시각이 있는데(김장석 2007, 14쪽), 이는 아직까지 고고학적 자료로서 화전이 발굴된 예가 없기 때문에 비판을 받는 것은 당연할지도 모르겠다. 앞으로의 조사성과를 기대해야겠지만, 이 밖에 동아시아의 비교고고학적 접근이나 민족지고고학 자료를 검토하여 화전농경설을 보완할 필요가 있다고 생각한다.

상술한 바와 같이 청동기시대 전기 산지형 취락의 입지를 생계경제적 측면과 연결시키는 것은 타당하다. 그렇지만 이와 더불어 많은 유적이 고도가 높은 곳에 위치한다는 점에서 주변을 조망하기에 유리한 점이나 전시기와는 달리 마제석검, 석촉, 석창 등 무기류[47]의 급증을 통해서 당시의 집단간의 긴장관계를 반영할 가능성도 있으므로 사회정치적 측면도 고려할 필요가 있다. 물론 청동기시대 후기가 되면 인구의 급증, 정착농경의 확대 등과 함께 집단간의 갈등관계가 심화되면서 환호취락의 다양화(李盛周 1998), 화재주거지의 증가(宋滿榮 1996) 등과 같이 갈등국면의 표현 정도가 심화되지만, 이러한 현상은 이미 청동기시대 전기, 특히 전기후반

---

46) 그렇지만 같은 입지의 산지형인 여주 흔암리유적은 오히려 편인석부의 비중이 높다는 점을 지적하면서 앞으로의 과제로 남기고 있다.
47) 물론 사냥의 기능도 있었을 것이며 일부 마제석검이나 석촉은 석기의 재질이나 형태적으로 볼 때, 부장용으로 만든 것들도 존재하지만 이들의 기본적인 성격은 무장적 성격이 짙은 것으로 보는 것이 타당하다고 생각한다.

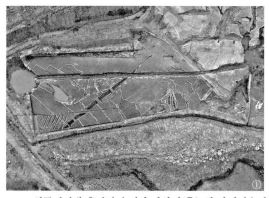

사진 8 청동기시대 후기의 수전과 탄화미(①논산 마전리유적의 수전 : 고려대학교 매장문화재
연구소 2004에서, ②부여 송국리유적 주거지 출토 탄화미 : 국립부여박물관 1993에서)

표 10 중서부지역 청동기시대 시기별 취락입지와 생계방식

시기	조기	전기	후기
입지	평지형	산지형〉구릉형〉평지형	구릉형〉산지형〉평지형
생계방식	전작	전작(화전포함), 수도작(?)	수도작, 전작(화전포함)
	수렵, 채집, 어로		

단계부터 서서히 시작되고 있었던 것으로 이해된다(李亨源 2003b, 75쪽).

후기에 들어서면 비고가 낮은 구릉에 취락이 활발하게 조영되는 점
이 특징이다. 전기의 산지형이 화전과 관련된다면, 후기의 구릉형은 수전
과 연결시키는 견해가 대부분이다. 구릉상에 자리잡은 유적은 부여 송국
리유적이나 보령 관창리유적이 대표적이다. 한편, 중서부지역에서는 충적
지인 평지형 입지가 미약한데 반해, 남부지역, 특히 영남지역의 경우 평지
형 취락의 존재가 두드러지는 현상이 간취된다. 조사강도의 차이에서 비
롯된 것인지, 지역성에서 나타나는 양상인지는 앞으로 좀 더 지켜보아야
할 것 같다. 영남지역의 경우 진주 대평리를 비롯하여 진주 평거동, 대구
동천동 취락 등과 같이 강변 충적지에 입지한 평지 취락이 환호를 수반하
는 등 중심취락을 형성하는 예가 많은 것 같다. 아무래도 산지나 구릉에

비해서 면적인 확대를 통해 취락규모를 키워나가는 것이 용이한 점도 중요한 변수로 작용하였을 것이다.

현재까지의 발굴조사 성과를 토대로 중서부지역의 청동기시대 취락에서 나타나는 입지와 생계방식의 양상은 〈표 10〉과 같이 정리할 수 있다.

2. 주거지 분포양상

취락내에서 전체 주거지들이 시간의 흐름에 따라 어떠한 양상으로 분포하는지를 살펴보고자 한다. 조기의 취락은 여러 번 언급한 바와 같이 자료의 제약으로 일정한 패턴을 읽어낼 수 없는 상황인데, 미사리유적의 경우는 4동이 한 곳에 모여 있으면서 특히 3동은 삼각형의 형태를 보이는 점이 특징이다.

다음은 전기 취락에 대한 것이다. 먼저 가락동유형의 취락은 시간의

사진 9 청동기시대 전기 가락동유형의 선상취락 (연기 송원리유적: 한국고고환경연구소 2008)에서

흐름에 따라 다음과 같은 변화를 읽을 수 있다. 가락동유형 I 기에는 2~3동이 소군을 이루거나 또는 단독으로 1동만 존재하는 등 취락의 규모가 작은 것이 특징이다(용산동, 둔산, 용정동 I 단계 등). 필자는 이를 點狀취락으로 부르고 있다(李亨源 2003b, 76쪽). 그런데 가락동유형 II 기부터는 구릉의 정상부 및 능선상으로 線狀聚落(大貫靜夫 2000)이 형성되기 시작한다. 주로 몇 동씩 군집을 이루면서 일렬로 늘어서 있는 양상이다. 관평동(도면 38), 노은동(도면 14), 용정동 II 단계 취락(도면 13) 등이 대표적이다. 가락동유형 III 기의 신대동취락(도면 16)은 면적인 분포상을 띠는 面狀聚落으로 분류될 수도 있지만, 뚜렷하지는 않은 상황이다. 면상취락은 가락동유형에서는 잘 보이지 않고 후술할 역삼동 · 흔암리유형의 늦은 단계나 후기의 송국리유형 취락에서 자주 확인된다. 결국 가락동유형 취락의 주거분포는 점상취락 → 선상취락(→ 면상취락?)으로 변화하는 흐름이 간취된다.

그런데 필자의 편년관에 따라 가락동유형 I 기로 분류된 청원 대율리 유적(도면 15)의 경우는 상당히 예외적이면서 독특한 양상이다. 일견 선상 취락으로 보이기도 하지만 주거군 사이의 경계를 내환호로 나누기도 하고 외환호로 취락 전체를 감싸고 있는 점 등에서 볼 때, 상당히 입체적으로 구조화된 취락형태이다. 현재까지 확인된 청동기시대 조기~후기의 취락 패턴으로 본다면 전기후반이나 후기전반이 되어서야 나타난다.

역삼동 · 흔암리유형 I ~ II 기의 취락들은 전반적으로 선상취락(흔암리, 백석동2단계 등)이 나타나고 있는 반면에, 역삼동 · 흔암리유형 III 기(백석동3단계)에 들어서면 면상취락이 형성되기 시작한다. 면상취락이 형성되는 역삼동 · 흔암리유형 III 기는 청동기시대 전기후반에서 말로 비정되는 시점으로 볼 수 있다.

이처럼 청동기시대 전기의 주거지 분포양상은 일부 면상취락이 보이기도 하지만, 대부분은 점상취락과 선상취락을 형성하고 있으며, 이들은

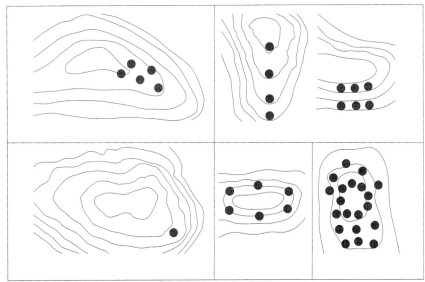

도면 25 송국리유형 취락의 형태 모식도(이홍종 2007에서 전재)

취락내의 탁월한 중심이 존재하지 않거나 분명하지 않고 마치 주거지(군)들이 병렬적으로 나열되어 있는 듯한 모습을 보여주고 있다. 결국 전기 취락은 전체적으로 견고한 틀로서 구조화되어 있다고 보기는 어려울 것 같다(李盛周 2000).

청동기시대 후기가 되면 취락내 주거지의 분포상은 전시기에 비해 많은 변화가 나타난다. 구릉의 평탄면이나 충적지의 평지[48]에 입지하는 취락이 늘어나면서 취락의 면적이 대규모화 한다. 물론 이 밖에 산지의 사면에도 많이 입지한다.

이 시기에는 전기 단계에 빈출하는 점상취락이나 선상취락의 형태도

---

48) 중서부지역의 경우는 평지취락이 발굴된 예는 드물지만, 미호천변의 청원 궁평리유적(李隆助외 1994)이나 장대리유적(중원문화재연구원 2006d)에서 볼 수 있듯이, 향후 이와 같은 입지의 유적이 더욱 조사될 가능성은 높다고 생각한다.

존재하지만, 면적인 분포를 취하는 취락이 늘어나면서 형태도 다양해진다. 면상취락은 단순히 하나의 형태로 분류할 수 없는데, 이를 고려하여 이홍종(2007)은 취락지리학의 연구성과(吳洪晳 1994)를 원용하여 중서부지역 송국리유형 취락의 형태와 입지를 〈도면 25〉와 같이 분류하였다. 이 가운데 점촌형과 열촌형은 전기취락의 특징과도 이어지는 것이며, 후기에 부각되는 형태로는 괴촌형, 광장촌형, 환촌형이 있다고 한다. 또한 주거지의 분포양상과 입지를 결부시켜 산지 능선부에는 괴촌형·점촌형·광장촌형·환촌형이 많으며, 산지 사면부에는 열촌형과 점촌형이, 구릉부에는 환촌형 취락이 주로 조영되는 것으로 파악하였다(이홍종 2007). 필자의 분류방식으로 용어를 바꾸면 크게 1)點狀취락(점촌형), 2)線狀취락(열촌형), 3)面狀취락으로 나누고, 면상취락은 다시 ①塊形, ②廣場形, ③環形으로 세분된다. 특히 면상취락의 범주에 속하는 환형취락(환촌형)은 취락내에서 단위주거군 간의 기능분화나 위계가 관찰되는 점에서 중심취락적인 성격이 강한 것으로 보았는데(이홍종 2007), 부여 송국리와 보령 관창리유적이 대표적이다.

3. 개별 주거와 주거군

1) 개별 주거

(1) 청동기시대 전기

청동기시대 전기의 개별 주거는 내부 시설에 의해 공간이 분할된다. 즉 노지를 비롯하여 저장공, 그리고 초석이나 주공으로 나타나는 기둥을 세웠던 흔적의 위치에 따라 당시의 공간활용 방식을 추정할 수 있다. 더욱이 유물의 출토맥락도 유용한 정보를 제공해 준다. 여기에서는 자료의 제

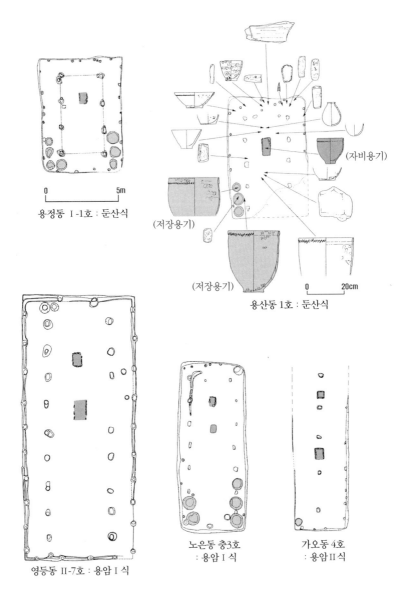

용정동 Ⅰ-1호 : 둔산식

(자비용기)

(저장용기)

(저장용기)

용산동 1호 : 둔산식

영등동 Ⅱ-7호 : 용암 Ⅰ 식

노은동 충3호
: 용암 Ⅰ 식

가오동 4호
: 용암 Ⅱ 식

도면 26 전기 둔산식주거지와 용산동1호주거지 유물 출토양상(주거지1/250, 유물1/20)

약상 조기를 제외한 전기와 후기의 주거지를 대상으로 하여 검토하고자 한다.

먼저 전기의 주거지에 대한 것인데, 비교적 자료가 양호한 가락동유형의 둔산식주거지(가락동식주거지)를 중심으로 설명하면서, 역삼동·흔암리유형의 관산리식주거지(역삼동식주거지)도 같이 언급한다.

〈도면 26〉은 가락동유형의 둔식식주거지와 대전 용산동 1호 주거지의 유물 출토양상을 나타낸 것이다. 가락동 I 기에는 1개의 노지가 있는 둔산식주거지가 주로 유행하였다. 대부분 장축방향의 한쪽으로 치우친 곳에 위석식노지가 있고 그 반대쪽의 모서리 부분에 원형의 저장공이 설치되는 패턴이 일반적이다. 보통 출입구쪽에 저장공이 위치하며 안쪽 부분에서 노지가 확인되는데, 아마도 저장되는 대상이 곡물과 같은 식용품일 가능성이 높으므로 보관을 위해 熱源(爐)으로부터 되도록 먼 곳에 배치하였을 것이다. 취사, 난방, 조명의 기능을 가진 노와 저장용 토기를 놓기 위한 저장공의 기능을 함께 고려한 적절한 안배일 것이다. 용산동 1호 주거지의 유물 출토양상에서 볼 수 있듯이 노지와 저장공에서 출토된 각각의 토기들은 자비용과 저장용으로 이용되었을 개연성이 높다. 다만 용산동에서는 대형 심발형토기가 저장용기로, 중소형 심발형토기가 자비용기로 쓰였는데, 다수의 자료를 대상으로 하여 취사용기의 기능적 분화에 대한 검토가 필요한 시점이다[49]. 이와 같이 주거내부의 공간활용 측면에서 볼 때, 저장공간과 취사공간은 비교적 인지하기 쉬운 반면, 취침공간을 어느 정도 범위로 설정해야 하는지, 또는 작업공간은 어떠한지에 대해서는 구체적인 해명이 어려운 실정이다[50].

가락동 II 기와 III 기가 되면 주거구조상 변화가 일어나는데, 면적이 넓어지면서 세장화와 복수의 노가 설치되는 것이 가장 큰 특징이다(표11, 도면27 참조). 용암 I 식과 용암 II 식주거지가 이에 해당하는데, 이 경우에도 가락동 I 기와 마찬가지로 노지는 주거지의 장축방향으로 편재된 곳에

표 11 중서부지역 가락동유형 주거지 면적 및 내부 시설

단계	주거지	면적 (m²)	노지 수	저장 공수	단계	주거지	면적 (m²)	노지 수	저장 공수
I	서울 가락동	70.0	0	0	II	청주 용정동II-8호	42.6	2	2
I	청주 강서동1호	66.6	0	0	II	청주 용정동II-10호	35.2	2	0
I	청주 강서동2호	33.2	1	4	II	대전 노은동 고2호	37.6	2	4
I	청주 용정동 I -1호	44.9	1	7	II	대전 노은동 충1호	42.5	3	4
I	청주 내곡동	29.0	1	3	II	대전 노은동 충3호	52.3	2	6
I	대전 용산동1호	44.9	1	3	II	대전 노은동 충4호	37.2	4	2
I	대전 궁동11호	25.8	1	2	II	대전 노은동 충8호	30.4	1	3
I	대전 상서동8호	21.5	1	0	II	대전 노은동 충10호	41.0	3	6
I	대전 둔산1호	30.7	1	4	II	대전 신대동4호	66.6	2	1
I	대전 둔산2호	39.4	0	0	II	익산 영등동 I -3호	68.1	3	0
I	금산 수당리1호	75.2	1	0	II	익산 영등동II-7호	138.8	2	0
I	익산 영등동 I -17호	54.3	1	0	III	진천 신월리9호	72.7	2	3
II	진천 사양리3호	68.0	1	0	III	음성 하당리1호	48.5	3	4
II	신천 사양리4호	70.6	2	3	III	음성 하당리6호	60.3	3	3
II	청주 용정동II-1호	61.1	2	1	III	청원 황탄리7호	54.4	2	0
II	청주 용정동II-7호	43.0	1	1	III	대전 신대동7호	30.8	2	4

※ 면적산출 가능 주거지만 대상

49) 전기의 화성 천천리유적과 후기의 진주 대평리유적 옥방2·3지구에서 출토된 무문토기의 경우 대형토기보다 중형토기에서 조리흔이 다수 확인된 점이 참고된다(한지선 2006; 庄田愼矢 2006). 이를 감안하면 일률적일 순 없지만 대형 심발형토기는 주로 저장용기로, 중형 심발형토기는 주로 자비용기로 이용되었을 가능성이 높다고 생각한다. 언뜻 생각하면 가족 구성원이 많을수록 대형 자비용기로 취사를 하는 것이 편리성과 효율성을 극대화시킬 수 있을 것으로 생각된다. 그러나 조리용기에 대한 최근의 연구성과를 감안하면, 어쩌면 청동기시대의 장방형주거지가 우리가 생각하는 만큼 많은 구성원이 거주하지 않았을 가능성도 있고, 또는 복수의 노가 설치된 세장방형주거지는 역시 노를 경계로 하여 소세대별로 소비가 이루어졌을 가능성이 높다고 볼 수 있다. 그렇지만 아직은 당시의 식생활에 대한 이해가 일천한 점에서 속단하기는 이르며, 조리용기 또는 개인 배식기 등 식생활용기에 대한 향후의 진전된 연구성과를 통해 세대구성원의 수가 어느 정도 밝혀지기를 기대한다.

50) 작업공간의 경우 주거지 내부의 석재나 석기의 분포상을 통해 확인할 수도 있지만, 이것이 일시적인지 항시적인지에 대해서도 불분명하다. 일반적으로는 출입구와 가까운쪽에 작업공간을 마련하는 것으로 추정된다.

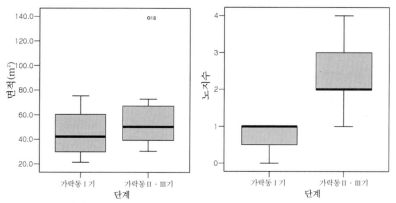

도면 27 가락동유형 시기별 주거지 면적 및 노지수의 상관 관계 (표11참조)

서 확인된다. 또한 저장공이나 출입구의 위치 역시 별다른 차이가 보이지는 않는다. 결국 노지의 수만 증가하였을 뿐이다. 안재호의 연구에 의하면 〈도면 28, 29〉와 같이 장축선상에 복수의 노지가 설치된 주거지는 소위 '館山里式住居址'에 해당한다[51]. 이는 노지를 경계로 하여 분실되는데, 규모가 가장 큰 공간이 1실인 동시에 세대공동체의 家長이 기거하는 곳이 되며 나머지 각 실이 그의 직계 또는 방계의 혼인한 자식들의 거주공간으로 해석된 바 있다(安在晧 1996). 이는 음성 하당리 6호 주거지의 경우를 보면 분실2안에 해당한다. 필자는 여기에 한 가지 안을 더 추가하고자 한다. 〈도면 28〉에서 보는 바와 같이 저장공이 있는 공간은 1실의 거주성원만의 공간이 아니라 전체 거주성원의 공유공간으로 이해될 수도 있기 때문이다(大貫靜夫 2001). 이러한 점을 고려하면 용암 I 식 또는 용암 II 식주

---

51) 안재호(1996)의 취락구조 분석은 주로 역삼동·흔암리유형과 송국리유형을 대상으로 하였으며, 가락동유형의 경우 당시까지는 자료가 거의 없는 실정이어서 반영되지 못하였다. 여기에서는 역삼동·흔암리유형의 주거지 가운데 장축방향으로 복수의 노가 설치된 주거구조를 갖는 것으로서 관산리식주거지라는 제한적 의미로 사용하고 있음을 밝혀둔다. 가락동유형의 경우에는 용암 I 식과 용암 II 식이 이에 대응하는 주거형식이다.

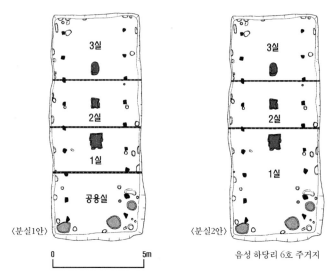

〈분실1안〉

0   5m

〈분실2안〉

음성 하당리 6호 주거지

도면 28   전기 가락동유형 둔산식주거지 분실안 (1/200)

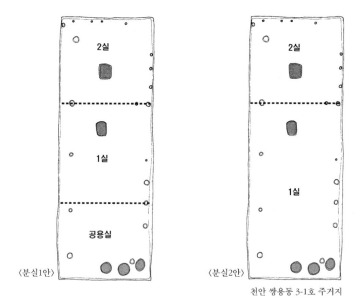

〈분실1안〉

〈분실2안〉

천안 쌍용동 3-1호 주거지

도면 29   전기 역삼동 · 흔암리유형 관산리식주거지 분실안

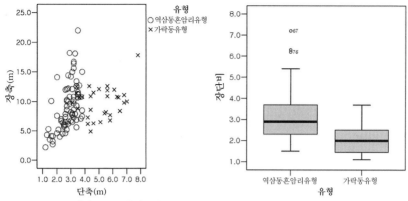

도면 30 역삼동·흔암리유형과 가락동유형 주거지의 장단비 비교 (표12참조)

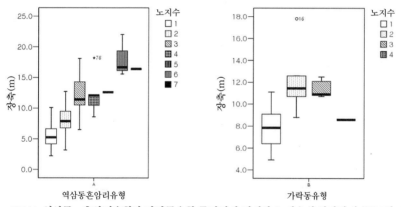

도면 31 역삼동·흔암리유형과 가락동유형 주거지의 길이와 노지수의 상관관계 (표12참조)

거지는 1, 2, 3실로 나누는 〈분실2안〉보다는 저장기능과 작업기능을 수행하면서 출입구가 위치하는 공용실을 분리시켜서 4개의 공간으로 나누는 〈분실1안〉쪽이 더 타당한 것으로 생각한다. 물론 여기에서도 공용실의 관리는 1실에서 담당하였을 것으로 추정된다. 어찌됐든 어느 한쪽을 선택하기보다는 2가지 모두를 감안한 분실안을 상정해 놓고자 한다. 그런데 분실 또는 격실의 구체적인 시설에 대해서는 명확하지 않다. 토벽을 상정할

표 12 가락동유형과 역삼동·흔암리유형 주거지의 세부 속성

유형	주거지	단축(m)	장축(m)	면적(㎡)	장단비	노지수	저장공수
가락동유형	가락동	7.0	10.0	70.0	1.4	0	0
가락동유형	둔산1호	4.2	7.3	30.7	1.7	1	4
가락동유형	둔산2호	5.8	6.8	39.4	1.2	0	0
가락동유형	용산동1호	5.5	8.2	44.9	1.5	1	3
가락동유형	궁동11호	4.2	6.2	25.8	1.5	1	2
가락동유형	상서동8호	4.4	4.9	21.5	1.1	1	0
가락동유형	수당리1호	6.8	11.1	75.2	1.6	1	0
가락동유형	내곡동	4.6	6.3	29.0	1.4	1	3
가락동유형	용정동1-1	5.8	7.7	44.9	1.3	1	7
가락동유형	용정동2-1	5.6	10.9	61.1	2.0	2	1
가락동유형	용정동2-7	5.4	8.0	43.0	1.5	1	1
가락동유형	용정동2-8	3.6	10.7	42.6	3.0	2	2
가락동유형	용정동2-10	3.4	11.4	35.2	3.3	2	0
가락동유형	영등동1-3	6.4	10.7	68.1	1.7	3	0
가락동유형	영등동1-17	6.5	8.4	54.3	1.3	1	0
가락동유형	영등동2-7	7.8	17.8	138.8	2.3	2	0
가락동유형	노은동충1	3.4	12.5	42.5	3.7	3	4
가락동유형	노은동충3	4.6	11.5	52.9	2.5	2	6
가락동유형	노은동충4	4.4	8.6	37.8	2.0	4	2
가락동유형	노은동충8	3.1	9.8	30.4	3.2	1	3
가락동유형	노은동충10	3.8	10.8	41.0	2.8	3	6
가락동유형	사양리3호	6.3	10.8	68.0	1.7	1	0
가락동유형	사양리4호	5.6	12.6	70.6	2.3	2	3
가락동유형	신월리9호	6.1	12.0	72.7	2.0	2	3
가락동유형	하당리1호	4.4	10.9	48.5	2.5	3	4
가락동유형	하당리6호	5.0	12.1	60.3	2.4	3	3
가락동유형	황탄리7호	4.3	12.6	54.4	2.9	2	0
가락동유형	신대동4호	6.8	9.8	66.6	1.4	2	1
가락동유형	신대동7호	3.5	8.8	30.8	2.5	2	4
가락동유형	강서동1호	5.6	11.9	66.6	2.1	0	0
가락동유형	강서동2호	5.1	6.5	33.2	1.3	1	4
역삼동·흔암리유형	백석동A1	3.1	6.5	20.2	2.0	2	0
역삼동·흔암리유형	백석동A2	3.6	12.7	45.7	3.5	2	0
역삼동·흔암리유형	백석동A3	2.5	5.7	14.4	2.3	2	0
역삼동·흔암리유형	백석동A4	3.2	15.6	50.1	4.9	6	3
역삼동·흔암리유형	백석동A5	3.3	18.1	60.0	5.4	3	3
역삼동·흔암리유형	백석동A6	3.1	15.0	46.4	4.8	3	0
역삼동·흔암리유형	백석동A7	2.6	6.5	17.2	2.5	3	0

유형	주거지	단축(m)	장축(m)	면적(m²)	장단비	노지수	저장공수
역삼동 · 흔암리유형	백석동A8	3.5	22.0	77.0	6.3	6	0
역삼동 · 흔암리유형	백석동A9	3.7	10.8	39.8	2.9	3	4
역삼동 · 흔암리유형	백석동A10	2.7	5.2	14.0	1.9	1	3
역삼동 · 흔암리유형	백석동A11	3.3	7.9	26.0	2.4	2	4
역삼동 · 흔암리유형	백석동B1	3.5	11.3	40.0	3.2	4	4
역삼동 · 흔암리유형	백석동B2	3.5	11.6	41.0	3.3	3	3
역삼동 · 흔암리유형	백석동B3	1.6	10.1	32.0	3.1	1	0
역삼동 · 흔암리유형	백석동B4	2.3	6.7	15.0	3.0	2	0
역삼동 · 흔암리유형	백석동B5-1	3.7	4.9	18.3	1.3	0	0
역삼동 · 흔암리유형	백석동B5-2	2.6	4.6	12.0	1.8	1	0
역삼동 · 흔암리유형	백석동B6	2.6	5.9	15.6	2.3	0	0
역삼동 · 흔암리유형	백석동B7	2.4	6.4	15.4	2.7	1	0
역삼동 · 흔암리유형	백석동B8	3.8	8.5	32.5	2.2	2	0
역삼동 · 흔암리유형	백석동B9	3.2	8.6	27.5	2.7	2	2
역삼동 · 흔암리유형	백석동B10	2.8	6.2	17.3	2.2	2	0
역삼동 · 흔암리유형	백석동B11	2.8	10.0	28.0	3.6	2	.
역삼동 · 흔암리유형	백석동B12	3.5	11.2	39.3	3.2	3	0
역삼동 · 흔암리유형	백석동B13	3.2	16.4	53.0	5.0	7	0
역삼동 · 흔암리유형	백석동B14	2.7	8.6	22.8	3.2	4	3
역삼동 · 흔암리유형	백석동B15	3.5	10.7	37.6	3.1	2	4
역삼동 · 흔암리유형	백석동B16	2.1	7.2	15.0	3.4	0	0
역삼동 · 흔암리유형	백석동B17	2.6	6.0	15.6	2.3	2	0
역삼동 · 흔암리유형	백석동B18	2.4	4.5	10.8	1.9	1	0
역삼동 · 흔암리유형	백석동B19	2.8	12.2	34.3	4.3	4	5
역삼동 · 흔암리유형	백석동B20	2.9	18.2	53.0	6.2	4	2
역삼동 · 흔암리유형	백석동B21	2.9	9.6	27.5	3.4	4	3
역삼동 · 흔암리유형	백석동B22	3.0	14.2	42.8	4.7	3	4
역삼동 · 흔암리유형	백석동 I -1	2.6	7.9	20.9	3.0	1	0
역삼동 · 흔암리유형	백석동 I -2	1.3	4.3	11.2	1.7	1	0
역삼동 · 흔암리유형	백석동 I -3	2.3	7.0	15.9	3.1	2	0
역삼동 · 흔암리유형	백석동 I -4	1.5	3.5	5.1	2.4	1	0
역삼동 · 흔암리유형	백석동 I -5	2.5	6.1	15.2	2.5	1	0
역삼동 · 흔암리유형	백석동 I -6	1.4	5.3	15.0	1.9	1	0
역삼동 · 흔암리유형	백석동 I -7	1.6	3.6	5.9	2.2	0	0
역삼동 · 흔암리유형	백석동 I -8	3.0	8.2	24.5	2.7	1	0
역삼동 · 흔암리유형	백석동 I -9	1.7	2.7	4.6	1.6	1	0
역삼동 · 흔암리유형	백석동 I -10	2.0	4.6	9.4	2.3	1	0
역삼동 · 흔암리유형	백석동 I -11	3.2	9.7	31.4	3.0	2	1
역삼동 · 흔암리유형	백석동 I -12	2.8	14.4	40.4	5.2	3	5

유형	주거지	단축(m)	장축(m)	면적(㎡)	장단비	노지수	저장공수
역삼동·흔암리유형	백석동 I -13-1	2.0	14.1	27.7	7.2	3	5
역삼동·흔암리유형	백석동 I -13-2	2.1	5.2	10.7	2.5	1	0
역삼동·흔암리유형	백석동 I -14	1.2	2.2	3.4	1.5	1	0
역삼동·흔암리유형	백석동 I -15	2.5	5.9	14.5	2.4	1	2
역삼동·흔암리유형	백석동 I -16-1	2.7	9.2	25.1	3.4	2	0
역삼동·흔암리유형	백석동 I -16-2	2.6	7.4	19.3	2.9	3	1
역삼동·흔암리유형	백석동 I -17	2.0	7.6	15.4	3.7	2	3
역삼동·흔암리유형	백석동 I -18	3.2	7.3	23.3	2.3	2	2
역삼동·흔암리유형	백석동 I -19	3.1	7.8	24.6	2.5	1	0
역삼동·흔암리유형	백석동 I -20	1.6	4.1	6.7	2.5	1	0
역삼동·흔암리유형	백석동 I -21	1.7	4.1	6.9	2.4	1	0
역삼동·흔암리유형	백석동 I -22	1.7	3.2	5.6	1.9	2	0
역삼동·흔암리유형	백석동 I -23	3.8	15.0	56.8	3.9	3	8
역삼동·흔암리유형	백석동 I -24	3.1	12.1	37.9	3.9	4	5
역삼동·흔암리유형	백석동II-1	2.7	12.1	32.8	4.5	4	2
역삼동·흔암리유형	백석동II-2	3.1	8.0	24.8	2.6	2	0
역삼동·흔암리유형	백석동II-3	2.8	6.6	18.7	2.4	1	0
역삼동·흔암리유형	백석동II-4	3.4	5.6	18.8	1.6	1	0
역삼동·흔암리유형	백석동II-5	3.1	7.7	24.0	2.5	2	0
역삼동·흔암리유형	백석동II-6	2.7	10.3	27.2	3.9	2	4
역삼동·흔암리유형	백석동II-7	3.4	9.3	31.4	2.8	2	2
역삼동·흔암리유형	백석동II-8	1.9	4.9	9.5	2.6	0	0
역삼동·흔암리유형	백석동II-9	3.4	12.6	42.2	3.7	3	1
역삼동·흔암리유형	백석동II-10	3.4	13.4	45.0	4.0	0	0
역삼동·흔암리유형	백석동III-1	3.4	6.9	23.6	2.0	2	2
역삼동·흔암리유형	백석동III-2	3.8	7.5	28.6	2.0	3	3
역삼동·흔암리유형	백석동III-3	3.2	10.2	32.5	3.2	3	0
역삼동·흔암리유형	백석동III-4	2.7	10.1	27.4	3.8	2	3
역삼동·흔암리유형	백석동III-5	3.2	10.8	34.2	3.4	3	0
역삼동·흔암리유형	백석동III-6	2.9	5.9	16.9	2.0	0	0
역삼동·흔암리유형	백석동III-7	2.2	4.0	8.8	1.8	1	0
역삼동·흔암리유형	백석동III-8	3.7	7.1	25.8	1.9	1	3
역삼동·흔암리유형	백석동III-9	2.9	10.8	31.1	3.7	3	3
역삼동·흔암리유형	백석동IV-1	2.6	12.0	30.6	4.7	4	0
역삼동·흔암리유형	백석동IV-2	3.2	16.7	53.2	5.3	6	5
역삼동·흔암리유형	백석동IV-3	3.0	6.7	19.8	2.2	1	0
역삼동·흔암리유형	백석동IV-4	3.4	12.6	42.5	3.7	5	5

만한 자료는 없는 것 같으며, 아마도 민족지 예에서 보이는 목재나 모피 등을 이용한 간단한 가리개 정도가 선호되었을 가능성이 높다. 물론 노지의 수가 개별 세대의 수에 반드시 대응하는 것은 아닌데, 노지가 매우 근접해 있는 경우는 한 세대가 복수의 노를 사용했거나, 사용 시점에 차이가 있는 것이므로 이에 대한 기능적 접근 및 동시기성 파악이 필요하며, 이와 함께 소토 흔적만 남아 있는 경우는 증축 등 내부공간 활용문제 및 일시적 사용에 따른 노의 사용 장소 변경 등이 고려될 수 있기 때문이다.

아무튼 가락동유형의 용암 I · II식이든지, 혹은 역삼동 · 흔암리유형의 관산리식주거지든지 간에 장축방향으로 복수의 노가 설치된 주거지는 세대공동체의 가옥으로 이해하는 경향이 강하다. 즉 세대 구성원의 증가에 따라 규모와 노의 수가 늘어난 것으로 보는 관점인데, 이는 김승옥 (2006b)이 말하는 '공동거주형 주거방식'이면서 거주 단위로서는 '공동거주형 세대공동체'로 이해된다.

그런데 청동기시대 전기의 가락동유형 주거지와 역삼동 · 흔암리유형 주거지는 전술한 유사성과 더불어 약간의 차이도 확인된다. 〈도면 30〉에서 볼 수 있듯이 세장도를 반영하는 장축과 단축의 비율, 즉 장단비는 역삼동 · 흔암리유형 주거지가 더 크다. 이와 함께 장축의 길이는 13~18m 이상되는 긴 주거지가 역삼동 · 흔암리유형에 많으며, 가락동유형은 그 이하가 대부분이다. 반면에 단축의 길이는 가락동유형 주거지가 부각되는데, 대체로 4~7m가 주류이며, 역삼동 · 흔암리유형의 주거지는 4m 이하의 단폭이 특징이다. 또한 〈도면 31〉에 제시된 바와 같이 주거에 부설된 노의 수도 차이가 있다. 가락동유형에서는 장축이 10m 이상되는 주거지에 주로 2~3개의 노지가 확인되는 반면, 역삼동 · 흔암리유형 주거지의 경우는 7~10m 구간에 2개의 노지가, 10m 이상의 긴 주거지에서는 3~7개의 노지가 검출된다. 이는 역삼동 · 흔암리유형의 주거지가 가락동유형에 비해 더 많은 수의 노를 시설했다는 것을 보여주는데, 이것이 공동거주형 세

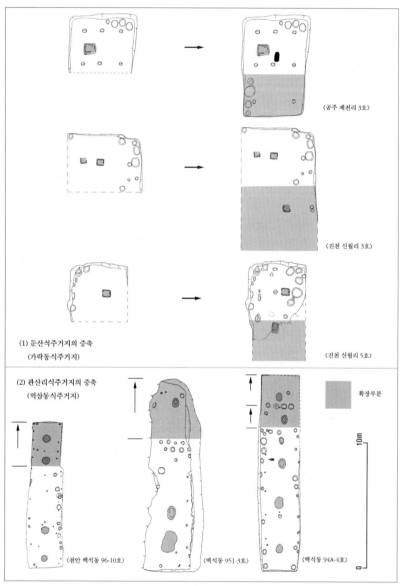

〈공주 제천리 3호〉

〈진천 신월리 3호〉

(1) 둔산식주거지의 증축
(가락동식주거지)

〈진천 신월리 5호〉

(2) 관산리식주거지의 증축
(역삼동식주거지)

확장부분

10m

〈천안 백석동 96-10호〉 〈백석동 951-3호〉 〈백석동 94A-4호〉

도면 32 전기 주거지의 증축 현황 (1/300)

대공동체 내에서의 개별 소세대의 증가와 이에 따른 주거공간의 분할이 가락동유형에 비해서 활발히 이루어졌다는 것을 의미하는 지는 앞으로 숙고해볼만한 주제이다.

한편, 가락동유형의 주거지에서는 〈도면 32〉와 같이 증개축이 확인되는 예도 있는데, 공주 제천리유적 3호 주거지와 진천 신월리유적 3호, 5호 주거지가 이에 해당한다. 이들은 주거가 입지한 지형적인 제약 때문인지 모두 단축 방향으로 면적을 확대한 점이 특징이다. 구체적으로 확인할 수는 없었지만, 장축을 따라 증축이 이루어진 예도 상당수 존재했을 것으로 추정된다. 특히 제천리 3호 주거지의 경우는 확장된 부분에는 노가 설치되지 않은 점을 주목할 필요가 있는데, 전술한 바와 같이 모든 주거지가 노지를 기준으로 分室되지는 않았음을 여실히 보여주고 있다. 이 경우는 세대구성원의 증가로 확장을 통해 분실은 되었지만 노는 한쪽 방에서만 이용되었다. 노지가 하나인 주거지에도 복수의 세대가 기거했을 가능성을 엿볼 수 있다.

역삼동·흔암리유형의 경우에도 천안 백석동 94A-4호와 95Ⅰ-23호 (李南奭외 1998)를 비롯한 다수의 주거지에서 장축 방향으로 증축이 이루어진 예가 조사된 바 있다. 국내 청동기시대 주거지 가운데 29.1m로 길이가 가장 긴 화성 천천리의 7호 주거지(이남규외 2006)도 장축 방향으로 증축되었을 가능성이 높다.

⑵ 청동기시대 후기

청동기시대 후기의 주거지는 내부에 타원형수혈이 설치된 방형 또는 원형의 송국리식주거지가 취락구성의 주체가 되는 시기이다. 방형을 휴암리식으로, 원형을 송국리식으로 세분하여(河仁秀·董眞淑 1998) 부르는 경향이 강하다. 이와 같은 송국리식주거지는 발굴조사 과정에서 노지가 확인되지 않는 것이 일반적인 현상이다. 이에 대해서 노지가 발견되지 않았기 때문에 당초부터 노를 설치하지 않았고, 그러므로 이 형식의 주거 안에서는 취사행위를 하지 않았다고 보는 견해가 주류를 이룬다(安在晧 1992, 30쪽; 金正基 1996, 45쪽 등). 이와 연동하여 야외노지를 통해 집단 취사가 이루어졌을 것으로 파악하기도 한다(金正基 1996, 45쪽; 安在晧 2000, 56쪽). 이러한 이유에서 송국리식주거지를 계절성 가옥으로 규정하거나 또는 노지가 없어진 것을 기후의 온난화와 연결시키기도 하였다. 그렇지만, 발굴규모의 확대와 보령 관창리유적과 같은 이 시기의 대형 취락이 조사되면서 계절성 주거설은 설득력을 잃게 되었다(安在晧 2004, 21쪽). 그럼에도 불구하고 여전히 「송국리식주거지 = 노지부재」 현상에 대해서는 그 핵심을 뒤로 한 채, 타원형 수혈이 석기제작과 관련된 작업공의 기능을 하였다는 주장을 중심으로, 보관구덩이나 석기제작을 위한 집수시설 등 다양한 용도로 활용되었다고 보는 견해가 우세하다(李宗哲 2000). 이것이 송국리식주거지를 공방, 또는 공방적 성격의 주거로 파악하고 있는 배경이다.

그렇다면 송국리식주거지의 노지 부재현상은 어떻게 설명할 것인가? 이에 대해서는 노의 존재를 인정하는 두 가지의 견해가 있다. 첫 번째로 이홍종(2003)은 송국리식주거지의 생활면이 주거지 바닥면이 아니라, 이보다 높은 곳의 평상시설(高床)일 것이며, 그 위에 모래함과 같은 형태로 노를 설치하였기 때문에 노지가 잘 확인되지 않는다는 참신한 견해를 제시하였다. "평상 노지설"로 가칭해 놓는다. 손준호 역시 주거지와 세트를 이루는 야외노지의 조사 예가 주거지 수에 비해 극히 소수에 불과하다는 것을 통해 간접적으로 송국리식주거지 내부에 노가 존재하였을 가능성이 높다고 하면서, 노의 위치와 형태는 이홍종의 견해를 따르고 있다(손준호 2007b, 40-41쪽). 동남아시아 등의 민족지자료에서 이러한 예를 흔히 볼 수 있어 주목되는 해석이다. 그렇지만 아직 이를 인정할만한 명확한 근거 제시는 이루어지지 못한 것 같다. 송국리식주거지 내부 퇴적토의 중간부분에 유물이나 목탄, 또는 소토 등이 집중된 상태로, U자형의 퇴적층이 나타나는 현상을 주목하고 있는데, 이에 대해서는 주거지 폐기후에 이루어진 의도적인 투기현상으로 보는 주장(安在晧 2004, 10-11쪽)이 대립되고 있는 상황이다.

두 번째 견해 역시 노는 존재했지만, 확인되기 어려운 상황에 처했다고 보는 관점은 첫 번째와 같다. 그렇지만 구체적인 내용은 차이가 있는데, 우재병(2006)은 대전 상서동유적의 송국리식주거지에 대한 발굴조사와 고찰을 통해 다음과 같은 상황을 토대로 새로운 대안을 제시하였다.

- 상서동의 송국리식주거지 외부에서 야외노지가 확인되지 않았다.
- 3호주거지의 타원형수혈 안에 설치된 중심2기둥 사이에서 다량의 재와 목탄이 포함되어 있었다.
- 상서동의 송국리식주거지에서는 타원형수혈 내부와 그 주변에 대석이나 석재 파편, 그리고 토기편 등이 흩어져 있는 경우가 두드러진다. 이것은 타원형수혈 주변에서 석기제작이 이루어졌다는 것을 의미함과 동시에, 주거지 내부에서 석기를 제작하기 위해서는 모닥불과 같은 조명이 필요했을 것이며, 이 경우 조명은 취사·난방용 노의 불빛을 이용하는 것이 효율적이다.
- 타원형수혈을 노로 활용했을 경우 중심2기둥이 손실될 수 있지만, 이 때는 중심기둥에 점토를 발라 防災처리를 한다면 불길로부터 안전할 수 있다.

여기에 다음과 같은 일본고고학의 연구성과를 원용하게 된다. 서일본의 야요이시대의 경우에도 발굴된 주거지 중에는 주거지 중앙부에서 구덩이가 발굴되었지만, 불길에 의한 변색이 보이지 않아 노지의 기능을 부정하고 저장공이나 작업용 기능 등에 주목하는 견해가 있었다고 한다. 이에 대해 쯔데 히로시는 이러한 주거지 중앙의 구덩이 내부에 재와 흙을 채운 상태에서 토기를 올려놓고 취사를 할 경우 구덩이 내부는 적색으로 변색하기 어렵다는 해석을 하게 되는데, 이른바 "灰穴爐"의 상정이다(都出比呂志 1989, 128-134쪽). 우재병은 이를 송국리식주거지에 적용하여 타

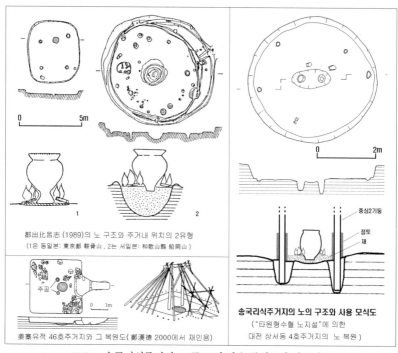

도면 33 송국리식주거의 노 구조 및 사용 복원도와 참고자료

원형수혈이 노지로 사용되었을 가능성이 높다고 보았다. "타원형수혈 노지설"로 부르고자 한다.

전술한 "타원형수혈 노지설"이 타당하다고 생각하지만, 고고학적으로 입증되기 어려운 점이 많이 있는 것이 사실이다[52]. 이와 관련하여 이종철의 타원형구덩이 분류 3유형을 주목할 필요가 있다. 영광 마전9호주거지를 비롯하여 몇몇 유적의 예를 들어 "타원형구덩이 안쪽이 완전한 소토

---

[52] 필자 역시 오래전부터 송국리식주거지에 어떤 형태로든 노가 존재했을 것이며, 이 노는 조명과 난방 그리고 취사기능을 했을 것으로 생각해 왔다. 그러나 그 구체적인 내용에 대해서는 일본의 灰穴爐(都出比呂志 1989)만 염두에 두고 있었을 뿐, 타원형수혈을 노지로 생각하지는 못했다.

부로 형성되어 있거나 불에 구워진 흔적이 보이고 소토와 목탄이 검출되는 구덩이"를 주목한 것이다(李宗哲 2000, 50-52쪽). 이종철은 극히 일부의 주거지에서 타원형수혈이 노로 바뀐 것으로 해석하고 있지만, 이보다

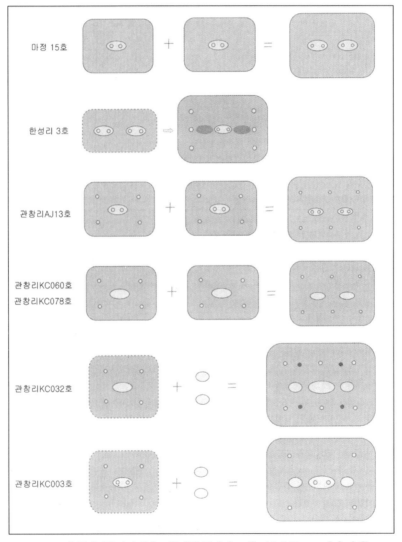

도면 34 송국리식주거지 증축 · 확장형 주거의 모식도(李宗哲 2002에서 전재)

우재병의 관점에서 설명하는 것이 보다 설득력이 있다고 생각한다. 또한 이와 더불어 중국의 姜寨(지앙짜이)유적의 주거지에서도 중심기둥에 풀을 섞은 점토를 두껍게 바르는 형식이 발굴을 통해 확인되었으며, 노지와 가까운 곳에 중심 주공이 있는 주거지도 존재한다(西安半坡博物館 외 1988). "타원형수혈 노지설"을 뒷받침해주는 간접증거로 볼 수 있다. 아무튼, 필자는 "송국리식주거지 노 부재설"을 노지의 미확인 현상으로 바라본다. 그리고 "송국리식주거지 노 존재설"로서 소위 "평상 노지설"과 "타원형수혈 노지설" 가운데 후자를 지지한다. 〈도면 33〉은 쯔데 히로시에 의한 서일본의 "회혈노"와 중국 강채유적의 주거지, 그리고 이와 함께 우재병의 "타원형수혈 노지설"을 토대로 송국리식주거지의 노의 구조와 사용 상황을 모식도로 복원한 것이다.

한편, 송국리식주거지의 경우에도 전기의 장방형 또는 세장방형주거지와 마찬가지로 증개축현상이 간취되는데(도면 34), 전기의 주거지가 주로 횡적인 확장을 진행하는 데 비해서, 송국리식주거지의 증축은 면적인 확장뿐만 아니라, 기본구조의 결합에 의한 건축구조의 변화를 의미한다고 한다(李宗哲 2002).

2) 주거군

住居群은 말 그대로 복수의 주거가 모여 있는 것을 말하는데, 여기에서는 개별 주거가 일정한 패턴을 가지고 근접한 곳에서 의미 있는 군집을 형성하는 것을 뜻한다. 주거군은 주거지의 수와 배치상태에 따라 다음과 같이 나눌 수 있다(李亨源 2003b, 76-77쪽; 安在晧 2006, 102쪽).

(1) 2동 조합의 주거군
• 일렬배치(ㅡㅡ) : 하당리 5 · 6호, 관평동 3 · 4호, 노은동 충3 · 충4호, 노은동

한18 · 한21호, 신대동 6 · 7호, 대율리 1 · 9호, 미사리 숭5 · 숭10호 등
- 병렬배치(=, //) : 신월리 7 · 8호, 신대동 3호 · 9호, 하당리 1 · 2호, 청당동
1 · 2호, 백석동 95Ⅱ-2 · 3호, 백석동 94A-4 · 5호, 백석동 95Ⅲ-2 · 6호, 백석동
94B-19 · 20호, 미사리 숭4 · 숭9호, 현화리 2 · 3호 등
- 직교배치(ㄱ) : 관평동Ⅱ-6 · 7호, 용정동Ⅱ-1 · 2호, 영등동Ⅰ-17 · 18호, 사양
리2 · 3호

(2) 3동 조합의 주거군
- 일렬배치(－－－) : 용정동Ⅱ-6 · 7 · 8호 등
- 삼각배치(△) : 둔산1 · 2 · 3호 등

위의 배치상은 전기 주거지를 대상으로 한 것인데, 후기의 주거지는
보통 2~5동으로 결집되는 것이 일반적이다. 이는 방형 내지 원형이 많기 때
문에 2동이 조합을 이루는 경우는 일렬배치나 병렬배치를 상정할 수 있지
만, 직교배치는 곤란하다. 그런데 일렬이나 병렬의 경우에도 출입구의 위
치 파악이 어렵기 때문에 서로 구분하기는 쉽지 않은 형편이다. 3동 조합의
주거군 전기와 마찬가지로 역시 일렬배치나 삼각배치상이 대부분이다.

이와 같이 동일 취락 내에서 근접한 주거지들의 관계는 서로 밀접한
상관성, 즉 혈연을 매개로 한 개별 세대가 모여 있는 세대공동체로 해석될
가능성이 높다. 여기에서 世帶(household)는 동일 주거에서 생계를 같이
하는 사람들을 의미하며 家口라는 표현을 쓰는 연구자도 있다[53]. 물론 독
신으로서 주거를 가지고 단위생활을 영위하는 자도 이에 포함되지만(崔
在錫 1994, 29쪽), 대부분은 결혼이나 혈연을 통해서 형성된 친족집단으로
구성된다고 볼 수 있다. 다만 고고학적인 증명의 어려움으로 인해 家族이

---

[53] 현재의 용례에서 보면 가구로 쓰는 편이 좋을 것 같지만(金範哲 2006a), 이미 고고학계에
세대라는 용어가 정착되어 있다고 판단되므로 이를 그대로 사용한다.

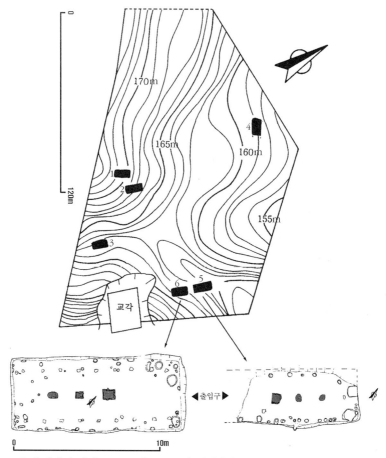

도면 35 음성 하당리 취락(1/2,500)과 2동 조합(일렬배치:5 · 6호,병렬배치:1 · 2호)의 주거군
(1/250)

라는 표현에 신중을 기하는 것 뿐이다(권오영 2006, 154쪽). 복수의 개별
세대가 모여 있는 世帶共同體는 부부와 자녀들로 구성된 소세대(소가족)
의 복합체로서 공동생활단위를 의미한다(황기덕 1987; 都出比呂志 1989;
權五榮 1996).

〈도면 35〉의 음성 하당리 1 · 2호와 5 · 6호 주거지는 각각 2동으로

조합된 병렬배치(//)와 일렬배치(一一)를 하고 있는데, 1호와 2호는 모두 단축인 남쪽 방향에 출입구가 있으며, 5호와 6호 주거지는 출입구쪽을 서로 마주보도록 하였다. 그리고 〈도면 13〉의 청주 용정동 II-6·7·8호 주거지는 3동으로 조합된 일렬배치(一一一)를 취하고 있다. 이들은 1개의 노지가 있는 7호를 사이에 두고, 2개의 노지가 있는 6호와 8호가 각각 양쪽에 나란히 위치하는데, 6호와 8호는 출입구를 7호쪽으로 향하게 한 점도 이들 간의 긴밀한 관계를 시사한다. 이 3동의 주거지를 동일 집단의 세대공동체로 인정할 수 있다면, 7호 주거지에 세대공동체의 중심인물이 거주했을 가능성이 높을 것이다. 둔산유적의 삼각배치는 2호 주거지를 중심으로 1호와 3호가 출입구를 마주보면서 대칭으로 배치되어 있는 흥미로운 구도이다. 규모가 가장 크면서 마제석검이 출토된 2호 주거지에 세대공동체 長이 살았을 것이며, 3동의 주거지로 둘러싸인 안쪽의 空地는 규모는 작지만, 다양한 행위공간인 廣場으로 활용되었을 개연성이 높다.

상술한 주거군 가운데 대형주거지들로만 조합을 이루는 경우에는 '공동거주형 세대공동체'(김승옥 2006b, 29쪽)가 복수로 있는 셈이 된다. 세대구성원의 증가를 처음에는 동일 주거내에서 규모를 확대하는 방식으로 진행하다가, 주거구조나 조직원리상 공간 대비 인원이 포화상태가 되었을 때 바로 가까운 곳에 새로운 주거를 신축한 것으로 추정하고자 한다. 이러한 주거군의 형성은 전기전반보다는 전기중반 또는 후반에 더욱 가시적으로 나타난다. 그렇지만, 후기의 송국리유형 단계에 주거규모가 작아지면서 복수의 소형주거지에 세대가 분산하여 거주하는데, 이를 '독립거주형 주거방식(독립거주형 세대공동체)'으로 표현하기도 한다(김승옥 2006b, 29쪽).

4. 주거규모와 거주방식

1) 주거구조의 변화와 소형화

조기 미사리유형 주거지의 규모는 대형 일색이며, 전기의 가락동유형이나 역삼동·흔암리유형의 주거지는 대부분 중대형이다[54]. 이러한 주거지들은 주거내부에 복수의 노지가 확인되는 경우가 많은데, 일종의 확대가족의 주거로 다수의 세대 구성원이 동거했을 가능성이 높다. 이에 반해 후기의 송국리유형 단계의 방형 또는 원형 주거지는 소형이 일반적인데, 개별 세대의 가옥으로 추정된다. 그렇지만 후기의 소형 주거지들 역시 2~3동씩 모여서 세대공동체 또는 세대군(都出比呂志 1989, 457-461쪽)을 이루고 있다. 이를 감안하여 전술한 바와 같이 조기와 전기단계의 거주단위를 "공동거주형 주거방식"(공동거주형 세대공동체)으로, 후기단계를 "독립거주형 주거방식"(독립거주형 세대공동체)으로 규정하기도 한다(김승옥 2006b, 29쪽). 이렇게 보면 조기와 전기는 중대형주거지 1동을 세대공동체로 후기는 소형 주거지 몇 동의 결집을 세대공동체로 볼 수 있다. 이는 고고학적 증거의 어려움에도 불구하고 가족의 개념을 적극적으로 사용할 수 있다면, 조기·전기단계의 세대공동체 주거는 대가족제도에 상응하는 대가족체 가옥(安在晧 2006, 105쪽)으로 부를 수도 있을 것이다. 한편, 후기단계의 송국리식주거지와 같은 소형 주거지를 핵가족제도와 연결시키는 것은 곤란하다(김권구 2005쪽). 왜냐하면 핵가족의 의미는 단순히 부부와 미혼의 자녀만으로 구성된 소가족만을 일컫는 것이 아니라, 경제적인 독립성을 수반해야 하기 때문이다.

---

54) 소형은 20m² 미만, 중형은 20~30m², 대형은 30m² 이상으로 분류한다(김승옥 2006a, 9쪽).

표 13 중서부지역 청동기시대 시기별 주거형태의 변화

시기	조기	전기	후기
평면형	(장)방형	(세)장방형	(장)방형, 원형
규모	대형	중형, 대형	소형
개별주거	세대공동체(대가족체) 주거		개별세대(가족) 주거, ※ 주거군은 세대공동체(세대군)
거주단위	공동거주형 세대공동체		독립거주형 세대공동체

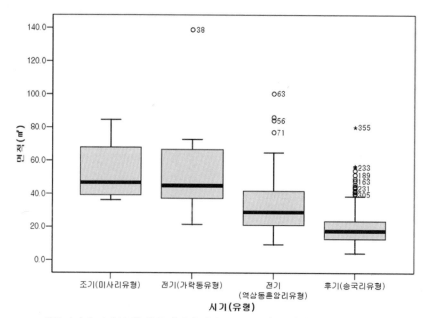

도면 36 청동기시대 시기(유형)별 주거면적 상자도표(표14참조, 미사리유형-미사리 4동, 가락
동유형-가락동 등 31동, 역삼동·흔암리유형-역삼동 등 121동, 송국리유형-송국리 등
307동)

이와 같은 청동기시대 후기의 주거면적의 소형화, 혹은 표준화에 대
해서는 본격적인 농경사회의 사회조직 및 노동의 전문화와 함께 건축상의
효율성을 주요 동인으로 보는 견해가 있다(安在晧 1996; 김승옥 2006b).
이는 빈번한 이동을 수반하는 전기단계의 화전농경방식과 정주도가 높은
후기단계의 수전농경방식의 차이에서 발생한 여러 가지 문화양상 가운데

표 14 중서부지역 청동기시대 주거지 면적 현황　　　　면적 : ㎡

시기	유형	주거지	면적	시기	유형	주거지	면적	시기	유형	주거지	면적
조기	미사리유형	미사리 서A1	42.1			미사리 경1호	23.9			백석동94B3호	32.0
		고11	51.2			경3호	13.5			94B4호	15.0
		고15	84.6			승1호	55.2			94B7호	15.4
		고18	36.3			승2호	31.1			94B8호	32.5
전기	가락동유형	가락동	70.0			승3호	37.2			94B9호	27.5
		강서동 1호	66.6			승4호	64.8			94B10호	17.3
		강서동 2호	33.2			승5호	28.8			94B11호	28.0
		용정동 I-1호	44.9			승6호	13.5			94B12호	39.3
		II-1호	61.1			승8호	21.1			94B13호	53.0
		II-7호	43.0			승9호	55.8			94B14호	22.8
		II-8호	42.6			승10호	29.4			94B15호	37.6
		II-10호	35.2			한5호	84.2			94B16호	15.0
		내곡동	29.0			한9호	13.8			94B17호	15.6
		사양리 3호	68.0			한10호	27.9			94B18호	10.8
		사양리 4호	70.6			한18호	17.4			94B19호	34.3
		신월리 9호	72.7			서3호	48.0			94B20호	53.0
		하당리 1호	48.5			서5호	36.5			94B21호	27.5
		하당리 6호	60.3			서6호	49.5			94B22호	42.8
		황탄리 7호	54.4			서7호	64.8			95 I-1호	20.9
		용산동 1호	44.9			서8호	24.5			95 I-3호	15.9
전기	가락동유형	궁동 11호	25.8	전기	역삼동혼암리유형	서9호	26.0			95 I-5호	15.2
		상서동 8호	21.5			고5호	31.8			95 I-8호	24.5
		둔산 1호	30.7			고30호	51.9			95 I-10호	9.4
		둔산 2호	39.4			고34호	100.3			95 I-11호	31.4
		노은동 고2호	37.6			고37호	38.6			95 I-12호	40.4
		충1호	42.5			94A1호	20.0			95 I-13-1호	27.7
		충3호	52.3			94A2호	45.7	전기	역삼동혼암리유형	95 I-13-2호	10.7
		충4호	37.2			94A3호	14.4			95 I-15호	14.5
		충8호	30.4			94A4호	50.1			95 I-16-1호	25.1
		충10호	41.0			94A5호	60.0			95 I-16-2호	19.3
		신대동 4호	66.6			94A6호	46.4			95 I-17호	15.4
		신대동 7호	30.8			94A7호	17.2			95 I-18호	23.3
		제천리 1호	62.0			94A8호	77.0			95 I-19호	24.6
		제천리 2호	68.0			94A9호	39.8			95 I-23호	56.8
		제천리 3호	44.5			94A10호	14.0			95 I-24호	37.9
		영등동 I-3호	68.1			94A11호	26.0			95II-1호	32.8
		I-17호	54.3			94B1호	40.0			95II-2호	24.8
		II-7호	138.8			94B2호	41.0			95II-3호	18.7

시기	유형	주거지	면적	시기	유형	주거지	면적	시기	유형	주거지	면적
전기	역삼동 혼암리 유형	백석동95II-4호	18.8	전기	역삼동 혼암리 유형	불당동 III-7호	41.7	후기	송국리 유형	관창리 B-36호	14.4
		II-5호	24.0			III-8호	37.9			B-37호	19.4
		II-6호	27.2			III-9호	45.6			B-38호	25.9
		II-7호	31.4			III-10호	14.8			B-39호	18.8
		II-9호	42.2			III-12호	40.6			B-40호	44.5
		II-10호	45.0			III-14호	11.8			B-41호	12.6
		III-1호	23.6	후기	송국리 유형	관창리 B-1호	54.1			B-42호	22.5
		III-2호	28.6			B-2호	19.8			B-43호	23.0
		III-3호	32.5			B-3호	44.1			B-44호	8.0
		III-4호	27.4			B-4호	47.8			B-46호	32.2
		III-5호	34.2			B-5호	17.7			B-47호	24.0
		III-6호	16.9			B-6호	32.7			B-48호	31.6
		III-8호	25.8			B-7호	22.9			B-49호	11.6
		III-9호	31.1			B-8호	24.3			B-50호	9.8
		IV-1호	30.6			B-9호	33.5			B-51호	22.5
		IV-2호	53.2			B-10호	36.3			B-52호	14.2
		IV-3호	19.8			B-11호	30.2			B-53호	20.2
		IV-4호	42.5			B-12호	22.0			B-54호	23.0
		옥석리	58.1			B-13호	37.8			B-55호	10.7
		교하리 1호	30.4			B-14호	29.6			B-56호	30.1
		당하리	50.0			B-16호	12.1			B-57호	22.9
		역삼동	48.0			B-17호	21.4			B-58호	9.0
		혼암리 1호	34.4			B-18호	21.0			B-59호	10.3
		8호	22.4			B-19호	27.8			B-60호	39.9
		9호	25.0			B-20호	14.8			B-61호	7.8
		10호	11.6			B-21호	14.8			B-62호	12.8
		12호	34.9			B-22호	7.8			B-63호	12.2
		불당동 II-1호	50.3			B-23호	11.5			B-64호	12.2
		II-2호	86.1			B-24호	16.2			B-66호	14.8
		II-3호	27.6			B-26호	33.8			B-67호	12.2
		II-4호	25.7			B-27호	25.5			B-68호	9.0
		II-7호	25.6			B-28호	11.1			B-69호	9.0
		II-20호	28.8			B-29호	18.1			B-70호	11.9
		III-1호	17.7			B-30호	41.1			B-71호	13.5
		III-2호	21.3			B-31호	43.5			B-72호	29.2
		III-3호	63.5			B-32호	51.4			B-73호	34.7
		III-4호	21.2			B-33호	18.5			B-74호	12.1
		III-5호	40.9			B-34호	17.0			B-75호	10.2
		III-6호	52.5			B-35호	17.6			B-76호	43.5

시기	유형	주거지	면적	시기	유형	주거지	면적	시기	유형	주거지	면적
		관창리 B77호	6.1			관창리 D23호	36.3			관창리 F12호	56.6
		B78호	55.8			D24호	23.7			F13호	55.9
		B79호	49.0			D25호	24.6			F14호	41.7
		B80호	13.4			D26호	32.2			F15호	37.4
		B81호	18.4			D27호	22.5			F16호	34.8
		B82호	14.8			D28호	35.0			F17호	15.8
		B83호	17.0			D29호	15.9			F18호	18.5
		B84호	16.7			D30호	19.6			F19호	10.9
		B85호	16.6			D31호	27.5			F20호	27.2
		B86호	22.0			D32호	18.0			F21호	22.4
		B87호	15.2			D33호	20.0			F22호	27.3
		B88호	13.4			D34호	16.0			F23호	18.5
		B89호	23.5			D35호	22.5			F24호	37.0
		B90호	7.6			D36호	20.3			F25호	28.6
		B91호	14.4			D37호	20.0			F26호	20.1
		B92호	11.5			D39호	14.0			F27호	19.5
		B93호	10.5			D40호	11.2			F28호	17.5
		B94호	11.2			D41호	18.2			F29호	15.6
		B95호	18.9			D42호	15.9			F30호	45.6
후기	송국리	B96호	10.7	후기	송국리	D44호	15.9	후기	송국리	F31호	17.3
	유형	B97호	20.2		유형	D45호	31.9		유형	F32호	19.4
		B98호	11.2			D46호	15.2			F33호	15.4
		B99호	16.8			D48호	38.5			F34호	13.4
		B100호	20.7			D50호	18.1			F35호	13.5
		D3호	10.2			D51호	19.8			송국리 50-1호	13.2
		D4호	30.2			D53호	34.8			50-2호	18.4
		D5호	14.0			E1호	21.1			50-3호	20.4
		D6호	7.5			E2호	15.2			53-1호	10.1
		D7호	19.4			E4호	13.2			54-2호	28.4
		D9호	13.3			E5호	16.6			54-3호	23.9
		D11호	15.2			E7호	14.9			54-5호	19.2
		D12호	13.9			E9호	20.9			54-6호	23.6
		D13호	18.0			E10호	32.5			54-7호	12.2
		D16호	24.6			F1호	10.3			54-8호	12.7
		D17호	15.2			F3호	39.8			54-9호	19.8
		D18호	13.7			F5호	16.8			54-11호	20.6
		D19호	15.2			F9호	40.0			54-12호	37.9
		D20호	16.8			F10호	41.2			54-14호	18.3
		D22호	28.3			F11호	36.3			54-15호	28.2

시기	유형	주거지	면적	시기	유형	주거지	면적	시기	유형	주거지	면적
		송국리 54-16호	7.3			마전리 A5호	27.1			입암리 2호	6.2
		54-18호	10.2			C1호	12.0			3호	17.6
		54-19호	14.6			용산동 6호	14.4			4호	12.7
		54-20호	28.5			7호	14.8			5호	5.5
		54-21호	23.4			8호	17.9			6호	6.1
		54-22호	16.3			9호	12.9			9호	14.9
		54-23호	80.0			11호	10.6			10호	12.4
		54-A호	8.4			반송리 1호	11.1			11호	10.9
		54-B호	15.7			2호	13.0			12호	8.7
		54-1원형	12.7			3호	11.2			13호	10.4
		54-2원형	18.1			4호	5.8			14호	10.4
		55-1호	22.1			5호	8.8			16호	8.0
		55-2호	16.6			7호	13.1			17호	16.6
		55-2-1호	21.9			8호	29.0			상서동 1호	19.9
		55-3호	18.5			9호	18.1			2호	9.7
		55-4호	30.2			10호	10.5			3호	27.8
		55-5호	18.1			11호	20.9			4호	13.3
		55-6호	19.6			12호	16.2			5호	14.1
		55-7호	17.0			13호	12.1			6호	13.3
후시	송국리 유형	57-1호	15.4	후기	송국리 유형	14호	23.0	후기	송국리 유형	7호	6.7
		대정동 1호	15.9			기전1호	18.3			오석리 94-1호	19.0
		4호	15.3			기전2호	19.5			94-2호	32.8
		5호	21.0			15지점-1호	16.8			94-3호	28.0
		6호	22.4			휴암리 A호	16.3			94-4호	21.8
		7호	10.7			B호	16.6			95-1호	24.1
		대흥리 1호	30.2			1호	18.5			95-2-1호	7.9
		2호	10.3			2호	22.9			95-2-2호	9.8
		3호	12.6			3호	18.0			95-3호	24.1
		4호	9.1			4호	28.8			95-4호	17.2
		5호	7.7			5호	23.8			95-5호	20.7
		산의리 1호	15.9			6호	16.0			95-6호	22.1
		2호	10.6			7호	18.1			95-7호	17.6
		3호	16.3			8호	9.9			95-8호	12.9
		4호	6.0			자운동 1호	18.1				
		5호	13.2			2호	11.5				
		6호	9.6			3호	12.6				
		7호	17.5			4호	11.3				
		8호	28.3			5호	7.6				
		마전리 A2호	18.3			입암리 1호	13.4				

하나로 이해되고 있다. 대형에서 소형으로의 변화 과정은 매우 복잡하고 다양한 설명이 요구되겠지만, 조기 또는 전기의 세대공동체(대가족체) 주거에서 후기의 개별 세대(가족) 주거로의 변화는 대형에서 소형으로 주거면적이 작아지면서, 세대구성의 분화현상을 수반하는 것으로 이해된다. 이와 더불어 거주방식에 있어서 私的 空間의 확보(김승옥 2006b, 31쪽) 차원에서도 매우 중요하다.

2) 송국리식주거지의 형성

청동기시대 전기의 세장방형주거지에서 후기의 송국리식주거지로의 변화과정 및 동인에 대해서는 아직 확실하게 납득할만한 견해가 제시되지는 않은 것 같다. 송국리식주거지를 포함한 송국리유형이 금강중하류역에 처음 등장한 것으로 보는 입장, 즉 외래기원설에서는 한반도 이외 지역의 신자료를 기다려야 하는 형편이다. 그러나 경기남부와 충청북부지역의 최근의 발굴조사 성과를 주목할 필요가 있다. 화성, 평택 등 경기남부지역의 여러 유적에서는 송국리유형과 관련된 주거지와 유물이 다수 확인되고 있다. 주거지는 화성 천천리 2호 주거지와 반월리 주거지와 같이 전형적인 송국리식주거지도 있지만, 이와는 약간 양상을 달리하는 주거지 형식도 존재한다. 즉 중심2주공과 타원형수혈이 설치된 점은 동일하지만, 타원형 수혈이 주거지 장축선상에서 약간 벗어난 지점에 위치하는 점이 다르다. 이러한 형태의 주거지가 중심을 이루는 화성 반송리유적을 표지로 하여 "반송리식주거지"로 명명한 바 있다(이형원 2006c). 이 반송리식주거지 역시 타원형 수혈의 위치가 주거지 정 중앙에 위치하지는 않지만, 중심2주공의 존재로 보아, 주거구조 원리상 구심구조에 해당하므로 넓은 의미에서는 송국리식주거지에 포함하는 것으로 볼 수 있다. 또한 후술하겠지만, 필자는 이 방형 또는 원형의 반송리식주거지가 전형적인 송국리식주

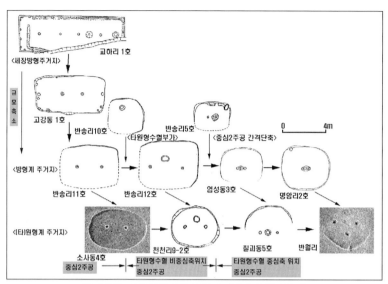

<세장방형주거지>

교하리 1호

규모축소

고강동 1호

반송리10호

반송리5호

<타원형수혈부가>

<중심2주공 간격단축>

0   4m

<방형계 주거지>

반송리11호   반송리12호   엄성동3호   명암리2호

<(타)원형계 주거지>

소사동4호   천천리9-2호   질과동5호   반월리

중심2주공

타원형수혈 비중심축위치   타원형수혈 중심축 위치
중심2주공   중심2주공

도면 37 경기남부~충청북부지역 송국리식주거지 형성과정(1/350)

거지에 선행하며, 송국리식주거지의 발생과 깊은 관계가 있는 것으로 생
각한다.

　　그렇다면 상술한 경기남부지역의 송국리유형 관련 고고학자료는 어
떻게 해석해야만 하는가. 역삼동유형에서 송국리유형으로 이행되는 과도
기적 현상의 선송국리유형으로 볼 것인지(安在晧 2006; 金壯錫 2003; 羅建
柱 2005), 아니면 충청이남지역 송국리유형의 영향(김승옥 2006c)으로 나
타난 것인지 살펴볼 필요가 있다. 필자는 전자의 입장과 견해를 같이 하는
데, 그 이유는 경기남부~충청북부지역에서 송국리식주거지의 형성과정
이 나타나기 때문이다. 〈도면 37〉을 보면 장축선상에 주공이 일렬로 배치
된 형태(고강동 1호)에서 장단비가 작아지고 중심2주공[55]의 구심구조를

---

55) 전형적인 송국리식주거지의 중심2주공 보다는 주공사이의 간격이 넓은 편이다.

이루는 형태(반송리 11호)가 등장한다. 여기에 장축선상에서 약간 벗어난 타원형수혈이 부가되면서 반송리식주거지(반송리12호)가 형성되며, 이어서 타원형수혈이 중심축에 위치하고 중심2주공의 간격이 좁아지는 방형의 휴암리식주거지가 나타나는 것으로 이해된다. 또한 타원형 또는 원형 평면의 주거지 역시 같은 양상으로 변화되는 것 같다. 광의의 송국리식주거지의 출현을 외부에서 찾기보다는 사회변화에 수반되어 나타나는 주거규모의 축소화에서 찾을 필요가 있다고 생각되며[56], 이 때 축조의 용이성이 가미되어 구심구조의 주거지가 고안된 것이 아닌가 한다[57]. 그런데 이와 같은 흐름은 대체적으로 인정할 수 있지만, 현재까지의 조사성과에 따르는 한, 충청이남의 남부지역에서 가장 성행한 형식은 반송리식주거지 이후의 주거형태인 방형 휴암리식주거지와 협의의 원형 송국리식주거지로 볼 수 있을 것이다.

결국 청동기시대 후기에 해당하는 송국리식 주거지의 발생지역은 중심2주공, 비중앙타원형수혈의 반송리식주거지가 등장하는 경기도 화성·평택 등 경기남부지역이 유력한 후보지중 하나가 될 수 있다고 생각한다. 그리고 분포 밀도로 볼 때, 충청남부를 비롯한 한반도 중·남부지방은 휴

---

56) 宮里修(2005, 83쪽) 역시 송국리식주거지 중앙타원형수혈의 형성과정에 대해서 소형주거지의 중심선상에 기둥구멍을 2개 설치한 사례 → 유사송국리형·소형E류(노지없는)주거지 바닥면 중앙에 기둥구멍 2개를 설치한 사례를 거치는 단계적 현상으로 해석한 바 있다.

57) 한편, 위와 같은 송국리식주거지의 자체발생설은 주거의 소형화에 수반된 주거구조의 변화를 합리적으로 설명하지 못하고 있다. 청동기시대 전기에 장기간 사용되어온 장방형의 대칭구조와 주거바닥면에 노를 조성한 것에서 방형 또는 원형의 구심구조로 바뀌고 노의 형태도 급격하게 변화되는 양상을 사회변화와 축조의 용이성만으로 설명하기에는 설득력이 다소 약한 것도 사실이다. 이와 관련하여 주거규모의 축소와 취락의 입지가 평지로 이동하는 것은 송국리유형 형성시기와 동아시아의 기후가 한랭화되는 시점이 연동되는 것도 하나의 원인이 될 수 있다고 한다(이홍종 선생님의 교시에 의함). 앞으로 송국리식 주거지의 형성배경이나 과정에 대해서 모든 가능성을 열어 놓고 다시 한번 검토할 기회를 갖고자 한다.

암리식 또는 송국리식 주거지가 성행한 지역으로 볼 수 있을 것이다. 의미를 좀 더 확대한다면 송국리유형의 형성은 경기남부지역과 더불어 충청북부(羅建柱 2005)의 역삼동유형으로부터 계기적으로 이행된 것으로 보이며, 수전농경과 밀접한 관련성을 가지면서 충청·전라·경상도지역에서 더욱 발전해 나간 것으로 이해된다.

05 청동기시대 취락구조와 사회조직

靑銅器時代 聚落構造와 社會組織

1. 취락의 공간구조

청동기시대 취락의 내부는 주거공간을 기본으로 하여, 분묘공간, 생산공간 등으로 구성되는 것이 일반적이다. 이와 함께 다양한 행위가 이루어지는 광장이나 의례공간, 폐기장 등도 포함된다. 여기에서는 청동기시대 취락이 어떠한 성격의 공간들로 배치되었는지를 각 시기별로 검토해보기로 한다. 본 논문에서 사용하는 주거공간은 보다 넓은 의미의 삶의 영역으로서, 여기에는 주거지뿐만 아니라 밭이나 논과 같은 경작지, 수공업 생산시설, 저장시설, 우물, 쓰레기터, 도로 등 일상생활과 관련된 대부분의 공간을 뜻한다. 분묘공간은 두말할 필요도 없이 죽은 자들을 위한 죽음의 영역을 말한다.

1) 조기 미사리유형 취락

중서부지역에서 청동기시대 조기로 편년되는 유적은 하남 미사리유적이 유일하다. 한강변의 충적대지에 입지한 대형의 방형주거지 4동은 3

동(K11 · 15 · 18호)이 삼각형(△) 모양을 띠고 있으며, 나머지 1동(S1호)만 약간 떨어져 있다. 이와 같은 삼각형 구도는 가락동유형의 둔산취락에서도 엿볼 수 있다. 주거지 내부에 설치된 구조물로는 S1호와 K15호에 2기의 노지가 K11과 K18호에 1기의 노지가 있다. 주거지의 규모와 더불어 복수 노지의 존재는 세대 구성원의 수가 많았음을 반영하는 것이지만, 미사리 취락의 경우는 모든 주거지가 36.3㎡(K18호)~84.6㎡(K15호)로 매우 넓은 면적을 가지고 있는 점에서 볼 때, 한 개의 노지가 확인된 주거지도 동거인의 수는 적지 않았을 것으로 추정된다[58].

주거지 이외에 저장공으로 보고된 S11호 수혈에서는 돌대각목문토기편과 함께 장신구인 옥제품이 한 점 출토되었는데, 이 유구의 성격을 추정하기는 어렵다. 한편, 미사리유적을 비롯하여 현재까지 조사된 미사리유형의 취락에서 분묘는 아직 확인된 바 없다.

현 단계에서 미사리유형의 취락 구조를 구체적으로 논하기에는 자료가 너무 부족한 실정이다. 다만 앞장에서 언급한 바와 같이 강변 충적지에 소규모 취락을 형성하고 밭농사를 비롯하여 어로와 수렵, 채집행위를 통해 생계를 유지했던 것으로 이해된다.

2) 전기 가락동유형과 역삼동 · 흔암리유형 취락

(1) 주거공간만으로 구성된 취락

일반적인 취락구성과 비교하면, 가락동유형이나 역삼동 · 흔암리유형이 확인된 취락들은 분묘 없이 주거지들만 조사된 경우가 대부분이다. 매우 넓은 범위에 걸쳐 발굴이 이루어진 유적들, 예를 들어 가락동유형의

---

58) 1인당 거주면적을 단순하게 5㎡로 적용할 경우(金正基 1974), 적게는 7.3명(K18호)에서 많게는 16.9명(K15호)으로 추산된다.

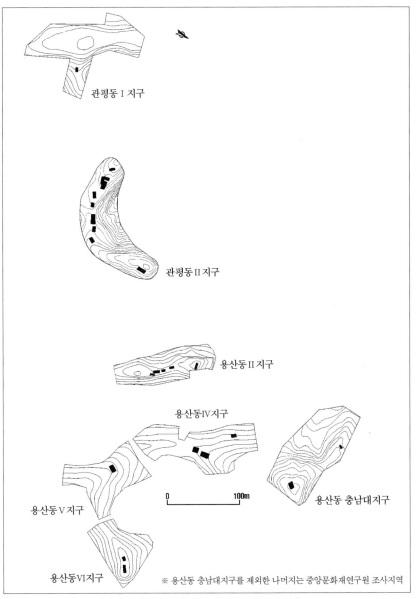

관평동 I 지구

관평동 II 지구

용산동 II 지구

용산동 IV 지구

용산동 V 지구

용산동 충남대지구

용산동 VI 지구

0   100m

※ 용산동 충남대지구를 제외한 나머지는 중앙문화재연구원 조사지역

도면 38 전기 가락동유형의 대전 용산동, 관평동 취락(1/5,000)

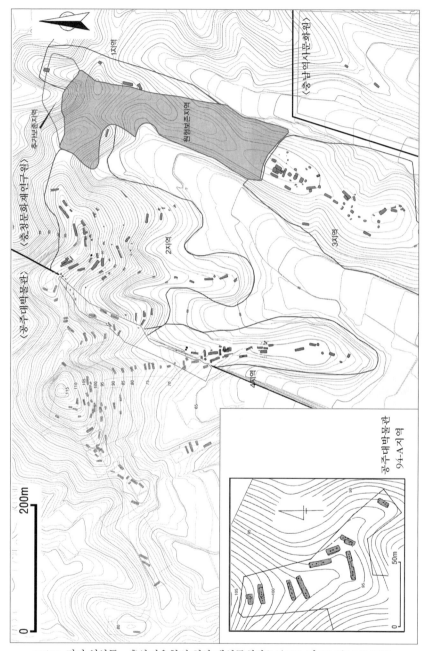

도면 39 전기 역삼동·흔암리유형의 천안 백석동취락(1/6,000, 단 94-A는 1/3,000)

사진 10 주거공간만으로 구성된 천안 백석동취락 (충청문화재연구원 2007에서)

경우, 대전 용산동 · 관평동 취락(도면 38)이나 진천 사양리, 청주 용정동, 대전 노은동 취락을 비롯하여 많은 유적이 그러하다. 또한 역삼동 · 흔암리유형의 천안 백석동, 천안 불당동, 아산 명암리유적 등도 마찬가지 현상이다. 취락에서의 분묘의 부재현상은 조기를 포함한 청동기시대 전기 취락이 가지고 있는 공간구조의 가장 큰 특징 가운데 하나로 보아도 무방할 것이다. 특히 백석동유적은 200여동의 주거지가 조사되었음에도 불구하고 분묘는 1기도 확인되지 않았다(도면 39).

이와 같은 유적들에서 조사된 유구는 주거지가 절대 다수를 차지하며, 이외에 토기요지나 수혈이 일부 확인되었을 뿐이다. 또한 이러한 취락들은 입지상 대부분 田作, 또는 火田農耕을 위주로 한 생계경제 시스템을 가지고 있었던 것으로 이해되므로(朴淳發 1999; 安在晧 2000), 주거지와 인접한 곳에 농경지가 존재했을 가능성이 높지만, 자료상의 문제인지 조사방법상의 문제인지 아직까지 전기 취락에서 농경지는 확인된 바 없다. 그렇지만 앞서 살펴본 바와 같이 식물유체 분석을 통해 쌀을 비롯하여 조, 기장, 보리, 밀, 콩, 팥 등 각종 곡물이 구체적으로 확인되고 있어, 화전을 포함한 밭이 광범위하게 분포하였다는 것을 반증하고 있다. 많은 양의 식물유체(주로 곡물)가 토기의 표면에 찍힌 압흔 토기의 존재도 같은 관점에서 생각할 수 있다.

한 가지 더 강조해 놓고 싶은 것은 주거공간만 확인된 취락에 있어서 분묘의 부재는 전술한 바 있는 화전농경을 영위하는 집단의 성격과 밀접한 연관이 있다는 점이다. 농경취락에 해당하지만, 休耕기간을 감안하면 불안정한 정주취락 또는 이동성 정주취락의 성격을 갖는다는 것을 의미한다.

(2) 주거공간과 분묘공간으로 구성된 취락

중서부지역의 전기 취락 중에서 주거지와 분묘가 함께 조사된 유적은 극소수에 불과하다. 가락동유형의 경우는 대전 신대동, 제천 능강리, 청원 황탄리유적 등 3유적에 불과하다. 이 밖에 주거지는 확인되지 않았으나, 대전 비래동유적에서 비파형동검이 출토된 가락동유형 단계의 지석묘가 조사된 바 있다. 역삼동·흔암리유형 취락은 천안 운전리유적이 유일하다.

먼저 가락동유형의 취락을 살펴보도록 한다.

대전의 갑천변 해발 60여 미터의 구릉에 입지하는 신대동취락은 주거지 11동과 석곽묘 1기, 석관묘 1기가 조사되었는데, 필자의 편년안에 의하면 가락동 II~III기에 걸치는 유적이다(도면 16). 여기에서는 주거공간과 분묘공간이 100여 미터 정도의 거리를 두고 조영되었으며, 지석묘의 매장주체부로 추정되는 1호 석곽묘는 4호 주거지와 더불어 가락동 II기로 볼 수 있다. 석곽묘에서는 마제석검 1점, 석촉 9점, 적색마연호 1점이 출토되었다. 가락동 I 기 취락에서 분묘가 확인되지 않은 점을 감안한다면, 현재까지 확인된 가락동유형의 분묘 자료 가운데에서는 빠른 시기의 분묘 중의 하나로 판단된다. 정주취락의 특성상 취락 내에서 주거공간과 분묘공간이 함께 확인되었다는 점에서 이전 시기에 비해 정주도가 높아진 것으로 이해할 수 있다. 주거지들이 수차례에 걸쳐 중복이 이루어진 점도 이를 간접적으로 뒷받침한다고 생각된다.

남한강의 충주댐 수몰지역 안에서 확인된 제천 능강리유적은 주거지 3동과 지석묘 2기로 이루어졌다(崔楨苾 2001). 3동의 주거지와 1호 지석묘가 같은 지역에 위치하며 2호 지석묘만 150여 미터 떨어진 곳에 자리 잡고 있다(도면 40). 복수의 위석식노지, 단사선문이 시문된 가락동식토기, 삼각만입석촉 등으로 보아 가락동Ⅱ기에 해당한다. 2호 지석묘를 제외하면 동일 공간에 주거와 분묘가 공존하는 점이 신대동유적이나 황탄리유적과 다른 점이다.

청원 황탄리유적은 미호천변의 낮은 구릉(해발 60m)에서 확인되었다(李弘鍾·姜元杓 2001)(도면 41). 경부고속철도건설에 따른 제한된 범위만 발굴되었지만, 신대동유적과 마찬가지로 주거공간과 분묘공간이 어느 정도 거리를 유지하며 입지하고 있다. 가락동식토기가 완전히 소멸된 토기구성을 보여주는 점에서 가락동Ⅲ기로 편년되는데, 이에 해당하는 주거지 2동과 석곽묘 5기가 조사되었다[59]. 구릉 정상부에 입지하며 규모가 가장 큰 KM-401호 석곽묘에서만 유물이 출토되었으며, 그 아래의 사면부에 모여 있는 4기의 석곽묘에서는 부장품이 전혀 확인되지 않았다. 이들을 동시기로 볼 수 있다면, 분묘간에 위계가 반영되어 있을 것으로 추정된다. 한편 KM-401호 석곽묘의 부장품은 석검 1점, 석촉 15점, 적색마연호 1점으로, 그 조합내용은 신대동 1호 석곽묘와 동일하다.

---

[59] KM 401호를 제외한 나머지 4기는 유물이 전혀 출토되지 않아 시기판정이 어렵다. 다만 분묘구조가 모두 동일하고 정연한 배치가 이루어진 점에서 동시기일 가능성이 있다.

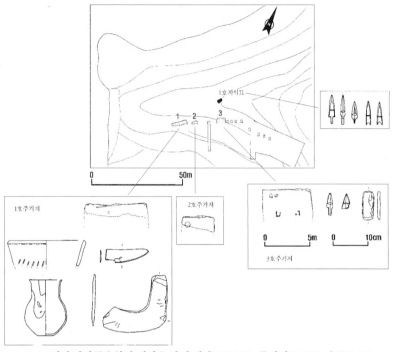

도면 40 전기 가락동유형의 제천 능강리 취락(1/2,000), 주거지(1/400), 유물(1/10)

위 세 유적과 달리 대전 비래동유적에서는 주거지는 확인되지 않았
으며 지석묘만 5기 확인되었다. 이 가운데 1호 지석묘에서는 유구경식 비
파형동검 1점을 비롯하여, 삼각만입석촉 4점, 적색마연호 1점이 출토되었
다(도면 16). 신대동유적과는 4km 정도 떨어져 있어 서로 비교가 되는데,
비래동 1호 지석묘와 신대동 1호 석곽묘(가락동Ⅱ기)의 삼각만입석촉은
서로 흡사한데 반해 적색마연호는 다르다. 비래동의 적색마연호는 신대동
7호주거지(가락동Ⅲ기)에서 출토된 적색마연대부호와 대각을 제외한다
면 구연부 및 신부, 저부의 기형이 매우 닮았다. 이러한 점에서 비래동 1호
지석묘의 시기는 가락동Ⅱ기 또는 Ⅲ기로 추정할 수 있다. 다만 앞장에서
언급한 바와 같이 후기 비파형동검과의 계기적인 흐름을 고려하여 청동기

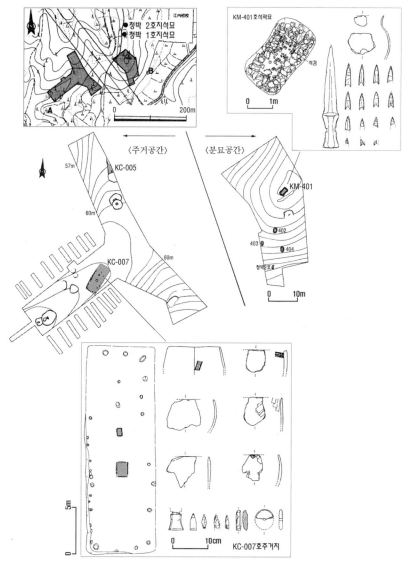

도면 41 전기 가락동유형의 청원 황탄리 취락(1/1,300), 주거지(1/400), 분묘(1/150), 유물 (1/10)

시대 전기후반에 해당하는 가락동유형Ⅲ기로 귀속시키고자 한다. 아마도 조사가 이루어지지 않은 인근 지역에 지석묘 피장자들의 주거공간이 존재했을 가능성이 높다.

위 내용을 종합하면 다음과 같다. 가락동유형Ⅰ기의 취락에서 잘 보이지 않던[60] 분묘가 비교적 잘 인지되는 것은 Ⅱ기의 신대동유적과 능강리유적이며, 이어지는 Ⅲ기의 황탄리유적에서는 분묘가 군집을 이루는 현상이 간추된다. 결국 가락동유형 취락의 전반적인 변천상으로 보면, 분묘 부재(Ⅰ기, 미확인?)[61] → 소수의 분묘 존재(Ⅱ기)[62] → 분묘군 형성(Ⅲ기)으로 볼 수도 있겠다. 그렇지만, 가락동유형 Ⅱ~Ⅲ기의 매우 제한적인 유적에서만 이러한 양상이 나타나기 때문에 이를 일반화시키기는 어렵다고 생각한다[63]. 오히려 가락동유형의 취락은 〈분묘 부재 대다수 취락〉과 〈분묘 존재 극소수 취락〉으로 구분하는 것이 이 시기의 취락구성의 특질을 이해하는 데 더욱 중요한 관점일지도 모른다. 향후 연구의 핵심은 가락동Ⅱ, Ⅲ기에 분묘가 조성된 극히 일부의 취락을 어떻게 이해하는가에 초점

---

60) 물론 현재까지의 자료에 의하면 가락동Ⅰ기 단계에서 분묘가 전혀 보고된 바 없지만, 앞으로의 조사여하에 따라 분묘가 확인될 개연성은 있을 것이다. 다만 그 비중은 매우 낮을 것으로 예상한다.

61) 당시의 死者처리방식이 어떠하였는지 불분명하지만, 여기의 분묘부재는 가시적으로 만든 무덤이 확인되지 않는다는 의미이다.

62) 이는 발굴된 자료에 근거한 현상적인 기술이다. 큰 시각에서 보면 가락동Ⅰ기에 분묘가 등장할 가능성이 높고, Ⅱ기 역시 소수의 분묘가 확인되는 양상으로 설명될 여지를 남겨 놓고자 한다. 왜냐하면 가락동Ⅰ기에 해당하는 청원 대율리 환호취락의 경우 주거공간만 조사되었지만, 인접한 미발굴지역에 분묘가 존재할 가능성이 있기 때문이다. 그리고 배진성(2006)이 언급한 바와 같이 마제석검의 출현과 분묘의 축조는 중국 동북지방 동검문화의 수용과 밀접한 관련성이 예상되는 것에서도 그러하다. 향후의 조사성과를 기대해 본다.

63) 필자의 전고(李亨源 2003b)에서는 청동기시대 전기 취락의 성격을 이와 같은 방식으로 이해한 적이 있지만, 이는 이후에 전개될 송국리유형을 염두에 둔 매우 단선적이고 진화론적인 생각이었다. 이것이 잘못된 생각이라기보다는 좀 더 넓은 사고의 틀을 가지고 문제의 핵심에 다가서야 한다는 점을 강조해 놓고자 한다.

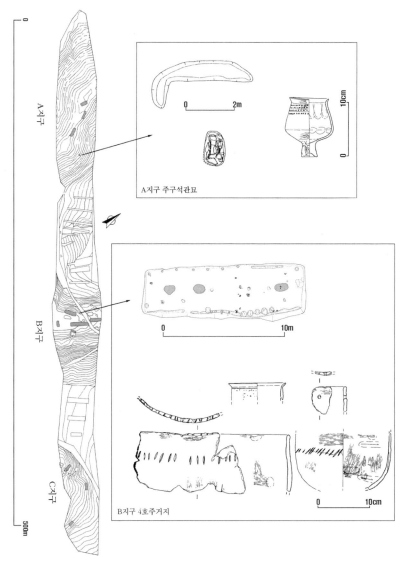

A지구

B지구

C지구

0

500m

0   2m

10cm

0

A지구 주구석관묘

0   10m

0   10cm

B지구 4호주거지

도면 42 전기 역삼동·흔암리유형의 천안 운전리 취락(1/3,800), 주거지(1/300), 주구석관묘
(1/150), 유물(1/7)

을 맞출 필요가 있을 것이다.

다음으로 역삼동·흔암리유형 가운데 주거공간과 더불어 분묘가 확인된 유적은 천안 운전리 취락이 있다(許義行·姜秉權 2004). 여기에서는 청동기시대 전기에 해당하는 13동의 주거지와 1기의 주구석관묘가 발굴되었다. 도로구간에 대한 구제발굴조사인 까닭에 취락의 전모가 밝혀지지는 않았지만, 주거지와 함께 분묘가 조성된 점에서 중요하다. 주구석관묘에서 출토된 대부소호는 동체부에 횡침선과 삼각점열문이 시문되어 있는데, B지구 4호주거지에서도 이와 유사한 문양이 새겨진 토기가 있어 양자의 관계가 주목된다. 즉 B지구 4호에 거주했던 자가 사후에 주구석관묘에 매장되었을 수도 있을 것이다. 그렇지만, 현재의 자료만으로는 이에 대한 해답을 구하기는 어렵다고 생각한다. 오히려 이와 달리 주거규모가 가장 큰 B-3호주거지[64]의 세대공동체장이 주구석관묘의 피장자일 가능성도 배제할 수 없기 때문이다. 일단 후자쪽에 무게를 두고 싶다.

(3) 구획시설로서의 환호취락

중서부지역의 역삼동·흔암리유형 유적에서는 현재까지 환호취락이 발굴조사된 예는 없다. 이에 반해 가락동유형의 경우는 청원 대율리유적이 주목받고 있으며, 청주 내곡동유적도 규모는 작지만 환호의 존재가 추정되고 있다.

일반적으로 청동기시대 환호는 후기의 송국리유형 단계를 특징짓는 요소로 이해되어 왔지만(安在晧 2006), 영남지역의 일부 유적에서 청동기시대 전기로 편년되는 환호취락의 존재가 주장되고(李盛周 1998·2000) 있는 실정이다. 대율리 환호취락을 가락동유형 I 기인 청동기시대 전기전

---

64) 길이 잔존 18.1m×너비 3.85m로 내부면적이 70m²를 넘는 대형 주거지이다.

사진 11 청동기시대 전기전반의 청원 대율리 환호취락(중앙문화재연구원 2005에서)

반으로 편년되므로 전기로 소급되는 예가 하나 더해진 셈이며, 남한지역 最古의 환호취락에 해당한다(李亨源 2007b). 그러나 후기단계의 송국리 유형 취락에서 보이는 방어의 기능을 갖춘 본격적인 환호시설은 전기단계 에는 아직 확인된 바 없다. 규모나 형태상 전기의 환호는 경계의 의미를 지닌 구획시설로서 기능했을 가능성이 높다고 생각한다.

청원 대율리유적은 전술한 바와 같이 9동의 주거지와 환호 2조, 그리 고 토기요지 1기가 확인되었다(도면 15 참조). 환호는 구릉 정상부의 2동 의 주거지와 그 아래 사면부에 조성된 7동의 주거지 사이를 구획하는 내 환호와 취락 전체를 감싸는 것으로 추정되는 외환호로 이루어졌다. 취락 내의 입지나 규모면에서 내환호로 둘러싸인 1호와 9호 주거의 거주자들 을 상위 집단으로 볼 수 있을 것이며, 나머지 7동(2~8호)의 소형 주거지들 이 내환호와 외환호 사이에 정연하게 늘어서 있다.

환호의 기능은 주거군간의 위상을 나누는, 다시 말해서 전술한 상위 집단과 일반집단의 주거공간을 경계짓는 구획시설이었을 것이다. 이러한 주거공간의 구성은 상위집단의 분묘공간이 조영되었을 가능성이 높은데, 아마도 환호와 인접한 미조사지역에 1호 주거지의 거주자와 관련된 매장지가 존재할 것으로 추정된다. 이는 구획시설로서의 대율리 환호취락이 주거공간과 분묘공간으로 구성된 취락의 범주에 들어갈 수 있음을 시사한다고 볼 수 있다.

3) 후기 송국리유형 취락

청동기시대 후기가 되면 전술한 조기 또는 전기와는 질적으로 다른 취락구조를 형성하게 된다. 취락의 규모가 확대되면서 방어시설이나 저장시설이 부각되며, 생계방식과 관련하여 수전 경영이 본격화되고, 분묘의 조성 역시 활발해진다. 조사 예는 많지 않지만 목조 또는 석조 우물이 나타나는 것도 주목되는 현상이다. 여기에서는 먼저 청동기시대 후기 취락의 중요한 구성 요소가 되는 옥외 저장시설(고상창고, 저장공)과 지상건물, 그리고 새롭게 등장하는 우물에 대해 살펴본 후, 취락의 전체 구조에 대해 검토하기로 한다.

(1) 후기의 취락구성에서 주목되는 시설 : 지상건물, 저장공, 우물
① 지상건물
地上建物은 掘立柱建物이라는 용어로 많이 사용되고 있는데, 일반적으로 굴립주건물은 구멍을 파서 기둥을 세우는 건물을 말하는 것으로서, 대부분의 平地式建物이 이에 속하며 高床式建物도 포함한다(石野博信 1990 ; 宮本長二郞 1991 ; 岩崎直也 1991). 이 용어에 대해서는 수혈식주거지의 기둥을 세우는 방식도 같은 굴립주방식이기 때문에, 용어로서는 적

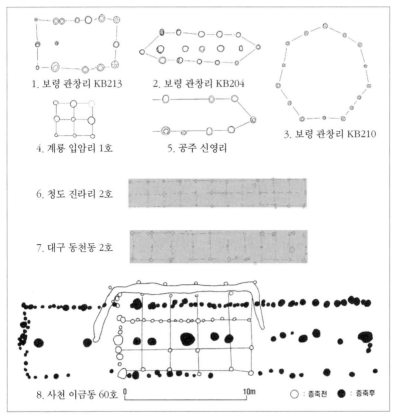

도면 43 청동기시대 후기 중서부지역의 지상건물(1~5)과 영남지역의 비교자료 (1/300)

절하지 않다는 지적(石野博信 1990, 13쪽)도 있다. 수혈주거지와 대비한
다면 오히려 지상주거지라는 용어가 어울릴 것이지만, 주거 이외의 기능
을 가진 유구들(예를 들어 창고나 망루 등)도 존재하므로 지상건물이라는
용어가 더 적절할 것으로 생각된다. 필자는 이러한 관점에서 굴립주건물
지를 지상건물지로 하며, 지상건물지는 다시 바닥면이 지면에 있는 것을
평지건물로, 지면 위에 떠 있는 것을 고상건물로 부르고 있다(李亨源
2003a, 103쪽).

이 지상건물의 기능과 관련해서는 평지식과 고상식을 어떻게 구분할

것인지의 문제, 그리고 그것이 주거용으로 사용되었는지 비주거용(창고, 망루 등)인지를 파악하는 기준설정에 대해서 우리 고고학계에서는 아직 자세한 검토가 되지 못한 실정이다. 배덕환(2000 · 2005)은 청동기시대 지상건물이 주로 농경과 관련된 저장시설로 이용된 것으로 이해하고 있으며, 이 밖에 망루를 비롯하여 夏季住居, 神殿(사천 이금동유적) 또는 집회소도 존재한 것으로 보았다. 또한 영남지역의 지상건물을 검토한 이수홍(2007)은 청동기시대 전기에 소형의 고상창고로서 지상건물이 처음 나타나며, 송국리유형 단계인 후기에 규모가 대형화하고 구조의 다양화, 즉 창고뿐만이 아니라 망루, 공공집회소 등 여러 용도로 이용되기 시작하였음을 지적하였다. 특히 공공집회소가 축조되는 것은 유력개인의 등장을 나타내고 이것은 취락내의 위계화를 반영한다고 설명하였다. 본고의 주요 검토대상인 중서부지역에서 공공집회소로 추정되는 대형 지상건물은 부여 송국리유적과 보령 관창리유적에서 확인되었다.

고상건물이 창고로 쓰였을 가능성에 대해서는 여러 연구자들이 『三國志』를 주목한 바 있다(李弘鍾 1996; 權五榮 1996). 즉 삼국시대의 지상건물지에 대해 『三國志』魏書에 보이는 고구려의 창고를 지칭하는 桴京으로 보고 이를 고분 벽화에 자주 등장하는 고상창고와 같은 성격으로 이해하는 견해가 있다(權五榮 1996). 이 견해에 의하면 고상창고의 주된 보관물은 곡류이고 소비용 식료는 수혈식창고에 보관하였다는 것이다. 고상창고의 해석은 비단 삼국시대뿐만 아니라, 청동기시대까지 소급해 볼 여지는 충분히 있을 것이다. 이 고상창고는 후술할 저장공과 함께 곡물을 저장 · 관리하는 시설물로서 주목해야만 한다. 이는 개별세대 수준에서부터 세대공동체, 취락공동체, 더 나아가 지역공동체 수준에 이르기까지의 수확물의 관리와 여기에 권력이 어떻게 관여하는지 등 집단의 사회적 성격을 이해하는 데 매우 중요하다.

한편, 보령 관창리나(李弘鍾외 2001) 공주 신영리에서(吳圭珍 2005)

확인된 지상건물은 전술한 것들과는 달리 단축부에 돌출된 棟持柱[65]를 가지고 있는 독특한 형태를 취하고 있다(도면 43-2 · 5)[66]. 이러한 형태의 지상건물지는 일본에서 많은 예가 알려져 있고 연구성과 또한 적지 않다. 이는 건물의 측면 기둥렬로부터 얼마간 떨어진 곳에 기둥을 세워서, 이 기둥이 지붕선단의 종도리(마룻대, 棟木)를 지면으로부터 직접 지지하는 공법을 말하는데, 주로 고상건축에 이용된 것으로 보는 것이 통설이다(宮本長二郎 1996, 182-191쪽). 더욱이, 이 특징적인 棟持柱建物[67]에 대해서는 상징성을 부여하려는 경향이 강하다(大阪府立弥生文化博物館 2002). 즉 일본에서 獨立棟持柱 또는 近接棟持柱建物은 대체로 제사적 성격이 강한 神殿으로 이해되고 있다[68]. 그 근거는 무수히 많이 조사된 굴립주건물 가운데 이 형식이 극히 일부에 불과하고, 8세기대에 창립된 것으로 보는 伊勢神宮正殿과 기둥배치가 동일하며 奈良時代 이후는 神殿의 한 형식으로 현재까지 명맥을 유지해 오고 있기 때문이라고 한다. 더욱이 야요이시대

---

65) 한국 건축학계에서는 높은 기둥이라는 의미에서 高柱라고 부르고 있고(주남철 1999), 일본고고학계에서는 동지주라는 용어가 일반적으로 통용되고 있다. 여기에서는 일단 일본고고학계에서 상용화되어 있는 동지주를 사용한다. 앞으로 우리 고고학계도 건축학과의 긴밀한 연계를 통해 명확한 용어정립이 필요한 시점이다. 한편 이를 용마루 지지기둥으로 부르기도 한다(裵德煥 2005, 86쪽).

66) 최근 송국리유적 12차 조사에서도 동지주지상건물로 추정되는 유구가 1동 검출되었다(김경택 외 2008).

67) 이 용어는 우리학계에서는 생소한 용어이나 일본고고학계에서 '棟持柱(付)建物' 또는 棟持柱付掘立柱建物' 등으로 통용되고 있다. 여기에서는 굴립주건물만 지상건물로 바꾸어서 동지주(부)지상건물로 부르기로 한다. 또한 동지주건물은 동지주의 위치에 따라 3가지로 나뉜다. 측면 기둥열로부터 밖으로 멀리 떨어진 곳에 동지주를 세우는 '독립동지주건물유구', 기둥 1~2개 만큼 밖으로 떨어진 곳에 동지주를 세우는 '근접동지주건물유구', 그리고 이들과 달리 屋內에 동지주를 세우는 '옥내동지주건물유구'가 이에 해당한다(宮本長二郎 1996, 182-191쪽). 한편 일본고고학계의 논문을 접하면 독립동지주와 근접동지주는 독립동지주로 일괄해서 부르는 경우가 종종 있기도 하다.

68) 여기에서는 주로 관창리 등의 지상건물지와 유사한 동지주지상건물지를 대상으로 하였으며, 옥내 동지주지상건물지는 검토대상에서 제외하였다.

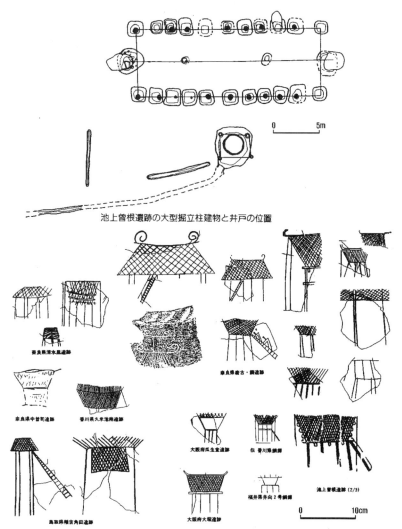

池上曾根遺跡の大型掘立柱建物と井戸の位置

도면 44 大阪 池上曾根유적의 대형 동지주건물 및 야요이시대 건물회화 · 동탁에 표현된 동지
주건물 (廣瀬和雄 編 1998의 도면을 재편집)

나 고분시대에도 이 형식의 건물이 취락의 중심에 위치하는 점, 동탁이나
토기에 司祭로 보이는 인물 · 사슴 · 배 등과 함께 장식성이 가미된 고상건

축으로 묘사되는 예가 많은 점 등으로 보아 야요이시대 이후의 독립(근접) 동지주건물은 의식이나 의례와 관련된 상징적인 건물로 파악되고(小笠原好彦 1990 ; 宮本長二郎 1996 ; 淸水眞一 1997 ; 廣瀨和雄 1998) 있는 것 같다(도면 44 참조)[69]. 특히 廣瀨和雄(1998)은 이를 농경제사와 연결시키면서 이 건물이 보통 벼를 수납하는 고상창고로 이용되고, 봄의 파종부터 가을의 수확까지의 기간에만 신전으로 이용되었다는 가설을 제시하기도 하며, 淸水眞一(1997)은 창고의 기능을 겸비한 拜殿으로 보고 있다. 그러나 이와 같은 견해에 대해 부정적인 시각(佐原眞 1998 등)도 상존하고 있는 한편, 그것이 가지고 있는 해석상의 문제 역시 고고학적으로 규명하기 어려운 분야이기도 하므로 앞으로의 논의가 기대된다.

지금까지 보령 관창리유적 등에서 확인된 棟持柱地上建物址의 성격을 이해하기 위해서 일본의 연구성과를 간단히 살펴보았다. 다음으로, 우리나라에서 獨立(近接)棟持柱地上建物址의 양상은 어떠한지 알아보자. 필자가 확인한 바로는 청동기시대 후기의 관창리유적에서 1동, 신영리유적에서 1동, 그리고 하남 미사리유적에서 원삼국단계로 추정되는 지상건물 7동, 마지막으로 삼국시대 백제 사비기에 속하는 부여 군수리유적에서 (朴淳發외 2003) 1동이 발굴된 바 있다. 관창리의 독립동지주건물지는 여타 지상건물 및 주거지들과의 위치를 관계를 보면, 몇 채의 주거지와 한 그룹을 이루고 있는 것처럼도 보인다. 그렇지만, 취락내에서 동지주를 가진 유일한 건물지로서 취락의 동쪽 경계지점에 비교적 좋은 입지를 차지하며 단독으로 위치하고 있는 점에서는 다소 차별성을 엿볼 수 있다. 또한 인접한 곳에 저장공과 토기요지가 다수 존재하는 양상도 참고할 필요가 있을 것이다.

---

69) 야요이시대의 거대 神殿으로 알려진 오사카 소재 池上曾根(이케가미소네)유적의 대형지상건물이 가장 대표적이다.

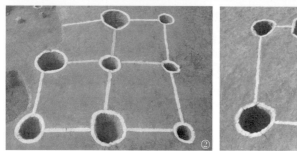
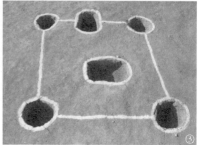

사진 12 청동기시대 후기의 지상건물 (①보령 관창리 : 고려대학교 매장문화재연구소 2001에서, ②③계룡 입암리 : 충청남도역사문화연구원 2008에서)

그리고 신영리의 경우는 저장공이 밀집 분포하는 곳의 외곽에 1동만 분포하는데, 취락의 일부만 발굴되었을 가능성이 높기 때문에 자세한 검토가 불가능한 상황이다. 다만 동지주지상건물이 저장공간에 접해서 있는 것은 관창리와 같은 상황이다.

한편 비교적 많은 수에 해당하는 7동의 동지주건물지가 확인된 미사리유적의 경우 역시 혼재하는 다른 지상건물지들과의 동시성 파악에 어려움이 있으나, 주거지군과 일정한 간격을 유지하면서 3동 또는 4동씩 모여서 군을 이루고 있다. 특기할 만한 것으로는 SB205호의 경우 건물내부의 지면에 3기의 토광이 일렬로 정돈 배치되어 있는 점이다. 보고자는 이 토광의 존재를 통해 이 유구를 지상건물이라기보다는 지면에 설치된 저장시설물을 보호하기 위한 구조물로만 파악하였으나(尹世英·李弘鍾 1994, 196쪽), 필자는 일본의 회화토기 등을 근거로 이 유구 역시 고상창고일 가능성이 높다고 생각하며, 토광은 보고자의 지적과 같이 저장공으로 보이기 때문에 두 가지 기능을 겸비한 것으로 이해하고자 한다.

이상의 검토를 통해서 동지주지상건물지가 일본에서는 신전과 관련된 제사유구로 보는 연구시각이 있다는 점을 살펴보았고, 한반도의 경우는 아직 자료의 부족으로 인해 분석대상으로 삼기에 어려움이 많다는 점을 확인하였다. 특히 일본의 연구성과를 검토하면서 이 유구가 신전풍의 상징성을 지니고 있었는지의 여부를 특정할 수는 없었으나, 한 가지 분명한 것은 동지주지상건물이 사다리를 가진 고상건물이면서 나아가 곡물저장과 관련된 창고로 이용되었을 가능성이 높음을 확인하였다는 점이다. 또한 미사리유적의 SB205호의 예를 통해서 일부 독립동지주지상건물은 고상창고와 저장공의 기능을 동시에 갖춘 것도 있음을 알았다. 본고의 중요 분석대상인 청동기시대 후기의 관창리나 신영리의 예 역시 특정할 수는 없으나, 고상창고 또는 의례공간으로 이용되었을 것으로 추정된다. 아무튼 지상건물은 출토유물을 통한 시기비정이 분명하지 않고 성격파악이 어려운 것이 현실이지만, 그것의 형태·규모와 관련된 건축학적인 측면을 비롯하여 취락 내에서의 위치관계, 회화자료, 민족지사례 등에 주목할 필요가 있을 것이다

② 저장공
청동기시대 전기단계의 주거지 내부에 설치된 저장공은 호형 또는

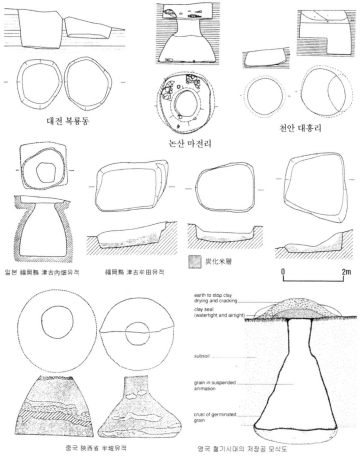

대전 복룡동

논산 마전리

천안 대흥리

일본 福岡縣 津古內畑유적　　福岡縣 津古牟田유적

炭化米層

0　　　　2m

중국 陝西省 半坡유적　　　영국 철기시대의 저장공 모식도

earth to stop clay
drying and cracking

clay seal
(watertight and airtight)

subsoil

grain in suspended
animation

crust of germinated
grain

도면 45　청동기시대 후기의 저장공과 비교 자료 (1/120, 단 우하단 제외)

심발형토기에 곡물을 저장했던 것으로 세대별 소비를 위한 단기적 저장시설이었을 가능성이 높다. 그러나 후기단계가 되면 옥내 저장공은 거의 사라지고 주거 외부에 보다 큰 저장공이 만들어지는 것이 특징이다. 그리고 이 저장공이 군집을 이루는 저장공간을 형성하는 경우는 개별 주거 단위가 아닌 주거군별로 또는 취락단위로 관리되었음을 말해준다. 그런데 이 옥외 저장공의 기능에 대해서는 저장이라는 큰 틀에서는 같은 생각을 가

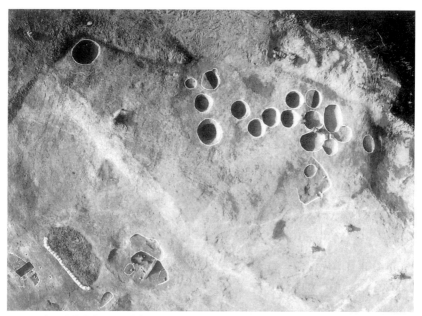

사진 13 청동기시대 후기의 저장공 밀집 분포 양상 (대전 복룡동유적: 중앙문화재연구원 2005
에서)

지고 있지만, 실제 내용에서는 다른 해석이 상존한다. 먼저, 저장대상물을
견과류와 근경류로 한정하는 경우이다. 손준호(2004)는 견과류나 근경류
를 가마니 등에 담아서 저장공 내부에 안치하고 뚜껑을 덮은 것으로 보았
다. 그리고 저장공의 축조목적은 겨울철 혹한기 동안 저장대상물이 동결
되지 않는 것에 있으며, 다음해 봄이 되어 저장물에 싹이 트기 이전까지
보관되었을 것으로 추정하였다. 간단히 말하면 송국리문화의 저장공을 견
과류와 근경류의 월동용 단기보관 장소로 본 것이다.

　이와 달리 김장석(2008)은 송국리단계의 옥외 저장공을 곡물저장시
설로 설명한다. 그 이유로 대규모의 수혈이 주거지의 수보다 훨씬 많은 저
장전문유적이 존재한다는 사실은 저장수혈이 곡물의 저장에 주로 이용되
었을 가능성을 높이고 있으며, 보조자원인 비곡물의 단기저장을 위해 주

거유적에서 멀리 떨어진 곳에 막대한 초기 건설비용을 들여 저장전문유적을 만들었을 것으로 추정하기는 힘들기 때문이라고 한다.

필자는 김장석의 견해와 같이 송국리단계의 저장공이 곡물저장에 이용되었을 것으로 생각하지만, 저장전문유적 또는 소비전문유적의 존재에 대해서는 다소 의문점을 가지고 있다. 저장전문유적에 대한 검토는 뒤에서 설명하기로 하고, 먼저 저장공의 용도에 대해서 검토해 보기로 한다. 우리나라에서 옥외 저장공의 관심이 나타나게 된 것은 천안 대홍리유적의 발굴에서부터 시작된다. 당시 수혈의 내부 토양을 대상으로 한 플랜트오팔 분석을 통해 저장공에 벼를 저장했던 것으로 해석된 바 있다(林尙澤 1999). 이와 관련하여 한반도의 농경문화와 밀접한 관련이 있는 일본 야요이시대에도 많은 수의 저장공이 발굴되고 있다. 연구성과 역시 풍부하여 많은 부분을 참고할 필요가 있다고 생각한다. 야요이시대 저장공의 저장물로는 출토상황으로 보아 쌀이 압도적으로 많으며, 이 밖에 조, 피, 보리, 수수 등도 저장의 대상이 되었다고 한다. 또한 수납방법에는 직접 수납하는 경우와 토기 등의 용기를 사용하는 경우의 2종류가 있다고 한다(木下正史 1997). 일본에서는 주로 불에 탄 탄화미의 출토 예가 많은데[70], 중국 6세기의『齊民要術』에 의하면 저장공에 五穀을 저장할 때에는 벼를 그을리는 焦麥法을 실시한 후 탈곡해서 수납하면 벌레가 생기지 않는다고 그 의의가 서술되어 있으며, 元代의 농학자인 王楨의『農書』에는 저장공 축조와 관련하여 수혈내부를 태워서 건조시킨 후 사용했다고 하는데, 이렇게 곡물을 저장공에 저장해 놓으면, 재해가 겹쳐도 절약하면 5~6년은 살수 있다고 그 효과가 서술되어 있다고 한다. 이와 관련하여 실제로 야요이

---

70) 야요이시대 중기후반으로 편년되는 후쿠오카현 津古牟田(츠코무타)유적의 저장공에서는 다량의 탄화곡물이 확인되었는데, 특히 8호 저장공의 경우는 24.1kg의 탄화미가 출토되었다(中島達也 1995).

시대 저장공은 수혈벽에 모래 섞은 점토를 붙이고 불을 입힌 것으로 확인되고 있는데, 수혈 내벽이 불타거나 소토가 떨어져 나간 사례가 많다고 한다[71]. 중국에서는 신석기시대에 「灰坑」으로 불리는 플라스크형 수혈의 곡물창고가 출현하며, 현대까지 기본적으로 변화없이 이어지며, 앙소유적이나 반파유적의 플라스크형 수혈에서는 쌀, 보리, 콩 등이 발견되었다고 한다(木下正史 1997). 또한 영국의 철기시대 유적에서도 많은 수의 수혈이 발굴되고 있으며, 이 가운데 일부 수혈에서는 탄화된 곡물이 출토된다고 한다. 이 역시 지하식의 곡물 저장 창고로 해석하고 있어(James 2005, 56쪽), 중국이나 일본의 경우와 유사하다.

위에서 검토한 바와 같이 저장공의 기능은 중국이나 일본, 심지어 유럽의 고고학적 양상을 검토해 본 결과, 곡물을 보관하던 지하창고일 가능성이 높다. 저장공이 월동용의 단기 보관용이던지 아니면 이 보다 더 긴 시간 동안 사용된 장기 보관용이던지 간에 곡물저장을 위한 창고 시설이라는 것을 확인하였다는 점이 중요하다.

한편, 저장공이 고상창고와 비교해서 기능이나 수납력에서는 뒤떨어지지만, 화재나 약탈행위에 대해서는 매우 유리하다는 점에서 비상용 식료저장이나 은닉 식료의 장기보관에는 적합하다는 견해(寺澤薰 1991)도 주목할 필요가 있다.

③ 우물

우물은 취락구성에서 매우 중요한 위치를 차지한다. 음료수를 비롯하여 쓰임새가 많은 물의 안정적인 확보는 취락입지를 결정하는 가장 중요한 요소가 되기 때문에 용수문제의 해결 없이 취락은 성립될 수 없기 때

---

71) 대전 복룡동유적의 03-32호 저장공 벽체에서도 20-30cm 정도의 적색 소토가 확인되었다 (中央文化財研究院 2005c).

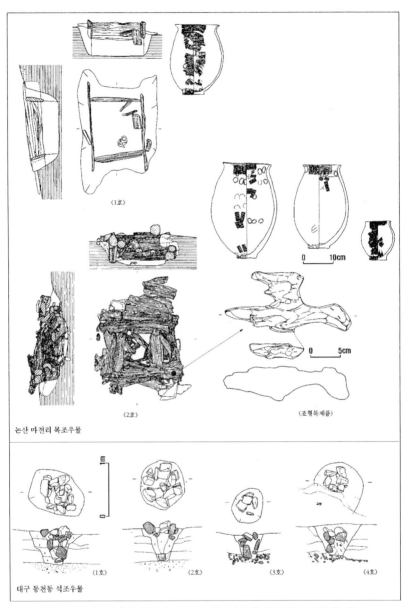

〈1호〉

〈2호〉

(조형목제품)

논산 마전리 목조우물

〈1호〉　〈2호〉　〈3호〉　〈4호〉

대구 동천동 석조우물

도면 46 청동기시대 후기의 우물(1/70)과 출토유물(토기1/12,목기1/6)

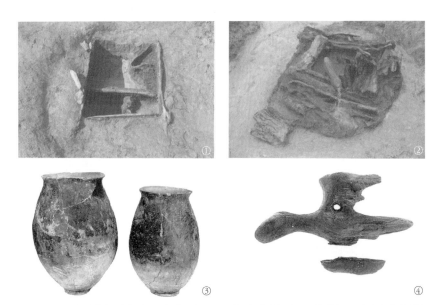

사진 14 청동기시대 후기의 우물과 출토유물 (논산 마전리유적: 고려대학교 매장문화재연구
소 2004에서)

문이다(吳洪晳 1994, 288쪽). 물론 이는 근현대를 주요 연구대상으로 삼고
있는 지리학분야의 일반적인 설명인데, 그렇다면 고고학적으로 어느 시점
부터 한반도에 정형화된 우물이 등장하고 성행하게 되는 것일까? 산의 계
곡이나 하천이 오염되기 전까지 식수원의 해결은 그다지 어려운 문제는
아니었을 것이다. 당연한 얘기지만 하천변이 선사~고대인들에게 중요한
취락입지로 자리 잡았던 이유 가운데 하나도 바로 여기에서 찾을 수 있는
것이다. 아무튼, 환경의 변화와 더불어 취락의 입지가 다양해지고 규모가
확대되면서 우물이 중요하게 부각되었을 것이다. 이러한 중요성에도 불구
하고, 청동기시대 취락에서 우물로 인정되는 예는 극히 드물다. 필자가 알
고 있는 정보에 의하면, 논산 마전리에서 목조우물 2기, 대구 동천동에서
석조우물 4기가 발굴된 것이 전부이다. 삼국시대부터는 우물이 석조 또는
목조의 정형화된 형태로 많이 확인되는데, 주로 6~7세기 자료가 빈출한

다. 물론 원삼국시대의 아산 갈매리유적이나 진천 송두리유적, 그리고 삼국시대 백제 한성기의 풍납토성에서 우물이 일부 확인되긴 하지만, 이 역시 매우 예외적인 경우이다.

이러한 점에서 청동기시대 후기부터 목조 또는 석조의 형태로 우물이 처음 등장하는 것은 주목할 필요가 있다. 그리고 저지대 또는 구릉과 평지가 만나는 지점에 입지하는 수혈 가운데에 일부는 우물로 사용되었을 가능성이 높다. 사실, 마전리나 동천동 우물의 경우에도 목재의 결구나 돌이 확인되지 않았으면, 우물로 인정하기 어려웠을지도 모른다.

(2) 주거공간만으로 구성된 취락

청동기시대 조기와 전기에는 취락 내에 분묘가 수반되는 유적은 극히 일부분에 지나지 않지만, 후기가 되면 일정한 공간에 주거역과 분묘역이 별도의 공간으로 분리되는 취락이 많이 나타난다. 그럼에도 불구하고 후기단계 역시 주거공간만으로 취락이 형성되는 취락을 종종 확인할 수 있다. 물론 이것을 구체화시키기 위해서는 조사지역의 한계성 문제를 항상 염두에 두어야 하는 것은 당연하며, 여기에서는 하나의 구릉 전체가 발굴되었거나 이보다 훨씬 광역한 범위의 고고학 조사가 이루어진 지역을 검토 대상으로 하였다.

먼저, 경기도 화성의 동탄 택지개발지구에 대한 발굴조사를 통해 확인된 반송리유적을 들 수 있다(權五榮외 2007; 畿甸文化財研究院 2006). 2개의 구릉에서 청동기시대 취락이 확인되었는데, 18지점의 구릉에 주거지 17동과 수혈 1기가 조영되었으며, 여기에서 동북방향으로 200여 미터 떨어져 있는 15지점의 구릉 정상부에 2동의 주거지가 분포한다. 앞서 III장의 취락검토에서도 설명한 바와 같이, 동시기로 편년되는 두 구릉의 취락은 17동의 주거지로 이루어진 취락을 母취락으로, 2동만으로 구성된 취락을 子취락으로 보아도 좋다고 생각한다.

천안 불당동유적이나 청주 봉명동유적도 대규모 개발지역의 조사를 통해 알려진 유적들인데, 분묘는 전혀 확인되지 않았다.

⑶ 주거+저장공간으로 구성된 취락

이는 앞에서 설명한 분묘공간 없이 주거공간만 확인된 취락과도 일

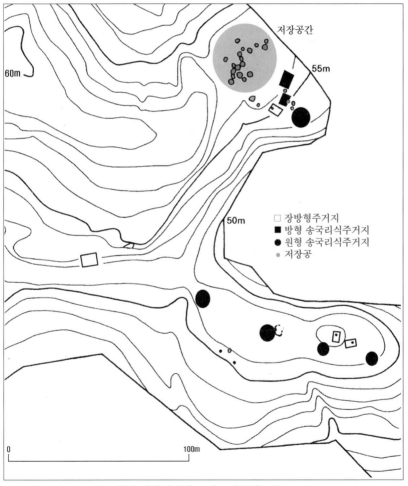

도면 47 청원 쌍청리 취락 II지구의 공간구성(1/2,000)

부 유사한 면이 있지만, 옥외 저장공으로 대표되는 저장공간이 취락구성에서 눈에 띄는 유적을 가리킨다. 저장공간은 적어도 5기 이상에서 많게는 60~70기 이상이 일정한 공간에 밀집 분포하는 것을 말한다. 청원 쌍청리유적을 비롯하여 천안 대흥리, 공주 신영리, 공주 안영리·장선리, 대전 복룡동, 천안 석곡리 등 많은 유적이 있다.

청원 쌍청리유적(中央文化財硏究院 2006)은 오송생명과학단지 조성사업부지내에서 확인된 유적으로 3개 지구에서 청동기시대 전기 주거지 5동과 후기 주거지 41동, 그리고 수혈유구 88기가 발굴되었다. 보고자는 88기의 수혈 가운데 65기를 저장공으로 추정하고 있다. 3개 지구 모두에 주거지와 저장공이 분포하는데, 저장공의 밀집도가 특히 높은 곳은 II지구와 III-B지구이다. 쌍청리 취락에는 노지가 확인된 장방형주거지와 방형 송국리식주거지, 그리고 원형 송국리식주거지가 함께 조사되었는데, 이들 간에 일정 정도는 공존했겠지만, 저장공이 방형 송국리식주거지나 장방형주거지를 파괴하고 축조된 예가 확인되는 점에서 저장공과 가장 밀접한 관련이 있는 주거형식은 원형 송국리식주거지로 생각된다. 〈도면 47〉의 II지구를 예를 들면, 저장공이 방형 송국리식주거지를 파괴하고 들어선 점이나 공간 배치상으로 볼 때, 저장공간과 원형주거지의 상관성이 높다고 볼 수 있다. II지구에서 원형주거지는 5동에 불과하지만, 저장공은 27기에 달한다. 방형주거지나 장방형주거지와의 공존 시점을 고려해야 하겠지만, 그렇게 하지 않았을 때는 주거지 1동에 저장공 5기가 조합을 이루게 된다. 그렇지만 저장공간에 밀집분포하는 저장공들은 너무 가까이 붙어 있거나 중복관계를 보이는 예를 주의 깊게 보아야만 한다. 저장공은 그 특성상 장기간에 걸쳐 사용하기 어렵기 때문에 몇 년 혹은 해마다 굴착해야 하지 않았을까 한다. 이렇게 보면 저장공의 수와 주거지의 수의 비율이 어느 정도 이해될 것으로 여겨진다. 한편, 저장공간에 근접해 있는 II지구 13호주거지는 규모가 가장 크며, 단독으로 입지하는 점에서 취락 내에서는 가장 영향력 있는 인물이 살았던 가옥으로 집단 전체의 저장시설을 관리했을 가능성이 예상된다.

그런데 II지구와 마찬가지로 III지구도 유사한 양상을 보여주고 있는데, 이 두 지구의 소취락 또는 소집단이 하나의 취락 또는 집단으로 통합된 것으로 볼 수 있을지, 아니면 각기 다른 단위집단이었는지는 파악하기 어렵다. 다만 주거지나 저장공이 분포하는 구릉이 모두 계곡 하나씩만을 사이에 두고 인접해서 입지하는 점이나 이 집단들이 계곡 쪽을 수전으로 영위한 농경취락민이었다면, 하나의 취락에 해당하는 농업공동체로 보고 싶다. 그러나 이렇게 해석할 경우에 분묘공간이 확인되지 않은 것은 잘 납득이

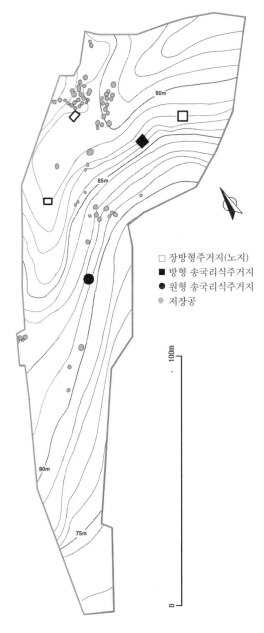

□ 장방형주거지(노지)
■ 방형 송국리식주거지
● 원형 송국리식주거지
● 저장공

도면 48 대전 복룡동 취락의 공간구성(1/1,500)

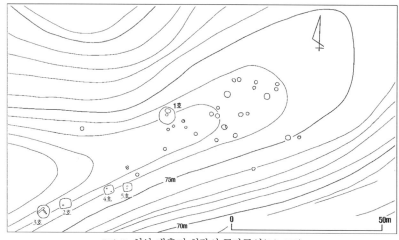

도면 49 천안 대흥리 취락의 공간구성(1/1,200)

가지 않는다. 광역 범위를 대상으로 한 발굴면적에도 불구하고 좀 더 멀리 떨어진 미조사지역에 분묘공간이 존재하는 것인지, 아니면 또 다른 해석의 여지가 있는 것인지 현재로서는 분명하지 않다.

한편, 여러 연구자들(孫晙鎬 2004; 安在晧 2006; 김장석 2008)이 저장기능 중심 취락으로 보고 있는 천안 대흥리, 천안 석곡리, 대전 복룡동유적 등에 관해서 잠시 생각해 보기로 하자.

이 유적들은 정말 취락의 기능분화와 관련시켜 설명할 수 있는 것인가? 필자 역시 이들의 주장에 많은 부분 공감하며, 그렇게 해석할 개연성이 충분히 있다고 생각한다. 그러나 이들이 근거로 삼고 있는 유적들은 대부분 제한적인 발굴조사를 통해서 확인되었기 때문에 취락의 전모를 검토대상으로 삼은 것은 아니라는 점에 주의할 필요가 있다.

예를 들어 후술할 공주 산의리유적의 경우, 저장공 41기와 주거지 2동만 분포하는 저장공간 지역만 발굴되었다면, 전술한 "저장기능중심 취락"으로 분류되었을 것이다(도면 53 참조). 그러나 산의리 취락에서는 분묘공간(36기)과 주거공간(6동)도 함께 확인되고 있어 검토의 여지가 있다.

물론 산의리 취락 역시 도로공사구간이라는 조사범위가 한계로 작용하고 있는데, 주거공간은 동쪽지역으로 확대될 가능성이 높다고 생각한다. 아무튼 필자도 저장기능 중심취락에 대해서 긍정적인 생각을 가지고 있지만, 현재 공표된 발굴자료만으로는 이를 적극적으로 인정하기는 어렵다고 생각한다.

⑷ 주거+분묘공간으로 구성된 취락

청동기시대 전기부터 동일 취락 내에 주거역과 분묘역이 형성된다는

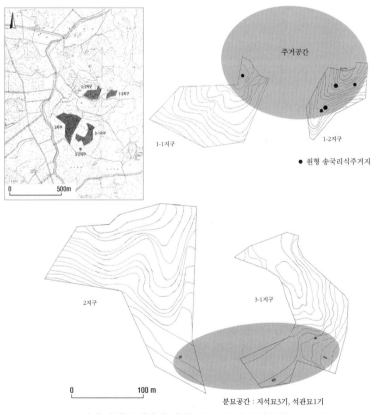

도면 50 대전 대정동 취락의 지형(1/35,000)과 공간구성(1/5,000)

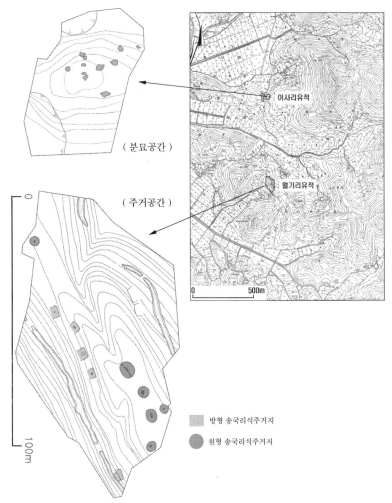

(분묘공간)

(주거공간)

이사리유적

월기리유적

방형 송국리식주거지

원형 송국리식주거지

도면 51 서천 이사리 · 월기리 취락의 지형(1/30,000)과 공간구성(1/1,500)

점에서 후기단계도 거시적으로는 같은 관점에서 볼 수는 있지만, 분묘의
수나 구조에서 많은 차이가 나타난다.

먼저, 대전 大井洞유적(李弘鍾외 2002)은 계곡부를 사이에 둔 2개의
구릉에서 주거지 5동(원형 송국리식)과 분묘 4기(지석묘3,석관묘1)가 발

굴되었다. 주거공간으로 이용된 북쪽 구릉에서 분묘공간인 남쪽 구릉까지의 거리는 100여 미터 정도이지만, 주거와 분묘가 조성된 공간 사이의 이격 거리는 300여 미터에 달한다. 발굴조사뿐만 아니라, 지표조사와 시굴조사의 전체 범위를 감안하면, 지형상 주거공간은 북쪽으로 좀 더 확대될 가능성이 있지만, 분묘공간은 거의 대부분 밝혀진 것으로 보아도 좋다고 생각한다. 한편, 현재 조사된 1-2지구의 주거지는 중형주거지 1동과 소형주거지 1동씩이 결합되어 있는데, 대형주거지는 미조사지역에 분포할 가능성이 높다.

서천 이사리·월기리유적(李弘鍾외 2005)도 대정동유적과 마찬가지로 계곡을 사이에 두고 남북의 양 구릉상에 주거공간과 분묘공간을 형성한 경우이다. 도로공사에 수반된 구제발굴이어서 두 지역의 구릉 전체가 조사되지는 않았지만, 주거역과 분묘역이 600여 미터 떨어진 지점에서 확인된 것이 중요하다. 분묘는 지석묘 9기가 조사되었으며, 주거지는 방형주거지 6동(휴암리식 4동)과 타원형을 포함한 원형 송국리식주거지 6동이 환호와 함께 발굴되었다. 환호가 방형주거지를 파괴하고 축조된 점이나, 그 내부에서 점토대토기가 출토된 점에서 볼 때, 환호는 원형주거지의 늦은 단계 또는 조합우각형파수가 출토된 11호, 12호 장방형주거지 단계에 굴착된 것으로 추정된다. 후기전반의 방형주거지는 구릉 사면에 線狀으로 배열되어 있는 반면에, 후기후반의 원형주거지는 모두 구릉 정상부에 축조되어 있어 대조적이다.

다음으로 서천 오석리유적(李南奭 1996)을 검토하기로 한다. 발굴범위의 북쪽에 주거지가 집중적으로 분포하며, 남쪽으로 겨우 20여 미터 떨어진 인접한 곳에 분묘공간이 조성되어 있다. 주거지는 원형 송국리식주거지 9동과 방형 송국리식주거지 4동 등 모두 13동이 있는데, 이 가운데 방형주거지 2동과 원형주거지 1동만이 주거공간에서 떨어진 분묘공간의 남쪽과 서쪽의 외곽에 자리잡고 있다. 분묘는 총 25기가 확인되었는데, 석

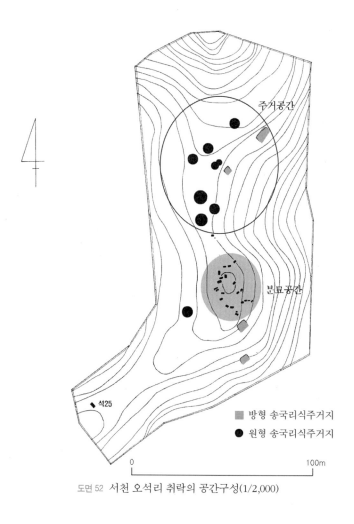

주거공간

분묘공간

석25

■ 방형 송국리식주거지
● 원형 송국리식주거지

0 _____ 100m

도면 52 서천 오석리 취락의 공간구성(1/2,000)

개토광묘 2~3기를 제외하면 모두 석관묘에 해당한다. 이 가운데 분묘중심
공간에서 서남쪽으로 80여 미터 떨어진 곳에 단독으로 입지한 25호 석관
묘는 이단경식석촉만 2점 출토된 점에서 청동기시대 전기로 편년하기도
한다(安在晧 2004, 8-9쪽). 이 25호 석관묘는 본 유적에서 남쪽으로 600여
미터 정도 떨어진 곳의 오석리 오석산유적(忠淸文化財硏究院 2006)의 전
기후반대 주구석관묘에서 비파형동검과 관옥과 함께 공반된 이단경식석

촉과 동시기로 판단된다.

　이와 같이 오석리유적은 동시기성을 배제하더라도 주거 13동과 분묘 25기에서 볼 수 있듯이, 주거에 비해 분묘의 수가 너무 많은 점이 특징이다. 안재호는 이를 고려하여 오석리유적이 하나의 독립된 취락이 아니라, 인근의 취락들과 하나의 공동체를 이루고 그 속에서 본 유적이 공동묘지로 조성된 것으로 생각하고 있다. 이와 함께 묘지가 유적의 중앙을 점유하고 있으며, 저장공이 군집을 이루는 저장공간이 없다는 점에서 오석리집단을 묘지의 관리와 장송의례를 담당하는 墓祀集團으로 해석한다. 이는 앞서 언급한 저장기능 중심취락과 마찬가지로 공동체내 소집단 사이의 분업적 역할을 시사하는 것으로 설명하였다(安在晧 2004). 다만, 현재 밝혀진 오석리유적의 범위가 당시 취락의 전모를 보여주고 있는지에 대해서는 신중하게 검토할 필요는 있다고 생각한다.

⑸ 주거＋저장＋분묘공간으로 구성된 취락

　주거공간＋저장공간＋분묘공간의 조합으로 이루어진 취락이다. 공주 산의리, 논산 마전리, 대전 용산동유적을 중심으로 설명하고자 한다.

　공주 산의리유적(李南奭 1999)은 남북 300여 미터, 동서 50여 미터의 조사범위 안에 들어 있는 3개의 구릉 정상부와 사면에서 주거지 8동, 분묘 36기, 저장공 41기가 발굴조사 되었다. 가운데 구릉의 분묘공간을 중심으로 북쪽 구릉에 저장공간이, 남쪽 구릉에 주거공간이 형성되어 있다. 지형적인 특징과 조사범위를 고려할 때, 3공간 모두 동쪽으로 분포역이 확대될 가능성이 높다고 볼 수 있다.

　가장 북쪽에서 조사된 저장공간에는 41기의 저장공과 함께 2동의 주거도 함께 확인되었는데, 2동의 주거지는 저장공과 중복관계(주거지→저장공)를 보이고 있다. 저장공간과 전혀 관계없는 앞선 시기에 조성된 것인지, 아니면 일정 기간 공존하면서 저장공들을 관리하였던 것인지는 분명

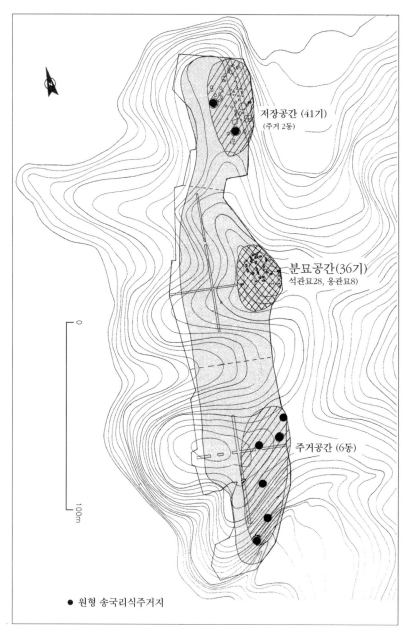

저장공간 (41기)
(주거 2동)

분묘공간(36기)
석관묘28, 옹관묘8)

주거공간 (6동)

● 원형 송국리식주거지

도면 53 공주 산의리 취락의 공간구성(1/2,000)

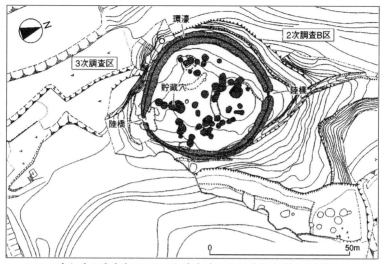

도면 54 일본 야요이시대 光岡長尾유적의 환호로 둘러싸인 저장공간(1/1,300)

하지 않다. 두 가지 모두 가능한 얘기지만, 어느 시기에는 저장시설을 관리할 주거지가 근처에 1동도 없었을 개연성도 충분히 상정할 수 있다. 이와 관련하여 일본 후쿠오카현 宗像(무나가타)市 光岡長尾(미쯔오카나가오)유적이 참고된다. 유적은 야요이시대 전기후반~중기초두에 걸치는데, 42×46m의 원형 환호안에 저장공만 50기 만들어져 있는 반면에 주거지는 1동도 없다. 害獸나 다른 집단의 掠奪로부터 곡물 창고를 지키기 위해 축조된 환호로 추정하고 있다(山岐純男 2008). 光岡長尾의 환호는 저장시설을 보호하기 위해 의도적으로 취락에서 독립된 구릉에 조영한 것이다(도면 54).

산의리의 저장공간도 光岡長尾의 예와 같은 해석이 가능하지 않을까? 주지하듯이 청동기시대 후기의 송국리유형 단계는 잉여생산과 이로인한 사회복합도의 증대 현상, 여기에서 비롯된 집단간의 긴장 갈등 관계가 표면화되는 시기이다. 그렇기 때문에 많은 수의 저장공이 밀집된 공간

은 필연적으로 집단의 안위가 달린 가장 중요한 시설 중의 하나에 속할 것
이며, 이에 따라 창고 관리에 더 많은 정성을 기울이며, 보다 효율적인 보
관 전략을 필요로 할 것이다. 식생을 비롯한 당시의 환경연구가 제대로 이
루어지지 않고 있지만, 적어도 구릉에 나무가 많은 상황, 즉 울창한 숲 속
에 저장시설을 만든다면, 보안에 더욱 효율적일 수 있다고 생각한다. 물론
상황에 따라 저장공간을 보호 또는 관리하기 위해 관리자를 가까운 곳에
거주시킬 수도 있을 것이며, 때로는 이것마저 보안에 역효과가 날 우려가
있다면[72], 차라리 光岡長尾유적의 예와 같이 저장시설만 독립적으로 존
재하게 하면서 감시활동을 펼치는 것이 안전대비책일 것이라고 생각한다.
물론 당연한 얘기지만 이와 같은 집단간의 약탈에 대한 고려는 산지나 구
릉에서만 가능할 것이다. 어쨌든 이 산의리 유적이 중요한 것은 50여 미터
의 간격을 두고 별개의 구릉별로 주거, 분묘, 저장공간이 각각 분리되어
있다는 점이다.

논산 마전리취락(李弘鍾외 2002 · 2004)은 A지구의 저장공간과 C지
구의 분묘공간은 잘 인지되지만, 주거공간은 제대로 조사되지 않았다. 그
렇지만, C지구의 1호 주거가 위치한 곳을 포함한 서쪽의 미조사지역에 대
규모의 주거공간이 존재할 가능성이 높다고 생각한다. 물론 지형적인 차
이가 있어 바로 연관시키기는 어렵지만, 어쩌면 전술한 공주 산의리유적
에서 살펴본 바와 같이 북쪽에서 남쪽으로 저장-분묘-주거공간의 경관을
취하는 것 같다.

마전리유적이 후기 취락의 구성에서 중요한 점은 논과 밭이 발굴되
어 생산공간이 확인되었다는 점이다. 중서부지역의 조기~전기취락에서는
식물유체나 입지적인 특성을 통해서 경작지의 존재가 추정되고 있는 실정

---

72) 예를 들어, 집에서 나오는 연기가 그러하며, 집 자체가 약탈자에게 노출될 가능성도 있기
때문이다.

이지만, 마전리에서는 그것의 구체적인 증거가 밝혀졌기 때문이다. 또한 현재까지의 고고학적 조사에 의하는 한 정형화된 우물이 처음 등장하는 것도 의미가 있다고 생각한다. 마전리의 목조우물 2기는 대구 동천동에서 확인된 4기의 석조우물과 더불어 남한에서는 가장 이른 시기의 우물로 볼 수 있다. 물론 앞으로 청동기시대 전기단계에서도 우물이 조사될 가능성은 충분히 있다고 보지만, 설령 나타난다 하더라도 그 형태는 앞서 설명한 바와 같이 간단한 수혈의 형태일 것으로 추정된다. 그리고 마전리나 동천동의 우물 이외에도 청동기시대 후기단계의 각종 수혈 가운데에는 우물의 기능을 한 것들이 상당수 있을 것으로 생각된다. 향후의 검토대상이다. 마전리의 우물 2기는 주거공간에 포함되는 것으로 생각되는 KC-001에서 약 40m 정도 이격되어 수전과 인접한 곳에 위치하고 있다. 이에 대해서 우물이 취락과 단위집단의 공동 사용을 원칙으로 하기 때문에 주거지에서 다소 떨어져 있는 것일 수도 있으며, 생활용수 이외에 수전에서 필요한 농업용수로 이용하기 위해 논 가까이에 만들어졌을 수도 있다(李弘鍾 외 2004, 149쪽). 두 가지 모두 가능할 것으로 생각한다. 또한 마전리의 우물에서는 鳥形木製品이나 완형토기가 몇 점 출토되었는데, 조사자들은 이를 우물 제사행위의 소산물로 보고 있다(李弘鍾 외 2004, 149-150쪽). 현재 발굴된 분묘군의 규모나 농경지의 양상, 그리고 지형적 특징으로 볼 때, KC-001호부터 시작되는 서쪽 지역에 넓은 범위의 주거공간이 존재할 가능성에 대해서는 전술한 바와 같은데, 전체적으로 볼 때, 마전리 취락은 대형 취락일 가능성이 높다고 생각한다. 대구 동천동취락 역시 대형 취락으로 볼 수 있는데, 형태는 목조와 석조로 약간 다르지만, 두 유적에서 정형화된 형태의 우물이 비슷한 시기에 등장하는 것도 어느 정도 염두에 둘 필요가 있다고 생각한다.

대전 용산동유적(中央文化財研究院 2008b)은 앞에서 검토한 공주 산의리나 논산 마전리취락과는 약간 다른 양상을 보여주고 있다. 즉 산의리

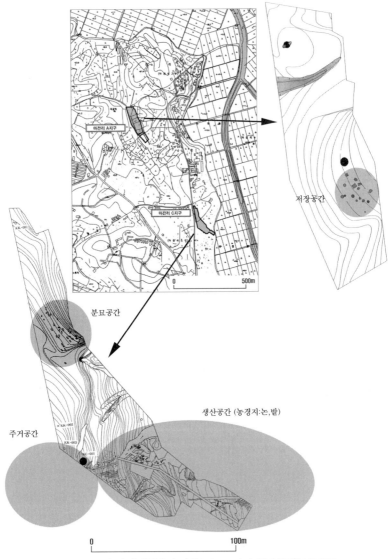

<figure>

마전리 A지구

마전리 C지구

저장공간

0   500m

분묘공간

생산공간 (농경지:논,밭)

주거공간

0   100m

도면 55 논산 마전리취락의 지형(1/25,000)과 공간구성(1/2,500)

</figure>

나 마전리의 경우는 주거공간과 저장공간이 서로 상당한 거리를 두고 분리되어 있는 반면에, 용산동취락은 같은 구릉의 인접한 지점에 주거구역과 저장구역을 조성하였기 때문이다. 그렇지만, 분묘는 동쪽으로 200여 미터 떨어진 곳에서 석관묘 1기만 분포하고 있다. 아마도 이러한 차이는 취락의 규모 또는 성격과 관계될 가능성이 예상된다. 이에 대해서는 후술하고자 한다.

용산동의 청동기시대 후기 취락은 2지구의 구릉에서 발굴된 원형 송국리식주거지 5동과 저장공 5기는 어쩌면 주거지 1동에 저장공 1기가 대응될지도 모르지만, 9호와 11호의 이격 거리가 3m로 너무 가까운 점에서

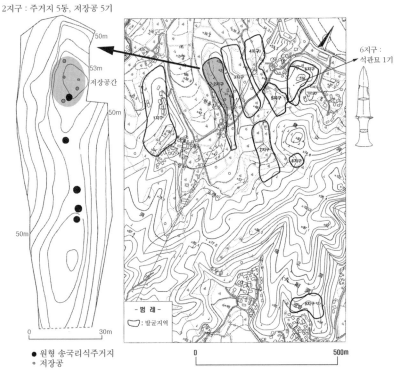

도면 56 대전 용산동 청동기시대 후기 취락의 지형(1/13,000)과 공간구성(1/1,500)

동시기에 존재할 가능성이 낮은 점이나 6호주거지와 4호수혈도 너무 접해 있는 것을 고려하면, 3~4동이 하나의 세대공동체로서 단위집단을 형성했을 가능성이 더욱 높다고 생각한다. 한편, 조사범위가 광역함에도 불구하고 무덤은 마제석검이 1점 부장된 석관묘 1기만 검출된 것은 무엇을 의미하는지 궁금하다. 혹시 용산동 취락 세대공동체의 장만 무덤에 묻힌 것이었을까? 아니면 조사범위 밖의 어딘가에 또 다른 분묘공간이 있었을까? 적어도 현재 발굴된 자료를 중시한다면, 즉 6지구의 석관묘가 단독으로 입지하는 점과 2지구와 인접한 구릉들에서 동시기의 주거지나 분묘가 분포하지 않는 상황을 고려할 때, 6지구 석관묘의 피장자는 2지구 주거공간의 세대공동체장이었을 것으로 추정된다. 출토유물이 빈약하지만, 규모로 보면 구릉 중앙부에 자리잡은 8호 주거지가 세대공동체를 이끄는 리더의 거주공간이었을 가능성이 예상된다. 물론 이러한 해석은 취락의 양상에 따라 다르게 해석될 수도 있다고 보는데, 이에 대해서는 뒤에서 다시 설명하고자 한다.

⑹ 주거＋저장＋분묘＋의례공간으로 구성된 취락

위의 주거와 저장, 그리고 분묘공간으로 구성된 취락에 의례공간이 더해지면서 보다 발전된 형태의 모습을 갖추게 된다. 보령 관창리와 부여 송국리취락을 통해 이와 같은 취락구성을 설명하고자 하는데, 두 취락의 중요성에 대해서는 다음 절에서 다시 자세히 다룰 예정이므로 여기에서는 취락구성에 대한 내용만 간략히 설명하고자 한다.

보령 관창리유적(李弘鍾외 2001)은 유적설명에서 언급한 바와 같이 중서부지역에서 유적의 전모가 가장 잘 파악된 최대 규모의 취락에 해당한다. 계곡부를 사이에 둔 5개의 구릉의 대략적인 범위는 길이 800m에 폭 600m 가량 된다. 이 가운데 가장 규모가 큰 B지구 구릉을 비롯하여 D·E·F지구 구릉에 주거공간이, 가장 북쪽의 A지구에 분묘공간이 조성되어

도면 57 보령 관창리 취락의 공간구성(1/10,000)

있다. 물론 B지구에서 석관묘 등 5기의 분묘가, F지구에서 옹관묘 1기가
분포하고 있어서 취락의 형성과정을 검토하는 데 주의할 필요가 있지만,
취락의 전체 이미지를 그리는 데 그다지 큰 문제는 되지 않는다고 생각한
다. 이는 아마도 관창리와 같은 대형 취락의 존속 폭이 후기전반단계에서
후반단계까지 이어지는 장기지속성의 과정에서 나타나는 한 단면으로 이
해하고자 한다. 어찌되었건 간에 A지구는 무덤 13기로만 구성된 분묘공간
으로, 나머지 4개의 구릉은 주거공간으로 볼 수 있다.

또 하나 주목되는 것은 가장 큰 규모의 B지구에서만 저장시설이 저장공이나 지상건물의 형태로 존재하지만, 나머지 3개의 구릉(D · E · F)에서는 이들이 전혀 확인되지 않았다는 점이다. 이와 더불어 B지구에서만 상당수의 토기요지가 확인된 점에서 수공업생산도 활발하게 이루어진 것으로 판단된다. 李弘鍾(2005a)이나 安在晧(2004)에 의해서 자세히 연구된 바와 같이 B지구 집단은 나머지 D · E · F 구릉의 집단을 규모면에서 압도할 뿐만 아니라, 기능면에서도 전체 집단 또는 공동체를 대표한다고 볼 수 있다. 또한 B지구에서도 가장 중요한 곳으로 지목되고 있는 C군에는 동지주 지상건물인 KB-204호가 있는데(도면 68), 이는 일본 야요이시대 자료와의 비교를 통해 고상건물일 가능성이 높다. 그리고 이와 동일한 형식의 고상건물을 곡물창고 또는 의례 행위장소(池上曾根유적의 예를 神殿으로 해석하는 견해도 있지만)로 보기도 하고, 이 두 가지 기능을 같이 겸비한 공간으로 보기도 한다. 어찌되었건 간에 이 KB-204호 동지주지상건물이 일반적인 창고와는 차별될 개연성이 있다는 점에서 의례행위를 수반한 곡물창고로 보는 것이 좋을 것으로 여겨진다. 이러한 해석도 관창리 전체 취락에서 B지구의 중요성을 더욱 높여주는 자료로 볼 수 있다. 이와 함께 의례공간으로 지목되는 곳이 E군으로서, 7각형의 평면을 가진 KB210호 지상건물이 주목된다. B지구 구릉(취락)의 중앙에 위치하면서 50m²의 규모를 가지고 있어, 공공집회소로서의 공간적 이점이 있는 공간이다. 발굴조사 보고자인 이홍종(2005a) 역시 취락 구성원 전체를 위한 공공집회소 또는 외부집단과의 교류의 장소로 추정하고 있다(도면 68 참조).

한편, 관창리 취락에서 주거지는 총 195동이 확인된 것에 반해서, 무덤은 A지구 분묘공간의 13기를 비롯해서 모두 19기만 조사되었다는 사실을 주목할 필요가 있다. 이 관창리유적을 송국리유적과 더불어 중서부지역의 중심취락으로 보는 관점에서는 주거에 비해 분묘의 수가 너무 적다는 것이 이상하게 생각될지도 모르겠다. 조사범위를 생각할 때, 취락의 전모가 거의 밝혀졌다고 본다면, 이와 같은 현상을 어떻게 해석해야 할까?

뒤에서 다시 자세히 설명하겠지만, 필자는 중심취락에서는 집단의 리더와 이를 추종하는 엘리트만을 위해서 A지구와 같은 분묘공간이 형성된 것으로 추정하고 싶다. 부여 송국리유적의 중요 분묘군 역시 비슷한 관점에서 해석될 여지가 있다고 생각한다.

다음으로 부여 송국리취락이다. 취락의 일부만이 발굴되어 전체 모습을 파악하기 어려운 점은 있지만, 앞에서 언급한 보령 관창리유적과 함께 대형취락이면서 중심취락에 속하는 것은 대부분의 연구자들이 주지하는 바와 같다. 이는 또한 방어취락의 형태를 취하고 있는데, 취락을 감싸는 목책은 녹채나 망루와 더불어 본격적인 방어취락의 면모를 유감없이 과시하고 있으며, 비파형동검과 동착 등의 청동기를 비롯한 풍부한 유물이 부장된 석관묘는 수장의 존재를 시사하며, 이를 포함한 52지구의 분묘공간은 엘리트를 위한 매장영역이 따로 마련되어 있음을 보여준다. 북쪽으로 3km 정도 떨어져 있는 남산리 분묘군이 일반 성원의 분묘공간으로 해석될 수 있다면(金吉植 1998), 이 엘리트 분묘역의 위상은 더욱 높아질 것이다.

또한 청동기 생산의 적극적인 증거로서 동부용범이 출토된 것도 중요한데, 남한지역의 유적 가운데 청동기 제작 장소로 유력하게 지목되는 취락이면서, 당시 최첨단이자 최고급 기술을 보유한 집단으로 볼 수 있기 때문이다.

이어서 극히 최근에 조사된 54지구의 조사성과도 주목된다(김경택외 2008). 여기에서는 정연한 구획으로 울타리를 설치한 대형지상건물 2동이 확인되었으며, 이와 함께 동지주 지상건물의 존재도 추정된다(도면 71 참조). 이 건물들의 성격은 아직 분명치 않지만, 송국리 취락 전체를 대표하는 의례행위와 관련된 공공집회소일 가능성이 높다. 이는 취락내의 의례공간으로 분류될 수 있을 것으로 생각된다. 또한 동지주 지상건물을 곡물창고나 신전과 같은 의례 행위장소로 해석하는 일본 고고학계의 일부 분

사진 15 부여 송국리유적(①의례공간:한국전통문화학교 한국전통문화연구소 2008에서, ②③ 목책과 분묘공간 : 국립중앙박물관 1997에서, ④동부용범 : 국립중앙박물관 1992에서)

위기를 감안하면 그 중요성은 매우 높다고 볼 수 있다.

이 모든 것이 목책으로 돌린 대규모 방어시설을 필요로 하는 송국리 취락의 구성 요소인 것이다. 한 가지 덧붙이자면, 김장석(2008)이 옥외 저장공이 존재하지 않는다고 하여 소비전문유적으로 분류한 송국리취락에서 제한적인 공간이지만, 플라스크형 저장공이 5기나 확인된 점과 앞서 여러 취락의 검토를 통해서 보면 송국리의 미조사지역 어딘가에 상당한 규모의 지하 저장창고(저장공)군 또는 고상창고(지상건물군)가 확인될 것으로 예상한다. 저장공간이 존재한다고 하여 송국리취락의 위상이 낮아지는 것도 절대 아니며, 오히려 중심취락일수록 취락내에 대규모 식량창고 시설을 두고 관리하는 것이 보다 효율적이기 때문이다.

4) 청동기시대 취락 공간구조의 변천

지금까지 검토한 청동기시대 각 시기의 취락 구성을 종합해서 설명하고자 한다. 조기의 미사리유형 단계는 유적의 수가 너무 적어서 그 특징을 추출하기 어렵지만, 주거공간만으로 이루어진 취락이 대부분임을 알 수 있다. 중서부지역의 하남 미사리유적 뿐만 아니라, 다른 지역의 미사리유형 유적도 거의 예외 없이 하천변 충적지에서 발견되고 있는데, 입지나 출토유물로 볼 때, 주거공간과 인접한 곳에 밭농사를 영위했던 생산공간이 존재했을 가능성은 어느 정도 예상할 수 있을 것이다.

청동기시대 전기가 되어도 주거공간 중심의 취락구조는 거의 일정하게 이어진다. 즉 대부분의 발굴조사된 취락에서 주거지만 조사되었기 때문이다. 천안 백석동유적이 대표적인데, 주거지만 200동 정도 확인되었을 뿐 무덤은 전혀 확인되지 않았다. 이러한 현상은 당시의 생계경제가 주로 밭을 포함하는 화전농경에 집중되었던 것에 기인한다고 볼 수 있다. 여러 연구자들이 언급하고 있듯이 가락동유형이나 역삼동·흔암리유형 단계의 농경을 논농사 보다는 화전이나 밭농사 중심으로 이해할 수 있다면(朴淳發 1999; 安在晧 2000), 당시 취락 단위의 이동은 매우 빈번했을 것이다[73]. 이는 토지활용방식과 농경기술의 수준과 관련이 있을 것인데, 무엇보다 화전농경의 지력소모로 인한 休耕기간이 가장 큰 문제였을 것이다. 일본과 동남아시아의 민족지조사에 의하면 일반적으로 화전농경민들은 삼림을 개간하여 일정 기간 경작한 후 8~15년간(평균 12년) 휴경한다고 한다(李賢惠 2002, 3쪽). 우리나라의 경우에도 1970년대의 화전관련 조사에서 경작연수는 1~7년, 휴경연수는 1~10년 내외인데, 3~4년 경작, 5~6년 휴경이 많은 것으로 보고된 예가 있다(강원도 1976). 이와 같이 화전농경이 청동기시대 전기의 가락동유형이나 역삼동·흔암리유형의 생계경제상에서 중요한 위치를 차지한다고 가정할 경우, 단위 취락(집단)의 동일지역에 대한 정주도는 매우 낮았을 것이다. 이점이 대부분의 취락에 분묘가 조성되지 않은 이유의 하나일 것이다. 또한 여기저기로 이동해야만 하는 이 시기 집단의 성격상 사자처리방식이 고고학적 증거로 남기 어려운 형태이었을 가능성도 높다고 볼 수 있으나, 현재 이에 대한 접근은 거의 불가능하다.

그러나 청동기시대 전기에는 상당히 미약한 수준이지만, 취락 내에 분묘가 조성되기 시작한다. 대전 신대동이나 청원 황탄리 취락과 같이 주거공간과 분묘공간이 일정한 거리(두 유적은 100여 미터)를 두고 세트관계를 이루기도 하고, 제천 능강리취락과 같이 동일 구릉상에 주거와 분묘가 인접한 예도 있다. 대전 비래동 지석묘나 서천 오석리 오석산 주구석관묘도 유물로 보면 전기후반일 가능성이 높은데, 주거공간은 아직 확인되

---

73) 그러나 본고에서 검토대상으로 하고 있는 중서부지역의 가락동유형과 역삼동·흔암리유형의 취락에서 농경지는 전혀 조사된 바 없어 이들의 농경에 대한 정보는 거의 없는 실정이다. 입지적 특성과 정황만으로 논지전개를 할 수밖에 없는 실정임을 자인하지 않을 수 없다. 또한 당시 사람들에게 생계경제상에서 농경이 차지하는 비중이 어느 정도인지도 예측하기는 매우 어려우며, 수렵·채집·어로의 역할도 만만치는 않았을 것이다.

지 않았다.

　이와 같이 청동기시대 전기에 가락동유형이든 역삼동·흔암리유형
이든 간에 간헐적으로 분묘가 조성되긴 하지만, 극히 예외적인 현상으로
볼 수 있다. 그리고 현재로서는 분묘가 조성된 취락이 그렇지 않은 취락에
비해 위계가 높다고 볼만한 고고학적 증거는 잘 확인되지 않는 것도 특징
이다. 아무튼, 취락에서 분묘의 존재나 분묘공간의 형성이 미약한 것은 전
술한 바와 같이 생업경제를 포함한 이 시기 집단의 성격과 높은 상관성을
보여준다고 생각한다. 가락동유형 II~III기의 대전 신대동취락에서 II기의
1호 석곽묘 이후에 III기의 분묘가 이어지지 않는 점도 이를 잘 보여준다.
청원 황탄리의 경우도 조사된 5기의 석곽묘 가운데 전기후반의 유물이 출
토된 KM-401호를 제외하면, 나머지 4기는 유물이 없어 시기비정이 불분
명하여, 군집을 이룬다고 확실히 말할 수는 없다. 또한 역삼동·흔암리유
형의 천안 운전리에서도 분묘는 단 1기만 존재한다. 이와 같이 중서부지
역에서는 청동기시대 전기중후반에 분묘가 취락의 구성요소로 새롭게 나
타나기는 하지만, 너무 미약하다. 다시 한 번 강조하지만, 이와 같은 청동
기시대 전기단계의 분묘의 부재나 또한 미약한 상황은 화전농경을 영위하
는 집단의 활발한 이동생활과 밀접하게 연관된 것으로 보고자 한다.

　한편, 지금까지의 청동기시대 전기 취락에서는 상당히 예외적인 것
이 청원 대율리의 환호취락이다. 전술한 바와 같이 필자의 편년상 가락동
유형 I 기에 해당하는 청동기시대 전기 전반에 해당한다. 영남지역의 일부
유적 가운데 전기후반으로 비정되는 환호취락이 있지만, 대율리 취락은
전기전반으로 편년되므로 남한지역에서 가장 이른 시기의 환호취락으로
볼 수 있다. 조사범위 내에서 무덤은 확인되지 않았으나, 환호 외부의 멀
지 않은 곳에 분묘공간이 존재할 가능성이 높다고 생각한다.

　청동기시대 후기가 되면 취락의 내부 공간은 다양하게 바뀌면서 이
와 동시에 질적인 변화도 수반된다. 주거공간만으로 구성된 취락도 물론

존재하지만, 여기에 저장공간이 부가되는 형태, 그리고 주거와 분묘공간의 조합과 주거·저장·분묘공간이 모두 함께 세트를 이루는 취락으로 변모하게 된다. 물론 밭이나 논과 같은 농경지가 취락과 함께 조사된 예가 적어서 이에 대한 분석은 쉽지 않지만, 대체적으로 일정한 규모 이상의 취락일 경우, 대부분 농경지와 접해 있을 것으로 판단된다.

주거공간과 저장공간으로 구성된 취락과 관련하여 주거지와 옥외 저장공이 함께 조사되는 유적들이 속속 발굴되면서 저장공에 대한 관심이 높아지고 있다. 특히 주거지는 몇 동만 확인되고 저장공은 수십기씩 군집하여 분포하고 있는 유적들에 대해서는 저장중심기능유적(安在晧 2004), 또는 저장전문유적(김장석 2008) 등으로 불리면서 취락의 기능분화가 논의되기도 한다. 천안 대흥리, 천안 석곡리, 대전 복룡동, 공주 신영리유적 등이 그 예이다. 그러나 이 유적들은 취락의 전체 양상이 파악되지 않은 상태에서 이루어진 해석들이어서 검토의 여지가 있다. 청원 쌍청리유적 II지구나 공주 산의리 유적 등에서 볼 수 있듯이 저장시설이 상당수 모여 있는 공간에서 50~100여 미터 정도 떨어진 곳에는 주거공간이 자리잡고 있음을 알 수 있다. 상기한 주거지 소수와 저장공 다수로 조합된 유적들도 저장중심유적으로 단정할 수는 없다고 생각한다.

주거공간과 분묘공간으로 구성된 취락도 넓은 범위를 대상으로 검토하였는데, 대전 대정동에서는 양 공간의 이격거리가 300여 미터에 달하며, 서천 이사리·월기리 취락은 600여 미터 떨어져 있는 양상이다. 두 유적 모두 주거역과 분묘역의 구릉 사이에는 계곡이 위치하는데, 아마도 수전경작지가 존재할 개연성이 높다. 이와 달리 서천 오석리취락은 구릉상에 주거공간과 분묘공간이 군집을 이루고 있는 것이 특징이다.

후기의 송국리단계를 대표하는 취락형태는 주거+저장+분묘공간의 조합이다. 공주 산의리나 논산 마전리와 같이 서로 다른 구릉상에 성격을 달리하는 공간이 형성되는 취락이 있는 반면, 대전 용산동과 같이 동일 구룽상에 주거와 저장공간이 있고, 다른 독립 구릉에 1기의 무덤만 조영되는 예도 있다.

이어지는 취락구성은 주거, 저장, 분묘공간에 의례공간이 더해지면서, 앞서 설명한 취락들과는 비교가 안될 정도로 큰 규모를 형성하게 된다[74]. 바로 관창리와 송국리유적이 여기에 해당한다. 대규모 취락인 보령 관창리유적은 4개의 구릉에 주거공간이 있으면서 1개의 구릉에만 분묘공간이 조성되는 등 다양한 양상이 간취된다. 관창리에는 핵심구역인 B지구에서만 저장시설(지상건물,저장공)과 수공업생산시설(대규모 토기요지군)이 분포하고 공동묘지와 가까운 점에서 다른 지구(D, E, F)보다 높은 위상을 지니고 있는 것으로 해석할 수 있다. 취락의 존속 폭을 감안해도 전체 주거지수에 비해 분묘의 수가 너무 적은 점은 집단의 운영 메커니즘과 관련된 것으로 생각된다. 집단의 상위계층만이 분묘공간에 들어갈 수 있었을 것이다. 그리고 B지구에만 지상건물과 그 주변을 중심으로 한 공간에서 취락 전체를 위한 의례행위가 이루어진 것으로 생각된다. 이에 대해서는 다음 절에서 자세히 설명한다.

송국리취락은 목책단계와 환호단계로 구분되는데, 취락의 전모가 밝혀지지 않아 아쉬운 점이 많이 있다. 그렇지만 대규모로 축조된 목책과 녹채, 망루 등의 본격적인 방어시설과 동검묘로 표현되는 상위계층의 분묘공간과 울타리로 구획된 의례공간(대형 지상건물과 동지주건물 등), 그리

---

74) 화성 반송리취락 : 10,000m², 서천 오석리취락 : 6,000m², 대전 용산동취락 : 850m², 계룡 입암리취락 : 4,000m² 등 일반취락의 면적은 10,000m²이하가 많다. 반면에 중심취락인 보령 관창리취락이 121,000m²에 달하는 점에서 10배에서 많게는 100배 이상의 차이가 난다. 또한 중서부지역 최대인 부여 송국리 중심취락은 목책으로 돌려진 단계만도 최소 300,000m², 최대 600,000m²로 추정하고 있다(崔鍾圭 1993; 金吉植 1994). 한편 송국리를 제외한 상기 취락들의 면적은 단위 취락 내에서의 기능공간에 해당하는 주거공간, 저장공간, 분묘공간, 의례공간만을 대상으로 오토캐드를 활용해 산출한 것으로, 농경지로 추정되는 계곡부도 제외한 것이다.

표 15 중서부지역 청동기시대 취락 공간구성의 변화

취락의 공간구성	조기	전기	후기	농경지	농업집약도	정주도	수공업생산
주거공간	■	■	■	생산공간(농경지)	하	하	일반
주거+분묘공간 (소)		□	■	〃	하	하	일반
주거+분묘공간 (대)			■	〃	상	상	일반
주거+저장공간			■	〃	하	하	일반
주거+저장+분묘공간 (소)			■	〃	하	하	일반
주거+저장+분묘공간 (대)			■	〃	상	상	일반
주거+저장+분묘+의례공간			■	〃	상	상	전문
※ 환호		□	■				
※ 목책			■				

고 청동기 생산의 구체적인 증거 등은 송국리 취락을 중서부지역 최대의
중심취락으로 보는 데 전혀 의심의 여지가 없게 한다. 즉 청동기시대 후기
취락의 최정점을 보여준다고 볼 수 있으며, 이 점이 송국리취락에 목책이
나 환호가 설치된 배경으로 작용했을 것이다.

　지금까지 설명한 청동기시대 취락구성의 내용을 간략하게 종합하면
〈표 15〉와 같다. 〈표 15〉에서 농업집약도와 정주도의 구분은 조기를 포함
하는 전기와 후기의 전술한 생계방식인 화전농경과 수전농경의 대비, 그
리고 분묘군의 형성이 시사하는 정주의 수준을 고려한 것이다.

2. 취락구조를 통해 본 사회조직

　남한지역의 청동기시대 조기나 전기에 비해 송국리유형으로 대표되
는 후기단계, 그리고 이어지는 초기철기시대에 사회적 위계화 또는 계층
화가 심화되었다는 것은 취락(송만영 2006b), 분묘(김승옥 2006d), 위세품
(裵眞晟 2006), 제사(이상길 2006) 등 여러 가지 측면에서 인정되고 있다

75). 여기에서는 검토 자료가 부족한 조기를 제외한 중서부지역의 청동기시대 전기와 후기단계의 사회조직, 특히 단위 취락 내에서의 조직에 대한 논의를 진행하고자 한다.

1) 청동기시대 전기의 사회조직

전기의 가락동유형 취락에서 사회조직의 문제를 논의할 만한 자료는 그다지 많지 않지만, 일부 유적의 예를 들어 초보적인 계층화가 진행되고 있음을 설명하고자 한다.

우선, 청원 대율리 환호취락에 대한 것이다(中央文化財研究院 2005b). 구릉 정상부에 입지한 2동의 대형 주거지(1·9호)를 중심으로 소형 주거지 7동(2~8호)이 내환호를 사이에 두고 사면에 배치되어 있으며, 취락 전체를 감싸듯이 외환호가 돌아가고 있다. 취락의 공간 구조상 중심적인 위치에 있는 2동의 주거지 면적이 47.9(9호)~67.6m²(1호 잔존면적)인 반면에, 나머지 7동의 주거지들은 모두 30m² 이하로서 큰 차이를 보인다. 그리고 이들은 대부분 2동씩 짝을 이루어 주거군을 형성하고 있는데(孔敏奎 2005b), 이와 같은 주거단위를 세대공동체로 이해하는 것은 전술한 바와 같다. 이들을 취락구조에 따른 입지적 우월성과 면적 차이를 기준으로 보면, 정상부의 1·9호 세대공동체를 상위계층으로, 사면부에 일렬로 늘어선 나머지 세대공동체(2·3호군, 4·5호군, 7·8호군) 또는 개별 세대(6호)를 일반계층으로 분류할 수 있다고 생각된다[76]. 즉 여기에서는 사회조

---

75) 이러한 연구경향에 대해 보다 신중한 입장을 견지하는 연구자도 있는데(김종일 2007), 이와 같이 다양하고 심도 있는 접근이 이루어지고 있는 점은 매우 고무적이다.

76) 상위계층-하위계층은 수직적인 차별성이 너무 강조되는 것 같아 부적절하다고 생각되므로, 상위계층-일반계층과 같은 표현이 적당할 듯 싶다.

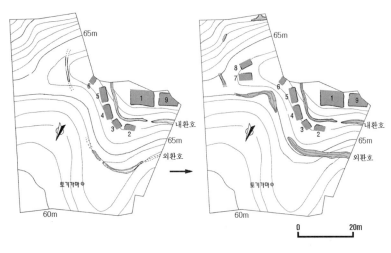

대율리 1단계

대율리 2단계
7, 8호 주거 신축과 이를 고려한 외환호 개축

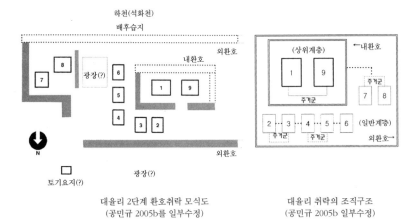

대율리 2단계 환호취락 모식도
(공민규 2005b를 일부수정)

대율리 취락의 조직구조
(공민규 2005b 일부수정)

도면 58　청원 대율리 환호취락(1/1,300) 및 취락모식도와 사회조직

직 원리 측면에서 2단위의 계층[77](상위-일반)이 존재한 것으로 이해하고
자 한다(도면 58).

　　대율리 환호취락은 청동기시대 전기전반으로 편년되는 매우 빠른 시
기의 유적으로 이와 같은 구조는 매우 이례적이다. 남한지역에서 전기전

반에 해당하는 最古이자 유일한 환호취락일 뿐만 아니라, 위계관계에 있어서도 입지와 구획시설(내환호, 외환호), 규모 등에서 상위집단과 일반집단이 명확하게 구별되기 때문이다. 전기전반이 아니라, 전기후반이나 후기의 취락구조에서나 나타날만한 양상이다. 현재로서는 전기전반의 특징으로 일반화시킬 수 없는 독특한 유적으로 분류하고자 한다[78]. 이러한 취락구조로 판단컨대, 아마도 인근의 미조사지역에 상위집단의 분묘공간이 존재할 가능성이 높다고 생각한다.

다음으로 대전 관평동유적에서 가락동유형 II 기로 분류된 주거지들은 2동으로 조합된 주거군(3호·4호, 8호·2호)과 개별 주거(5호, 9호, 10호, 11호)로 나뉘면서 취락을 형성하고 있다(中央文化財研究院 2002). 이 가운데 3호·4호 주거군이 규모가 가장 큰데, 특히 3호주거지의 면적이 78m²인 반면, 나머지 주거지들 가운데 가장 넓은 9호가 42.8m²에 불과하다. 세대공동체 단위로 면적을 계산하면 3·4호의 면적이 112.3m²로 더 큰 차이가 난다. 유물상에서도 마제석검의 경우 3호에서 2점, 4호에서 1점이 출토되는 등 여타 주거 또는 주거군과는 차별성을 보이고 있다(도면 59). 전술한 대율리와 같이 상위계층-일반계층의 개념을 사용할 수 있을지 모르겠으나, 적어도 3호·4호 주거군이 다른 주거(군)보다 비교 우위에 있는 점은 인정할 수 있다. 대전 노은동유적 역시 이와 같은 기준을 적용할 수 있을 것으로 생각되는데, 층3·4호군이 취락내에서의 입지나 면적 등에서 중심적인 위치에 있는 것으로 추정된다(도면 14). 전기로 편년되는 많은 수의 유적이 관평동과 비슷한 취락구조이었을 것으로 생각된다(忠南大學校博物館 1998; 李亨源 2007b).

---

77) 후술하겠지만 여기에서의 계층은 사회조직 내에서의 서열화된 집단을 의미한다.
78) 남한지역의 청동기시대 취락 중에서 가장 오래된 환호를 가진 대율리유적의 계보는 가락동유형의 기원지에 해당하는 청천강~압록강유역의 서북한지역에 있을 것으로 추정된다.

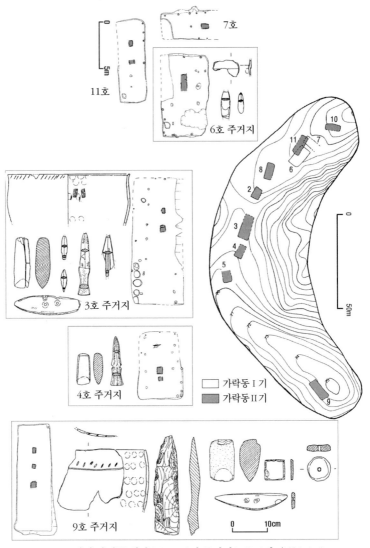

도면 59 대전 관평동 취락(1/2,000)의 주거지(1/400)와 유물(1/10)

청원 황탄리유적의 경우 주거보다 분묘에 대한 정보가 더 상세한 편
이다(李弘鍾·姜元杓 2001). 분묘공간에서는 구릉 정상부에 규모가 가장

큰 KM-401호 석곽묘가 위치하며, 그 아래의 사면부에 규모가 작은 4기의 석곽묘가 마름모꼴을 띠며 자리잡고 있다(도면 41). 부장품은 KM-401호에서만 출토되었는데, 석검 1점, 석촉 15점, 적색마연호 1점이 있다. 분묘공간에서의 입지상 차이, 분묘간의 규모와 부장품의 질 등에서 계층차를 상정할 수도 있을 것이다. 그렇지만 KM-401호 이외에 나머지 4기는 부장품이 전혀 없어 반드시 전기에 속한다고 단정할 수만은 없으므로, 신중히 고려할 필요가 있음을 언급해 놓고자 한다.

다음으로 전기 역삼동·흔암리유형 취락의 사회조직에 대해서는 화성 천천리유적을 대상으로 살펴보고자 한다(이남규외 2006). 화성 천천리 취락은 도로확포장공사구간에 해당하는 제한적인 범위만 조사가 이루어

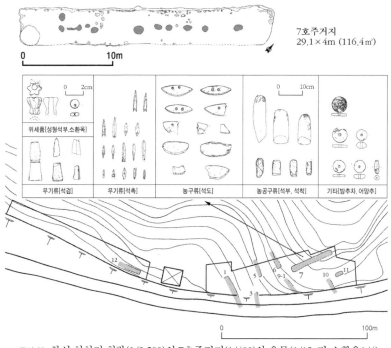

도면 60 화성 천천리 취락(1/2,500)의 7호주거지(1/400)와 유물(1/15, 단 소환옥1/4)

사진 16 화성 천천리유적 7호주거지와 출토유물 (한신대학교박물관 2007에서)

졌기 때문에 전체적인 공간구조를 살펴보기에는 어려움이 많다. 다만 발굴범위에 한정해서 본다면, 7호 주거지를 정점으로 여타 주거지들이 어느 정도 규칙성을 가지고 배치된 듯한 느낌을 받는다. 〈도면 60〉에서 볼 수 있듯이[79] 주거 규모 및 유물상에서 최대인 7호 주거지가 구릉의 상부에

---

79) 삭평되었거나 조사가 완결되지 않은 주거지는 취락의 전체적인 공간구성과 개별 주거지의 잔존양상을 고려하여 규모를 추정한 것이다.

위치하면서 동서로 길게 자리잡고 있고, 여기에서 서쪽으로 40여 미터 떨어진 곳에 7호 주거지와 직교하는 1호 주거지가 위치한다. 그리고 이들 사이에 6호와 9-1호, 5호와 3호가 마치 7호에서 1호를 향해 존재했을 것으로 추정되는 길(道)의 양 옆으로 7호 및 1호 주거지와 직교하면서 축조되어 있다. 특히 6호와 9-1호는 7호 주거지와 5m 정도로 가까이 있으면서도 매우 정연하게 배치되어 있다. 또한 7호의 남쪽에 있는 10호와 11호 역시 7호와 일정한 거리를 두고 직교 또는 평행하게 배치되어 있다. 아마도 전체 주거지를 조망할 수 있는 곳에 입지한 7호 주거지를 중심으로 취락의 공간구조가 이루어진 것으로 생각된다. 7호 주거지 출토유물 수량은 취락내 최대일 뿐만 아니라, 이들 가운데 비교적 高價로 판단되는 소환옥(장신구)이나 권위적인 색채를 띠는 성형석부의 존재 역시 주목할 만하다. 소환옥이나 성형석부와 같이 청동기시대 전기 단계에 출토예가 많지 않은 유물은 취락 내에서의 출토 정황(context)에 따라 위세품의 기능을 하였을 것으로 추정된다.

이와 같이 천천리의 7호 주거지는 입지, 규모[80], 유물상 등에서 여타 주거지들과 현격한 차이를 보여주고 있어, 취락을 이끄는 지도자(리더)와 밀접히 관련되었을 것이다. 결국 이 주거지는 천천리취락 집단의 지도자와 그의 가족이 살았던 연립주거로 생각된다.

위에서 설명한 바와 같이 청동기시대 전기의 가락동유형과 역삼동·흔암리유형 취락의 주거와 분묘에 대한 분석을 통해서 대개 2단위의 계층이 추출되는 것으로 이해하였다. 한편, 배진성(2006, 95쪽)의 연구에 의하면 청동기시대 전기 사회의 계층은 ①위세품(검)을 부장할 수 있는 계층, ②위세품은 없지만 분묘를 축조하는 계층, 그리고 ③분묘를 축조할 수 없

---

80) 여기에서 규모란 단순히 면적이 넓다는 의미를 넘어 거주인수가 23명(1명/5m²기준), 혹은 38명(1명/3m²기준)으로 많음을 의미한다.

는 하위계층 등 3계층으로 구분된다고 한다. 분묘와 위세품의 검토를 통한 연구로서는 설득력을 가지고 있다고 생각되나, 주거공간에서는 이러한 현상이 잘 보이지 않는다. 이후 시기에도 마찬가지로 적용될 문제지만, 계층화 논의에 있어 주거와 분묘, 그리고 위세품을 함께 검토하는 광의의 취락고고학적 측면의 종합적인 해석과 이론적인 틀이 요구된다.

정리하면, 청동기시대 전기의 취락 내부의 사회조직은 2단위로 구성된다. 즉 주거공간에서 확인되는 주거군간의 차별화는 취락을 이끄는 지도자 또는 우월자 및 그의 가족들(세대공동체)과 나머지 취락 구성원 간의 차이를 반영하는 것이다. 또한 일부 유적에서 확인되는 분묘를 축조한 계층은 취락을 대표하는 지도자와 관련이 있으며, 나머지 대부분의 일반계층은 분묘를 축조하지 못했던 것으로 이해하고자 한다. 그렇지만 황탄리와 같은 분묘군의 형성이 취락을 대표하는 지도자의 지위가 같은 세대공동체로 이어진다는 것을 의미하지는 않는다. 귀속지위가 아닌 획득지위로 해석해야만 할 것이다. 이동을 수반한 불안정한 정주 취락의 성격상 취락의 지도자는 항상 새로운 농경지에 대한 탐색 및 개척과 취락민들을 관리해야 하는 등 많은 지혜와 정보를 지닌 자가 담당했을 것이다. 이러한 점에서 황탄리 분묘의 경우 최초에 취락을 이끌던 정신적인 지주이자 권위자인 지도자의 무덤이 KM-401호로, 부장품이 없는 나머지 4기의 무덤 역시 그 이후 취락의 후계자들의 무덤일 가능성이 높다. 이들을 서로 다른 계층으로 나누기 보다는 취락의 지도자 그룹으로 분류하는 편이 더 좋다고 생각한다. 그러나 청동기시대 전기의 분묘 가운데 황탄리와 같이 분묘군을 형성하는 경우보다는 오히려 단독묘나 2기 등이 조성된 경우가 많기 때문에, 분묘 피장자는 대부분 취락의 지도자로 생각되며 더욱이, 많은 수의 취락 가운데 분묘의 존재가 미미한 현상에 주목한다면, 지도자 가운데에서도 취락의 선조격 지도자일 가능성이 높다. 이와 같은 해석을 통해서 가락동유형과 역삼동·흔암리유형의 취락은 지도자와 그의 세대공동체

사진 17 대전 비래동유적 1호지석묘와 출토유물(충남대학교박물관 2007에서)

도면 61 청동기시대 전기후반 청동기(비파형동검) 출토 분묘

에 해당하는 상위계층과 그 이외의 일반계층으로 이루어진 2단위의 계층이 존재했던 사회로 추정하고자 한다. 이 때 지도자의 사회적 위치는 집단에서의 여러 가지 공적을 통해 성취 또는 획득되는 지위로 볼 수 있으며, 이것이 주거공간과 분묘공간에서 차별화가 나타나는 이유이며, 이러한 점에서 청동기시대 전기 단계가 계층사회의 맹아적인 성격을 가지고 있음을 주장하는 것이다. 이러한 점은 대전 비래동 1호 지석묘와(성정용 1997) 서천 오석리 오석산유적의 주구석관묘에서(忠淸文化財硏究院 2006) 청동기(비파형동검)가 부장되는 현상에서도 뒷받침된다고 볼 수 있다. 두 유적은 발굴범위에서 분묘만 확인되었지만, 인접한 곳에 존재가 예상되는 주거공간이 확인된다면, 주거와 분묘를 종합적으로 고려하는 취락고고학의 측면에서 사회조직의 양상을 파악하는 데 많은 도움이 될 것이다.

2) 청동기시대 후기의 사회조직

청동기시대 후기는 전기와는 달리 취락구성에서 분묘공간과 저장공간이 활발하게 조성되는 것이 특징이다. 그렇지만 후기단계 역시 전기단계와 마찬가지로 주거공간만으로 이루어진 취락도 상당수 존재한다. 후기전반에서도 그러한 흐름을 간취할 수 있는데, 화성 반송리유적을 들 수 있다.

화성 반송리취락은 3장의 검토에서 살펴본 바와 같이 노지가 확인된 A형 주거지 10동과 중심2주공 또는 타원형수혈이 설치된 B형 주거지 7동 등 총 17동의 주거지로 구성된 취락이다(權五榮외 2007). A형 주거군집은 광장 1을 중심으로 弧狀 또는 環狀으로 분포하며, B형 주거군집은 광장 2의 동쪽 사면에 線狀으로 배치되어 있다. 이와 같이 구성된 반송리 취락의 내부구조를 〈도면 62〉와 같이 정리하고자 한다.

A, B주거형식은 대부분 2동씩 짝을 이루어 세대공동체를 구성하며, 1동만 떨어져 존재하는 개별세대(단혼가족)도 일부 존재한다. 즉 A형 주거군은 기전1호+기전2호, 1호+2호, 3호+4호가 쌍을 이루고 있으며, 기전3호와 13호는 단독으로 위치하며, B형 주거군의 경우는 9호+10호, 11호+12호가 쌍을 이루고 있으며, 14호가 단독으로 자리잡고 있다. 이와 더불어 A형과 B형이 세트관계를 이루는 예도 있는데, 7호(A형)+8호(B형)와 6호(A형?)+5호(B형)[81]가 그러하다. 주거지 2동으로 이루어진 소군집은 대부분 중형과 소형으로 결집되는 특징이 있지만, A형 주거군의 상위계층으로 판단되는 기전1호와 기전2호는 모두 중형이다. 이 17동의 주거군은 구릉상에 하나의 완결된 취락을 이루고 있다. 반면에 유적의 동북편으로 200여미터 떨어진 구릉에서는 2동의 B형 주거만으로 소형 취락을 형성하였다(畿甸文化財研究院 2006). 아무래도 전자와 후자는 母村과 子村의 관계를 상정해도 좋을 것 같다.

그리고 반송리취락내 집단간의 계층성과 관련해서 언급하면, 우선 A집단(주거군)과 B집단(주거군) 사이에 우열차는 별로 인지되지 않는다. 물론 구릉을 먼저 점유한 A집단이 정상부 중앙의 좋은 입지를 차지한 것

---

81) 5호주거지는 A에서 B로 개축한 이후 시점을 대상으로 하였다.

광장2

광장1

기전2호 기전1호

기전3호

도면 62 화성 반송리 취락의 공간구성(1/3,000)

은 당연한 결과로 볼 수 있다. A집단의 주거군은 구릉 정상부의 광장1을 중심으로 부채꼴모양(扇狀)을 보여주고 있는데, 기전1호와 기전2호 주거가 규모나 입지면에서 볼 때, 상위계층으로 추정된다. 규모가 가장 크며 다른 주거지들이 扇狀구조의 弧線상에 나열되어 있는 반면에 이들의 반대쪽 모서리부분에 독립적으로 자리잡고 있다. 기전1호 주거지에서만 마제석검이 출토된 것도 의미가 있다. B집단의 주거군은 일렬로 늘어서 있는 線狀구조를 이루고 있는데, 8호와 14호가 여타 주거지에 비해 규모가 크고 유물도 풍부하여 상위계층으로 보고자 한다. 마제석검이 8호 주거지에서만 출토된 점도 이를 뒷받침한다. 즉 반송리집단은 기전1호(기전2호)를 상위계층으로 하는 A집단과 8호(14호)를 상위계층으로 하는 B집단을 중심축으로 하고, 나머지 일반계층으로 구성된 2단계의 계층구조를 형성했

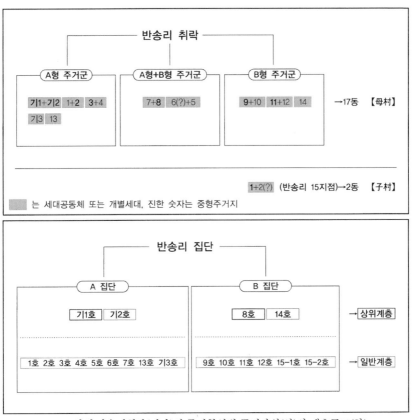

도면 63 화성 반송리취락(집단)의 주거형식별 군집단위(상)와 계층구조(하)

던 것으로 생각된다. 특히 B집단의 상위계층으로 분석된 8호와 14호 주거
지에서만 자색 셰일제 석기가 확인된 점은 주목할 필요가 있다고 여겨진
다. 반송리유적의 주변 반경 25km 내에는 자색 셰일과 동일한 광물은 존
재하지 않는 점에서 이 특정 재질의 석기 또는 석재는 외부로부터 반입된
것으로 볼 수 있다(李亨源 2007a, 178쪽). 이 가운데에서도 8호 주거지에
서는 석창1점, 석촉2점, 선형석기 1점 등 자색 셰일제 석기의 대부분이 출
토되었다. 자색 셰일제 석기의 출토 양상으로 보아 8호 주거의 거주자는

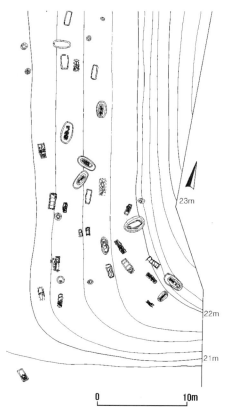

반송리 취락내에서 교역 또는 유통을 담당했던 인물이었을 가능성이 높다. 그리고 8호 주거가 속해있는 B집단은 석기제작과 밀접히 관련되었을 것으로 추정된다.

그런데 중서부지역의 청동기시대 후기후반은 이전 시기와는 달리 질적인 변화가 눈에 띈다. 분묘와 저장시설이 군집을 이루는 분묘공간과 저장공간이 활발하게 조성되기 때문이다. 이것은 청동기시대 사회가 좀 더 복잡화하였다는 것을 시사하는 현상으로 받아들여도 좋다고 생각한다. 집단내의 사회조직을 고찰하는 데 분묘는 유용한 자료가 된다.

도면 64 논산 마전리 취락의 분묘공간(1/400)

특히 많은 수의 무덤이 일정한 공간에 모여 있는 분묘군의 형성은 취락의 장기지속성의 관점에서도 중요하다. 이는 청동기시대 후기 집단의 정주도를 가늠하는 척도 가운데 하나가 되기 때문이다. 아무튼, 중서부지역에서 논산 마전리, 공주 산의리, 서천 오석리유적 등은 여타 유적에 비해 분묘의 밀집도가 매우 높은 편이다.

논산 마전리취락의 분묘공간은 전모가 밝혀지지 않았음에도 총 39기의 무덤이 중복 없이 일정한 간격을 두고 배치되어 있다(李弘鍾외 2004). 무덤의 형식은 석관묘를 비롯하여 석개토광묘, 옹관묘가 있는데, 각 형식

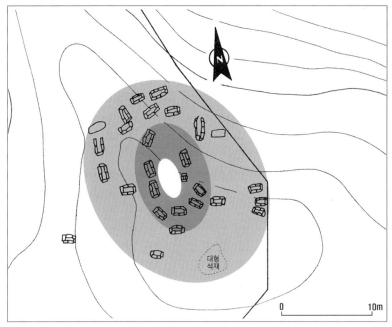

도면 65 공주 산의리 취락의 분묘공간(1/400)

별로 군집되는 양상은 보이지 않으며, 서로 혼재되어 분포한다. 이러한 점
은 중서부지역 후기 취락의 특징 가운데 하나이다. 여기에서는 분묘 소군
집간의 차이를 통해서 출계집단을 구분할 만한 정형성은 보이지 않지만,
대체로 2~5기 정도로 나뉠 것으로 생각된다. 분묘역의 전체 형태는 구릉
사면을 따라 장방형 평면을 이루는 것 같다.

　이와 달리 산의리와 오석리의 분묘역은 원형 또는 타원형의 형태를
띠고 있어 다소 차이가 있다. 〈도면 65〉에서 볼 수 있듯이 산의리의 경우
는 2~4기의 소군집이 분묘역의 중앙부를 비워 놓고, 그 둘레를 타원형 띠
를 만들어가는 형국이다(李南奭 1999). 아마도 전체 분묘군의 축조는 안
쪽 타원형 띠의 무덤들이 먼저 조성되고, 이후에 바깥 타원형 띠의 무덤들
이 형성된 것으로 이해된다. 남쪽의 빈 공간은 구릉 정상부에 해당하는데,

이곳에는 지름 2.3m에 두께 1m 정도의 대형 석재가 자리잡고 있었다. 보고자의 설명에 의하면, 지석묘의 상석일 가능성도 배제할 수는 없을 것 같다. 그렇지만 하부구조가 전혀 확인되지 않은 점에서 보면, 이 대형 석재는 의례행위와 관련된 시설일 수도 있다고 생각한다. 이는 이후의 점토대토기 단계 취락이 위치하는 구릉의 정상부 쪽에 적석환구와 같은 제사시설을 만들거나(부천 고강동유적), 아니면 자연 암괴를 대상으로 제사가 이루어졌을(안성 반제리유적) 것으로 보는 견해(이상길 2006b)와도 일맥상통한다.

서천 오석리유적은 산의리와 유사한 측면도 있지만, 출계집단으로 추정되는 소집단의 결집이 보다 뚜렷하다(李南奭 1996). 〈도면 66〉의 오석리 분묘역은 A~F군에 해당하는 총 6개의 소군집으로 나뉘어지는 모습을 관찰할 수 있을 것이다. 모든 그룹이 3~4기의 석관묘로 이루어져 있는데, 이 소그룹 내에서도 다시 1기와 2~3기의 조합양상이 간취된다. 이와 같이 복수의 소군집은 A군을 중심으로 나머지 5개(B~F군) 소군집이 일정한 거리를 두면서 반원형으로 둘러져 있다. 분묘간의 분포 정황상 3·4·5호 석관묘로 구성된 A군이 나머지 군들에 비해 위계가 다소 높았을 것이며, 아마도 A군은 취락내에서 유력한 출계집단이었을 것으로 추정된다.

한편, 상술한 마전리나 산의리, 오석리와는 또 다른 양상을 보여주는 취락으로는 보령 관창리와 부여 송국리유적을 들 수 있다. 우선 무덤의 수로 대변되는 분묘군의 규모가 다르다는 점이다. 전자가 25~39기(마전리 39, 산의리 36, 오석리 25)로 밀집도가 높은 반면, 후자는 7~14기(송국리 7, 관창리 14)에 불과하다. 이와 관련된 문제는 관창리유적을 분석하면서 해답을 구하고자 한다. 관창리 취락은 B지구를 핵심으로 하는 4개의 구릉이 주거공간으로서 총 195동이 분포하며, B지구에 5기의 무덤이 존재하긴 하지만, 취락의 존속 폭을 고려한다면, A지구만을 분묘공간으로 보는 데 큰 문제는 없다고 생각한다. 어쨌든, 편년상 관창리유적이 청동기시대 후기전반에서 후기후반까지 지속된다고 보았을 때, 전체 주거지 195동과 전체 무덤 19기의 수량은 어딘가 어색해 보인다. 여기에서는 특히 특정구역에 14기만 분포하는 A지구의 분묘공간을 주목하고자 한다. 이 내부 공간을 분묘간의 배치관계로 볼 때, 크게 석관묘 3기와 옹관묘 1기가 분포하는 남쪽 그룹과 1기의 지석묘와 9기의 석관묘가 분포하는 북쪽 그룹으로 나뉘는 것을 알 수 있

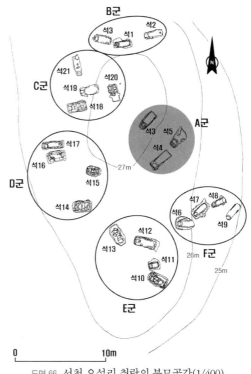

도면 66 서천 오석리 취락의 분묘공간(1/400)

다(吳相卓 · 姜賢淑 1999). 특히 북쪽 그룹은 지석묘를 정점으로 나머지 무덤들이 반원형으로 에워싸고 있는 모습이다. 세부적으로는 1호 지석묘 주위에 2호 · 3호 · 8호 · 9호 석관묘가 일차로 근접해 있고, 다시 그 뒤쪽에 2차 라인으로 4 · 5 · 6 · 7 · 10호가 배열되어 있다. 지석묘와 가장 인접한 1차 라인의 2 · 3 · 8호 석관묘에서만 마제석검이 1점씩 부장되어 있는 반면, 2차 라인의 무덤들은 부장품이 없다. 무덤의 크기도 1차 라인 쪽이 2차 라인 쪽보다 크다. 위계상으로 보면, 1호 지석묘 단독묘 → 1차 라인 석관묘군(2 · 3 · 8 · 9호) → 2차 라인 석관묘군(4 · 5 · 6 · 7 · 10호) 순으로 파악하고 싶다. 남쪽 그룹은 석관묘의 규모나 부장유물로 보면 1차라인 석관묘군과 비슷한 위계로 생각된다.

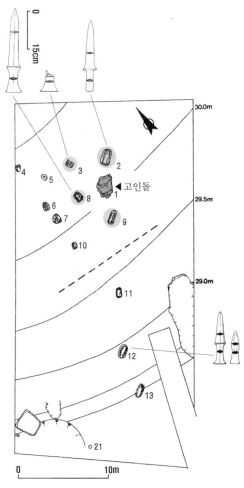

그런데 지석묘에서 유물이 출토되지 않은 것은 어떻게 보아야 할까? 부장품, 특히 위세품이 중요한 것인지, 아니면 규모로 대변되는 분묘축조시의 노동비용을 우선시해야 하는지를 고민해보아야 할 것이다. 필자는 케이스 바이 케이스, 즉 좁게는 취락별로 넓게는 지역별로 분석해야 한다는 입장이다. 영남지역의 창원 덕천리나 사천 이금동과 같이 분묘의 규모와 위세품, 특히 청동기의 부장이 부합하지 않는 유적도 마찬가지이다. 이것은 분묘공간 조성에 주도적인 상위계층의 의도하는 바와 그것을 용인, 또는 인

도면 67 보령 관창리 취락의 분묘공간(1/400)과 유물 (1/15)

정하지 않는 공동체의 여타 성원들간의 공식적인 또는 암묵적인 합의에 따라 달라질 것이기 때문이다. 물론 이 과정에서 취락의 집단을 통합하고자 하면서도, 그 이면에는 지속적으로 차별화를 시도하고자 하는 상위계층의 조직운영 원리가 중요하게 작용했을 가능성이 높다[82]. 이와 관련하여 필자는 부장품의 질적 또는 양적 수준 보다는 분묘축조에 들어간 노동

력의 많고 적음의 정도가 더욱 중요하다고 본다. 왜냐하면 당시 사회에 있어서 대규모 노동력이 요구되는 일은 공동체의 구성원 대부분에게 직접적인 부담을 주는 행위이며, 이에 대한 사회적 인정은 큰 의미를 갖기 때문이다. 물론 이러한 해석은 앞서 언급한 바와 같이 하나의 집단 또는 적어도 지역별로 해석의 틀을 다양하게 적용해야 한다는 점이다. 단적인 예로 지석묘가 집중적으로 분포하는 전라도의 제집단, 또는 지석묘와 더불어 청동기의 출토빈도가 높은 여수반도의 상황은 본고의 주요 검토 대상인 중서부지역과는 서로 다른 사회적, 문화적 환경을 가지고 있기 때문이다.

아무튼, 위와 같은 이유에서 관창리취락 A지구의 분묘공간은 1호 지석묘의 피장자를 정점으로 하여, 나머지 석관묘나 옹관묘에 묻힌 사람들 사이에 위계적인 계층구조가 형성된 것으로 이해하고자 한다. 이 1호 지석묘의 피장자를 유력개인(安在晧 2006) 또는 수장으로 부를 수 있다고 본다. 한편, 위에서 검토한 산의리나 오석리 취락의 분묘공간 역시 관창리와 마찬가지로 원형 또는 반원형의 모습으로 일부 유사성이 있지만, 질적인 차이가 있다. 다시 말해서 산의리나 오석리 취락의 분묘공간이 원형분포상을 이루면서 무덤을 통한 특정 개인의 존재가 부각되지 않는 것은 무덤 축조에서 집단 구성원의 평등성을 유지하고 강조하는 측면이 강했다는 것을 말해준다(김종일 2004, 73쪽).

그러면 위에서 제기했던 내용, 즉 앞서 살펴본 마전리나 산의리, 오석리 분묘군의 군집규모가 관창리의 그것보다 월등히 큰 것은 무엇을 말해주는 것일까? 필자는 이러한 현상을 개별 취락이 가지고 있는 사회복합도의 정도와 조직원리에서 비롯된 것으로 보고 싶다. 전자의 분묘공간에 무

---

82) 즉 정치적 권력을 획득하기 위해서는 공동체의 구성원을 자신을 중심으로 통합해야 하고 동시에 자신이 구성원과는 차별화된 존재라는 점을 부각시켜야 한다(김승옥 2007, 92-93쪽).

덤이 많이 조성되었다는 것은 당연히 무덤에 들어갈 수 있는 사람이 많았다는 것을 말해주는 것이며, 후자인 관창리 취락의 195동 주거지에 대응하여 14기로만 구성된 분묘역이 형성되었다는 것은 특정 계층만이 취락의 공동묘지에 매장되었다는 것을 보여준다. 관창리 집단의 매장 시스템에 대한 사회조직 운영원리가 작동했다는 것을 시사한다.

이번에는 관창리의 주거공간을 검토해 보자. 주거공간은 B지구를 중심으로 모두 4개의 구릉으로 나뉘어져 있는데, 이 가운데 면적 40m²이상의 초대형주거지[83]는 B지구와 F지구에서만 확인되었다. 구체적으로는 B지구에서 11동(방형3, 원형8)[84], F지구에서 6동(방형3, 원형3)으로, 취락의 중심지구인 B지구와 이와 바로 인접한 구릉인 F지구가 관창리 취락 상위계층의 거주공간이었을 가능성이 높다. B지구는 주거지의 군집양상과 제시설물의 공간배치, 그리고 초대형주거지의 분포관계를 종합할 때, A~F군의 총 6개 구역으로 구분할 수 있다(도면 68). 이 가운데 A · B · E군은 방형과 원형 두 가지 형식의 초대형주거지가 같이 분포하고 있다. 이와 관련하여 관창리유적의 주거지간 중복관계를 통해서 시간에 따른 취락 내 공간구조는 방형주거지에서 원형주거지로 점차 비중이 높아져 간다는 것은 앞에서도 언급한 바와 같다[85]. 초대형의 방형주거지와 원형주거지의 관계도 A군의 3호(방형)와 4호(원형), B군의 32호(방형)와 31호(원형), 그리고 E군의 78호(방형)와 79호(원형)가 너무 근접해 있어 이 방형과 원형

---

83) 중서부지역에서 발굴된 40m²이상의 초대형주거지는 매우 드물다. 서천 도삼리에서 2동(12호 : 41.9m², 28호 : 41m²), 부여 나복리에서 1동(20호 : 49m²), 부여 송국리 1동(54-23호 : 80m²) 등에 지나지 않는다. 물론 송국리나 도삼리의 경우는 취락 전체가 발굴된 것이 아니다. 이 밖에 후기단계의 여타 유적에서는 30m²이상~40m²미만의 대형주거지가 1-2동 있는 예도 얼마 되지 않으며, 대부분은 중형 일부와 소형 대다수로만 구성되는 것이 일반적이다.

84) 60호주거지는 39.9m²이나 규모나 입지로 보아 초대형으로 분류하였다.

85) 물론 취락 전체로 볼 때, 이 두 형식간의 공존기간이 있다는 점 또한 당연히 인정된다.

표 16 관창리 취락 주거지 형태와 규모별 분류

	B지구		D지구		E지구		F지구		전체	
	방형	원형	방형	원형	방형	원형	방형	원형	방형	원형
소형	21	28	18	6	4	0	7	7	50	41
중형	10	11	6	4	2	0	4	1	22	16
대형	4	6	4	3	1	0	3	2	12	12
초대형	3	8	0	0	0	0	3	3	6	10
전체	38	53	28	13	7	0	17	13	90	79

소형 : 20m²미만, 중형 : 20m²이상~30m²미만, 대형 : 30m²이상~40m²미만, 초대형 : 40m²이상

※ 규모파악 가능 주거지만 대상

의 초대형주거지가 동시에 공존했다고 보기에는 어려움이 있는 것 같다. 각 군별로 시기에 따라 방형 초대형주거지 → 원형 초대형주거지로 바뀐 것으로 추정된다.

6개의 그룹 가운데 C군에는 주거지와 함께 토기요지와 지상건물이 밀집 분포하는 특징이 있다. 이에 대해서 이홍종(2005a)은 토기생산 및 저장과 관련된 취락의 공동창고시설로 보고 토기제작집단과 이를 통제하는 상위집단의 존재를 상정하였으며, 안재호(2004) 역시 전업적 토기생산집단의 존재를 강조하였다. 필자도 비슷한 생각을 가지고 있지만, 여기에 한 가지 더 추가할 내용이 있다. 토기생산과 관리뿐만이 아니라, 농업생산물의 보관과 관리도 이루어졌을 것으로 본다. 이 C군은 지상건물이 가장 많이 분포하는 곳이다. 물론 이 가운데 일부는 토기의 건조장 또는 생산된 토기를 보관하는 창고의 기능도 했을 것이지만, 76호 초대형주거지 주변의 KB204호를 비롯하여 토기요지와 어느 정도 떨어진 곳에 위치한 지상건물들은 곡물창고로 이용되었을 것으로 보고 싶다. 무문토기의 외면에는 식물유체, 특히 벼의 압흔이 자주 발견되는데, 이것은 벼의 탈곡이나 보관 장소와 멀지 않은 곳에서 토기생산이 이루어졌다는 것을 간접적으로 증명해 주는 것이다. 또한 앞에서 설명한 바와 같이 KB204호와 같은 지상건물은 고상건물로 볼 수 있으며, 특히 쌀 창고로 이용되면서 때에 따라서는

의례행위도 거행되었다고 보는 일본 고고학계의 견해도 참고할 만하다. 또한 전술한 후기단계의 여러 유적에서 곡물저장공, 특히 플라스크형이나 원통형의 지하 저장공이 밀집 분포하는 저장공간이 확실한 데 반해, 관창리에서는 이에 대한 인지가 어려운 상황인데, 관창리의 많은 수혈 가운데 일부는 지하창고로 활용되었겠지만, 평지 또는 고상건물과 같은 형태의 곡물저장용 지상창고가 더욱 중요한 위치를 점했다고 보는 것이다.

결국 관창리 B지구의 C군은 전업적인 토기생산구역이면서 토기와 곡식을 보관, 관리하던 곳이며, 이 C군의 초대형주거지인 76호나 60호주거지에 거주했던 중심 인물이 이를 컨트롤했던 것으로 추정한다. 이는 이홍종(2005a)이 관창리 B지구를 크게 필자의 A~E군과 F군으로 양분하여 전자를 상위계층의 주된 분포역으로 보고, 여기에서 취락의 통제, 토기·석기 등 필수품의 생산과 보관, 농업생산물의 전체적인 보관과 분배, 교역 등을 담당했다고 보는 관점과도 유사하다. F군에서는 초대형주거지가 전혀 분포하지 않는 점도 이를 뒷받침한다.

한편, B지구 취락의 중앙부에 위치하는 E군은 KB210호 7각형 지상건물과 점토대토기 등과 같은 외래 물품을 보유한 79호 초대형주거지의 존재가 주목된다. 지상건물의 형태적 특징이나 취락 내에서의 공간적 분포 상황, 그리고 유일하게 풍부한 외래 유물이 출토된 79호 원형주거지를 중시할 때, E군은 취락 구성원 전체의 의례를 거행하는 공공 집회소 또는 외부집단과의 교류의 장소로 이용되었을 가능성이 높다[86](이홍종 2005a, 131-132쪽). 방형의 78호주거지도 원형의 79호주거지와 인접해 있는데, 이는 평면적 55.8㎡로 관창리 최대 규모인 점에서 이 두 주거지는 각각 방형주거지 단계와 원형주거지 단계의 수장의 거주공간이었을 것으로 추정된다[87].

마지막으로 관창리 B지구 전체로 볼 때, A~E군은 초대형주거가 분포하고 F군은 그렇지 않은 점, A~E군 가운데 C, E군은 특별히 중요한 역할을

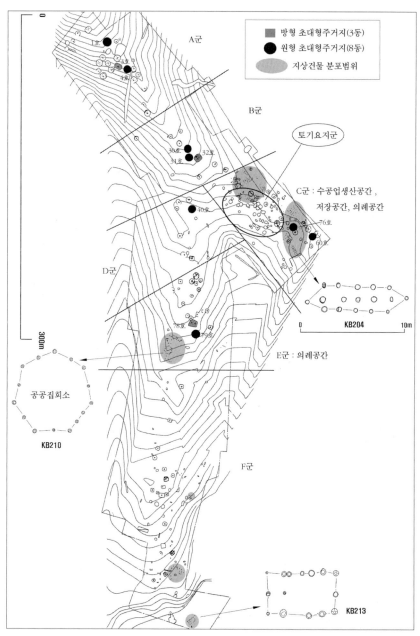

도면 68 **보령 관창리 취락 B지구의 공간구조(1/3,500 지상건물은1/350)**

사진 18 보령 관창리유적 B지구 취락(고려대학교 매장문화재연구소 2001에서)

담당했다는 점에서 취락 내 최상위의 구역으로 판단된다. 또한 C군이 전업적인 토기생산공간인 점을 고려하면, 이 밖의 나머지 각 군의 중소형주거지들은 주로 농경활동에 종사한 일반계층일 것으로 추정된다. 주요 검

---

86) 또 다른 가설이지만, KB210호 지상건물은 평지건물일 것으로 예상되는데, 지면이 단단한 점이나 7각형의 평면형태, 그리고 50m²에 달하는 면적으로 볼 때, 어쩌면 가축우리로 해석할 수는 없을까? 청동기시대의 가축사육에 대한 구체적인 자료나 연구가 거의 전무한 실정이지만, 농경사회의 주요 요소 가운데 하나인 가축의 문제를 진지하게 고민할 시점이다. 이와 관련하여 인류역사상 가장 일찍 농경생산화에 성공한 오리엔트 주민은 밀이나 보리 재배와 함께 양이나 염소를 가축화했으며, 유럽에서도 오로크를 소로, 멧돼지를 돼지로 바꾸었다. 중국에서는 화북의 조경작민은 돼지를 사육했으며, 화중 · 화남의 수도경작민은 스이규나 돼지를 가축으로 삼았다고 하는 설명이(甲元眞之 · 山岐純男 1984) 참고된다. 아무튼, 이 KB210호 지상건물은 발굴된 청동기시대 지상건물 중에서 유일하면서도 매우 독특한 형태이고, 외래문물을 입수한 79호주거와 같이 생각한다면, 외부로부터 새롭게 받아들인 문화요소일수도 있을 것이다. 앞으로의 자료 축적과 더불어 다양한 관점의 해석이 필요하다는 의미에서 제2의 가설로 제시해 놓고자 한다.

87) 이와 같이 취락 중앙에 건물이나 광장 형태를 취하는 공공집회소에서는 취락 전체의 성원을 위한 각종 의례나 의식 행위가 거행되었을 것인데, 이는 뉴기니아 트로부리안드 섬의 단순 취프덤 사회에서도 볼 수 있는 현상이다(Johnson and Earle 1987).

표 17 관창리 취락의 사회조직

위계	규모	전체			B지구		D지구		E지구	F지구	
		방형+원형	방형	원형	방형	원형	방형	원형	방형	방형	원형
상위계층	초대형	16 (9.5%)	6 (6.7%)	10 (12.6%)	3	8				3	3
중위계층	대형	24 (14.2%)	12 (13.3%)	12 (15.2%)	4	6	4	3	1	3	2
일반계층	중·소형	129 (76.3%)	72 (80%)	57 (72.2%)	31	39	24	10	6	11	8

토대상으로 삼진 않았지만, 주거지로만 구성된 D, E, F지구의 중소형 주거의 거주자들도 대부분 농경행위자들이었으며, 대형주거는 이들을 관리하는 임무를 지녔을 것이다. 관창리취락의 위계화는 초대형주거지를 상위계층으로, 대형주거지를 중위계층으로, 중소형주거지를 일반계층으로 하는 3단계로 비정하고자 한다[88]. 그리고 관창리의 B지구 취락은 나머지 D, E, F지구의 일반 취락을 컨트롤하는 상위취락이며, 이들 간에는 재분배 경제 시스템이 형성된 것으로 이해하고자 한다.

위에서 검토한 분묘공간과 주거공간의 분석을 서로 대응시킨다면, 관창리 전체 취락내의 상위계층만이 A지구의 제한된 분묘공간에 들어갈 수 있었다고 보는 것이 타당하다. 이것은 관창리 농경취락이 농업생산성을 높여나가면서 취락내의 분업화 현상이 심화되었고 이에 따라 사회조직의 복합도도 상당히 진전되었다는 것을 시사한다.

〈도면 69〉는 이홍종(2005a)에 의한 관창리 중심 취락의 역할 모델과 이를 수용하여 지금까지 분석한 관창리취락의 구조와 조직체계를 나타낸 것이다[89].

---

88) 유물의 출토 정황에 대한 접근이 쉽지 않은 점에서 이에 대한 분석을 실시하지는 못했지만, 마제석검을 비롯한 석기의 출토량도 주거지간의 위계를 어느 정도 반영한다는 견해 (孫晙鎬 2003)도 이를 뒷받침한다.

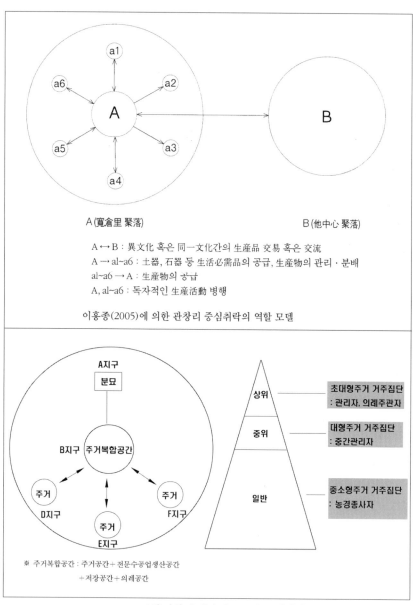

A(寬倉里 聚落)   B(他中心 聚落)

A ↔ B : 異文化 혹은 同一文化간의 生産品 交易 혹은 交流
A → a1~a6 : 土器, 石器 등 生活必需品의 공급, 生産物의 관리·분배
a1~a6 → A : 生産物의 貢納
A, a1~a6 : 독자적인 生産活動 병행

이홍종(2005)에 의한 관창리 중심취락의 역할 모델

도면 69 보령 관창리 취락의 구조와 조직체계

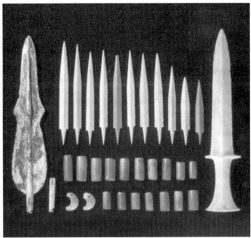

사진 19 부여 송국리유적 1호석관묘와 출토유물(국립중앙박물관 1997에서)

이어서 많은 연구자들이 이구동성으로 청동기시대의 중심취락으로 말하고 있는 부여 송국리취락의 양상은 과연 어떠한지 분석해 보기로 하자.

먼저, 부여 송국리 취락의 분묘공간 역시 관창리의 예와 비슷한 관점에서 해석할 수 있을 것으로 생각된다. 관창리와 달리 취락의 전체 양상을 파악하기 어려운 것이 한계일 수밖에 없으나, 52지구의 분묘군을 특정 집단, 즉 상위계층을 위한 매장영역으로 추정하는 데에 큰 무리는 없다고 생각한다. 관창리 분묘공간과의 차이는 최상위의 무덤에 비파형동검과 동착과 같은 청동기 2점을 비롯하여, 장신구류 7점(관옥5, 곡옥2), 그리고 석제무기류 12점(마제석검1, 마제석촉11) 등 총 21점의 풍부한 부장품을 넣었다는 것이다. 관창리에서는 유물이 없는 최상위의 지석묘와 석검이 출토된 다른 석관묘가 공존하여 무덤의 규모와 부장품의 양과 질이 부합되지

---

89) 한편, 필자와 달리 이홍종(2005a)은 관창리취락의 조직체계를 상위,하위의 2단위로 나누었으며, 안재호(2004)는 4단위로, 김재호(2006)는 5단위로 세분한 바 있다.

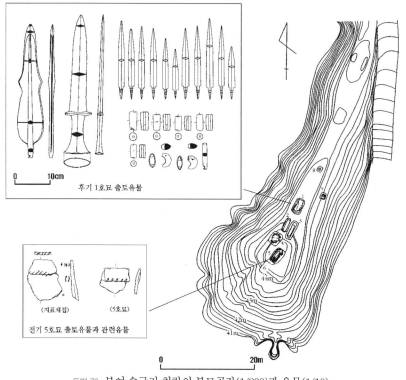

후기 1호묘 출토유물

〈지표채집〉   〈5호묘〉

전기 5호묘 출토유물과 관련유물

0   20m

도면 70 부여 송국리 취락의 분묘공간(1/800)과 유물(1/10)

않는 데 반해, 송국리의 최상위 무덤인 1호 석관묘는 그렇지 않은 점에서
해석에 별 무리가 없기 때문이다. 전망 좋은 남향의 돌출 구릉에 입지하는
점, 특별히 제한된 묘역의 한정된 무덤과 여기에 청동기를 부장한 개인묘
의 양상에서 수장 또는 지배자의 모습을 그리는 데 별다른 문제는 없다고
여겨진다.

또한, 송국리유적 유구 밀집지역으로부터는 북쪽으로 약 3km, 송국
리유적 조사범위로부터는 약 1km 정도 떨어져 있는 남산리 분묘군을 송
국리와 동일한 취락으로 보고, 남산리를 일반 성원들의 묘역으로, 52지구
돌출구릉을 지배자의 분묘공간으로 해석하는 견해(金吉植 1998, 17쪽)를

받아들인다면, 관창리와는 다른 취락구조를 보여주는 것이다. 다만, 송국리분묘역과 남산리분묘군이 서로 멀리 떨어져 있고, 양 유적의 사이에는 몇 개의 구릉과 곡부가 형성되어 있어 서로의 직접적인 관계를 부정하는 견해(손준호 2007, 55쪽)도 있어 신중하게 접근할 필요는 있을 것이다. 송국리취락을 목책단계와 환호단계로 나누어서 살펴보아야 하며, 현재의 발굴조사 성과만으로는 "지배자 묘역 - 일반성원 묘역"을 바로 일대일로 대응시킬 수 있는 구체적인 증거는 없기 때문이다. 그럼에도 불구하고 필자는 두 유적이 어떤 식으로든 연결될 가능성이 높다는 인식(송국리 - 남산리 관계 긍정론)은 가지고 있는데 이를 해결하려면 송국리유적에 대한 후속 조사를 기다려야만 한다. 그리고 손준호(2007, 55쪽)의 지적과 같이 송국리 52지구 분묘군에서 남쪽으로 1.2km 떨어져 있는 산직리 지석묘[90]와의 관계도 앞으로 풀어야할 과제 가운데 하나이다. 목책단계가 주로 방형주거지와 52지구 분묘군과 관련된다면, 환호단계의 원형주거지와 장방형주거지가 산직리 지석묘와 연결될 가능성 정도만 언급해 놓고자 한다.

주거지와 분묘의 관계를 상정할만한 자료를 추출하려면, 우선 주거간의 위계관계를 살펴야 하는데, 현재의 조사결과만으로는 이에 대한 추적이 쉽지는 않다. 다만, 취락의 방어목책을 파괴하고 축조된 54-23호 유구는 환호단계로 볼 수 있는데, 이는 장변 13.5m, 단변 5.8m에 80m²의 면적을 가지고 있어, 현재까지 송국리취락에서 조사된 수혈유구 중에서 규모가 가장 크다[91]. 바닥면까지 조사되지는 않았지만, 출토유물로 보아 주거용일 가능성이 높은[92] 이 54-23호주거지는 다른 주거지들의 면적이 대부분 10~30m²인 점을 감안하면, 취락내 취상위 계층의 거주지였을 가능

---

90) 탁자식지석묘 1기와 개석식지석묘 1기가 발굴되었다(부여문화재연구소 1993).
91) 송국리뿐만 아니라, 남한지역의 청동기시대 후기 수혈주거지 중에서도 가장 큰 규모를 과시한다.

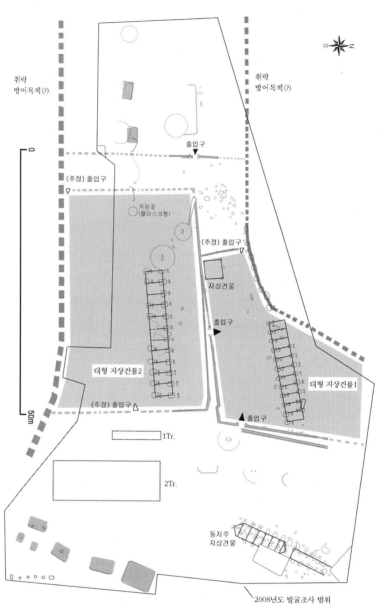

부여 송국리 취락 목책단계의 의례공간(1/700, 김경택 · 정치영 · 이건일 2008의 도면
을 수정전재)

사진 20 부여 송국리유적 54지구 전경 (한국전통문화학교 한국전통문화연구소 2008에서)

성이 높다고 생각한다. 이와 관련하여 여기에서 출토된 환상석부와 관옥에 주목하거나(손준호 2007), 여타 주거지들과 달리 독립적인 입지와 주거 전면에 펼쳐진 광장의 존재를 우월적 성격으로 보는 견해도(國立扶餘博物館 2000) 이를 뒷받침한다.

54-23호 대형주거지가 환호단계의 중요한 거주지에 해당한다면, 53지구와 54지구에 대한 최근의 발굴조사는 목책단계의 특수공간의 존재를 상정하게 하는 중요한 시설물들을 확인시켜 주었다. 〈도면 71〉을 보면, 취락의 방어목책 안에 다시 溝와 나무 울타리를 이용하여 구획시설을 설치하여 새롭게 공간을 만든 후, 그 내부에 대형지상건물을 축조하였다. 그리고 그 대형지상건물 또는 구획시설을 드나들기 위한 출입구는 1~2m 정도의 매우 좁은 폭으로 만들어져 있다. 심지어 방어목책의 외부에 인접한 서쪽 부분에서 여기로 들어가기 위해서는 두 곳의 문을 통과해야만 하는 형식을 취하고 있다. 상당히 견고한 구획시설과 공간분할, 여기에 출입을 극도로 제한하고 있는 점에서 내부 시설물을 은폐 혹은 신성시하려는 의도를 엿볼 수 있다. 여기의 대형지상건물 1과 2는 출입구의 위치나 전체의 공간배치로 보면, 1이 먼저 들어서고 난 이후에 2가 축조된 것으로 보이는데, 2가 존재할 당시는 1도 같이 공존했던 것으로 추정된다.

과연 이 대형지상건물들은 어떤 성격을 지닌 건물이었을까? 이와 유사한 형태의 세장한 대규모 지상건물은 청도 진라리, 대구 동천동, 사천 이금동유적 등 주로 영남지역의 청동기시대 후기취락에서 주로 발굴되고 있다(李秀鴻 2007). 송국리 대형지상건물2는 11×1칸의 형태로, 규모는 장단축의 길이 24×3.4m에 면적은 81.6㎡에 달하는 초대형이다. 진라리

---

92) 보고서에서 지적하고 있듯이 주거용뿐만이 아니라 공공집회소 또는 공공작업장 등의 공공장소로 활용되었을 가능성에 대해서도 검토할 필요는 있을 것이다(國立扶餘博物館 2000).

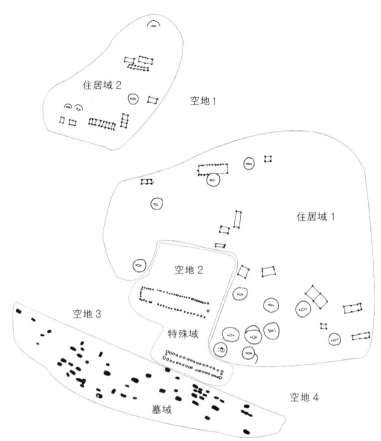

住居域 2

空地 1

住居域 1

空地 2

空地 3

特殊域

墓域

空地 4

도면 72 사천 이금동취락의 공간구성 모식도(慶南考古學硏究所 2003에서 전재)

나 동천동의 경우는 모든 지상건물이 35m² 이하로 송국리의 절반에도 못
미치는 규모이다. 송국리의 지상건물과 견줄 수 있는 예는 사천 이금동의
60호, 61호 건물지 2동 뿐인데(慶南考古學硏究所 2003), 그 규모는 60호가
174m², 61호가 130m²로 송국리의 예를 초월한다. 이금동의 60호 61호 초
대형건물은 주거공간과 분묘공간의 사이에 위치하며, 열상으로 군집 분포
하는 분묘역과 주축방향이 일치하는 것으로 볼 때, 의례와 관련된 공공집
회소(특히 神殿)로 추정되고 있다(李秀鴻 2007).

이금동의 예는 송국리의 대형지상건물을 이해하는 데 중요한 비교자료로 볼 수 있다. 일단, 이금동에서는 묘역과 주거역 사이의 가까운 곳에 위치하는 것에 비해, 송국리의 특수공간은 52지구의 분묘공간에서 100여 미터 정도 떨어진 점에서 약간 차이가 있는 것처럼 보인다[93]. 그렇지만 보다 넓은 시야를 가지고 송국리 취락 전체의 평면을 보면, 이 특수공간은 다른 주거밀집공간보다는 상대적으로 분묘공간과 인접해 있다는 것을 알 수 있을 것이다. 이러한 점에서 두 유적의 의례공간은 주거공간과 분묘공간의 사이에 위치하는 것도 같다고 볼 수 있다.

어쨌든 이와 같은 취락 내에서의 입지적인 분포상과 더불어 송국리의 대형지상건물은 취락의 방어목책과 그 안에 다시 견고한 울타리로 공간을 구획한 곳에 초대형의 건물을 축조하였다는 사실, 더욱이 이 건물 앞에는 광장을 마련한 점이나 출입을 극도로 제한한 점 등을 토대로 추정하면, 확실히 취락 전체의 공동체 성원들을 위한 공공집회소로 활용되었을 가능성이 높다. 구체적으로는 각종 의례행위를 거행하는 의례공간의 역할을 했던 곳이 아니었을까 한다.

위와 같은 송국리단계 중심취락의 고고학적 양상은 콜린 렌프류와 폴 반이 제시한 의례의 고고학적 지표들과도 잘 부합된다. 즉 그들은 ①주의집중, ②현세와 내세 사이의 경계지대, ③신의 임재, ④참례와 봉헌을 의례의 증거로 언급하였는데, 실제로 들어가면 단일 고고학적 정황에서 이러한 기준들 중 단지 몇 개만이 충족되는 데 지나지 않는다고 보았다(콜린 렌프류·폴 반(이희준 역) 2006). 송국리취락과 이금동취락의 의례공

---

93) 그러나 이는 평지형 취락과 구릉형 취락의 입지적인 특징에서 비롯된 것으로 생각된다. 일률적으로 적용할 수는 없지만, 본서에서 검토한 중서부지역의 주요 취락은 대부분 계곡을 사이에 둔 서로 다른 구릉에 주거공간과 분묘공간이 조성되는 예가 많으며, 평지형 취락이 많이 조사된 영남지역은 이금동뿐만 아니라, 대평리를 포함한 남강댐 수몰지역의 여러 유적들도 주거와 분묘공간이 바로 근접해 있는 점이 간취된다.

간은 전술한 바와 같이 ①주의 집중의 요소로서 신성한 기능을 위해 따로 세워진 특별한 건물안을 상정할 수 있으며, ②현세(주거공간)와 내세(분묘공간) 사이의 경계지대에 축조된 점에서도 의례공간으로 기능했다는 것을 뒷받침해주고 있다. 또한 이상길(2000)은 취락 내의 의례와 관련하여 환호나 溝에 의한 공간구획을 주목한 바 있는데, 진주 상촌리 대전보건대 조사구역이나 진주 대평리 옥방1지구, 산청 사월리에서 구가 주거공간과 분묘공간 사이에 위치하고 있어, 이를 일정한 공간을 구획하는 '경계' 역할을 하면서 동시에 구의 내부가 의례행위 공간으로 기능한 것으로 파악하였다. 이 역시 특별한 입지를 갖는 행위공간이 현세와 내세의 경계 역할을 하면서 의례공간으로 활용된 예이다.

한편, 송국리의 특수 의례공간에서 이루어지는 취락의 공식행사를 참관할 수 있는 것도 구성원간에 차이가 있었을 것으로 추정되는데, 아마도 대형건물안에 들어갈 수 있는 사람과 구획시설의 광장까지만 허용되는 사람, 혹은 그렇지 못한 집단 등으로 계층별 차별이 존재했을 것으로 생각된다. 의례행위를 구획시설과 대형건물의 안에서 시행함으로써 외부인이나 심지어 공동체의 일반성원들에게 조차 개방하지 않는 것은 그 행위와 그것의 주관자에 대한 신비함이나 경외감을 높이기 위한 의도가 내재되어 있을 것이다. 필자는 이와 같이 신성한 의례행위를 폐쇄적으로 행하는 것은 송국리 최상위계층의 공동체를 운영하는 사회조직의 운영원리가 고도로 개입된 결과로 해석하고자 한다[94].

지금까지 청동기시대 전기와 후기단계 취락의 주거공간과 분묘공간, 그리고 송국리와 같은 의례공간을 통해서 사회조직을 검토해 보았다. 전기에는 상위계층과 일반계층의 2단계로, 후기에는 상위계층과 중위계층, 그리고 일반계층으로 구성된 3단계의 서열화된 위계관계를 추정할 수 있었다. 물론 여기에는 시기별로 취락간의 편차가 존재한다는 전제가 깔려 있다.

전기보다 후기의 취락이 농경생산의 증대에서 기인하는 저장공간과 분묘공간이 새롭게 형성되거나 규모가 커지는 등 사회복합도가 어느 정도 진전되었을 것이지만, 상위집단과 일반집단으로 양분되는 큰 틀은 대부분의 취락이 상당부분 유사하다는 점을 확인하였다. 그렇지만, 관창리나 송국리취락과 같은 대형 또는 중심취락의 경우에는 분묘공간과 전문 수공업 생산공간, 또는 의례공간 등의 취락 내 분업화가 활발히 진행되면서 보다 다양하고 복잡한 조직관계가 형성된다. 전술한 관창리취락에서 분석했던 상위-중위-일반계층으로 삼분되는 현상을 말한다.

3) 사회조직의 측면에서 본 청동기시대 후기의 취락간 관계

중서부지역의 청동기시대 후기 취락연구에서 중요하게 다루어져야 할 내용 중의 하나가 취락과 취락 사이의 관계에 대한 것이다. 이를 제대로 이해하기 위해서는 생산과 소비, 생산품의 분배나 재분배, 그리고 유통의 양상을 분석하여, 이들의 정치·경제적인 관계를 추적해야만 한다. 일본 고고학계에서는 수공업 제품, 특히 석기의 원료나 중간소재, 또는 완성품의 산지추정을 통해 유통망의 양상을 파악하고(이기성 2006), 농경지 개척이나 수리체계를 통해 농업 공동체적 결합 정도를 분석하며, 이를 통한 취락간의 분업이나 기능분화를 설명하면서 취락간의 관계를 설명하고

---

94) 그런데 이 두 대형지상건물은 취락의 방어목책이 세장방형주거지나 원형주거지에 의해 중복관계를 보이면서 폐기되는 시점, 즉 환호가 조성되는 시기에는 그 기능을 상실한 것으로 나타난다. 의례공간내에도 원형주거지가 2호 대형지상건물을 파괴하거나 구획시설 안에 축조되는 것이 발굴결과 밝혀졌다. 취락 전체를 감싸는 방어목책과 신성한 의례공간을 파괴하면서 원형주거지나 (세)장방형주거지가 새롭게 조성되는 것은 송국리취락에 큰 변화가 일어났다는 것을 암시한다. 어디까지나 억측에 불과하지만, 다른 취락과의 사이에 무력 투쟁의 전쟁이 발생하였거나 또는 취락 안에서의 내분이 일어난 결과, 이에 수반되어 집단과 공동체의 이데올로기가 바뀐 것은 아닐까 추정해 본다.

있다(都出比呂志 1989; 寺澤薰 2000). 특히 수공업생산에 있어서 토기나 목기와 달리 석기나 옥기는 그것을 만들기 위한 원료 산지가 특정 지역에 한정되기 때문에 유통시스템이나 취락간의 정치적 상하관계를 고찰하는 데 매우 유용하다. 물론 청동기와 같은 금속기는 두말할 나위 없이 더욱 중요할 것이다.

그렇지만 아쉽게도 우리나라의 청동기시대 연구에서 이 분야의 연구 성과는 매우 일천한 수준이다. 다만, 화성 반송리유적이나 당진 자개리유적에서 출토된 석기의 중간소재인 船形石器나 완성품인 석기의 분석과 검토를 통해 이들이 취락 외부에서 반입되었다는 결과는 주목되지만[95](李亨源 2007a; 羅建柱·李讚熙 2006), 이와 관련한 취락간의 관계는 추정만 제기되었을 뿐 구체적인 양상은 파악되지 못하였다.

한편, 김범철은 다각적인 분석을 시도한 일련의 연구를 통해 중서부 지역의 정치체의 존재를 상정하였는데, 이 연구에서는 수도작을 둘러싼 토지생산성(논토양 분포분석)이나 협업적 수자원관리의 필요성(수문분석), 고대 교통로 분석을 통한 수도분배의 차이, 그리고 가구간 빈부 분석을 실시하였다. 이를 통해 금강 중류의 일부 정치체는 3단계의 위계(상위 중심지 - 하위중심지 - 일반부락)를 형성한 것으로 설명한다. 그리고 이 지역 정치체들 가운데 상위중심지가 잉여수집에 유리한 위치를 점하거나 (부여 나복리, 합정리 일원), 혹은 수도 생산에 유리한 지점에 입지하는(부여 송국리유적 중심) 점에서 지역 정치체의 형성배경 혹은 과정이 일률적이지 않음을 주장하였다(金範哲 2005·2006a·2006·b2006c).

그리고 취락의 분업화에 주목한 안재호(2004)는 葬儀중심취락(오석리), 貯藏중심취락(대흥리), 耕作중심취락(원북리) 등과 이들이 모여 있는

---

95) 반송리의 경우는 자색 셰일제의 선형석기와 석기가 몇 점 출토되었는데, 유적 주변의 반경 25km 내에는 이와 동일한 광물이 존재하지 않는다는 것이 밝혀졌다(權五榮외 2007).

分業的 複合型 취락(관창리)을 유형화하여 취락의 발전과정과 위계관계를 논하였다. 김장석(2008)도 취락의 분화를 강조하지만, 안재호와 다소 다른 측면에서 취락을 소비전문유적과 저장전문유적, 일반유적으로 삼분하여 송국리와 같이 저장시설을 갖지 않은 소비전문유적을 최상위취락으로 설정하였다.

어쨌든, 다소의 견해 차이가 있지만, 취락간의 위계는 일반적으로 취락의 기능 내지 역할과 밀접한 관련이 있는데, 위계가 높은 취락일수록 다양한 기능을 수행할 뿐만 아니라 정치, 사회적으로 좀 더 중심적인 역할을 한다는 것은 분명한 것 같다(송만영 2006b, 20쪽). 여기에서는 취락의 공간구조를 통해서 취락 사이의 위계를 검토하고 중심취락의 역할과 기능을 고려하면서 외부 지향적 성격을 지닌 상위계층을 주체로 한 취락간의 관계를 사례연구로서 살펴보고자 한다.

(1) 단위취락의 공간구조와 취락간 위계

위의 연구 성과들을 참고하여 취락간의 관계 또는 위계설정에서 필자가 주목한 것은 단위취락의 공간구조이다. 부여 송국리나 보령 관창리 취락은 주거공간을 비롯하여 저장공간, 분묘공간, 전업적 수공업 생산 공간, 의례공간으로 이루어진 상위취락으로 볼 수 있다. 그리고 산의리와 같이 주거와 저장, 그리고 대규모 분묘공간으로 구성된 취락은 중위취락으로 구분된다. 이 밖에 주거공간만으로 구성된 취락이나 주거＋저장공간의 조합, 주거와 소규모 분묘공간의 조합, 주거＋저장＋소규모 분묘공간으로 이루어진 취락들은 일반취락으로 분류할 수 있다고 생각한다. 즉 취락의 위계는 상위취락, 중위취락, 일반취락으로 삼분되는데, 이들 각각의 취락단위는 서로 직접 또는 간접적으로 연결된 네트워크를 형성했던 것으로 이해된다. 관창리취락에 대한 상세한 검토에서 알 수 있듯이 주거복합공간인 B지구취락이 주거공간이면서 전업적 수공업생산과 저장기능, 의례행위 등을 중심적으로 수행하는 상위취락이며, 나머지 D, E, F지구는 농경종사자를 중심으로 주거기능만을 하고 있어, B지구 상위취락의 위성취락이자 일반취락으로 볼 수 있을 것이다. 이들간에는 직접적인 상하 또는 종속관계를 설정해도 좋다고 생각하며, 이러한 점에서 관창리 전체 취락을 주변의 취락과 비교할 때, 중심취락으로 설정해도 좋다고 생각한다. 부여 송국리유적은 제한된 범위를 발굴했음에도 불구하고, 대규모 목책으로 감싼 방어시설이 만들어져 있으며, 특정한 상위계층을 위한 분묘공간과 의례공간이 마련되어 있는 점, 그리고 동부용범에서 시사되는 청동기 자체 생산의 증거 등에서 관창리를 능가하는 최상위 취락으로 상정할 수 있으며, 역시 인접한 위성취락과 상하관계를 형성한 중심취락으로 분류하는 데 별다른 문제는 없다고 본다.

그렇다면 이 송국리 중심취락과 주변취락간에 직접적인 종속 혹은 상하관계를 상정할 수 있을지가 관심의 대상이다. 이와 관련하여 김장석 (2008)은 송국리유적에서 반경 10km 내에 분포하는 유적 중에서 논산 원북리, 공주 안영리 새터, 산의리유적을 모두 전형적인 저장전문유적으로 분류하고, 이 저장전문유적들은 송국리 유적에 잉여를 공급하는 것이 주기능이었다고 주장하였다. 즉 송국리유적은 금강 유역의 저장전문유적을 통제하면서 잉여를 대규모로 저장하였다고 본 것이다. 만약 이것이 사실이라면, 송국리와 그 주변 취락들간의 종속적인 상하관계는 인정될 것이다. 그렇지만, 논산 원북리유적은 주거지 13동, 분묘 12기, 저장공 16기, 소성유구 3기 등이 조사되었는데(中央文化財研究院 2001 · 충남대학교박물관 2000)[96], 이와 같은 취락구성을 저장전문유적으로 볼 수 있을지 의

---

96) 이 유적은 동일 지역에 대한 서로 다른 구제발굴조사에 의해 중앙문화재연구원이 담당한 원북리지구와 충남대박물관이 담당한 정지리지구를 각각 원북리유적과 정지리유적으로 부르고 있다. 여기에서는 보고서가 간행된 원북리유적으로 통일하여 설명하며, 유구의 숫자는 두 유적을 포함한 것임을 밝혀둔다.

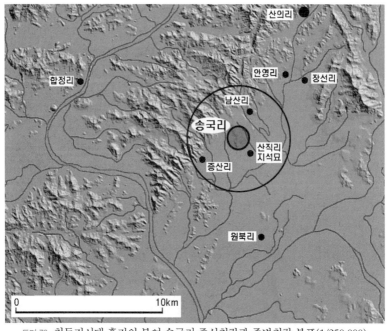

도면 73 청동기시대 후기의 부여 송국리 중심취락과 주변취락 분포(1/250,000)

문이다. 공주 산의리유적 역시 주거지 8동, 분묘 36기, 저장공 41기이 확인
되었는데, 분묘군의 규모나 지형상 주거공간이 더욱 확대될 가능성이 높
기 때문에 송국리유적에 잉여를 공급했다고 볼만한 근거는 찾아보기 어렵
다. 오히려 이 유적들은 취락의 존속 폭을 고려할 때, 주거＋분묘＋저장공
간을 이루면서 자급자족적인 수공업생산도 수행하고 있는 점에서 하나의
완결된 농경취락의 모습을 보여준다고 생각한다. 이와 같은 점에서 송국
리와 이 유적들간의 관계를 상위의 소비전문유적과 하위의 저장전문유적
으로 대별하여 위계를 결정하는 견해는 재고를 요한다. 현상에서는 이들
을 중심취락과 주변취락으로 또는 상위취락과 중위 또는 일반취락으로 위
계를 나눌 수는 있지만, 종속적인 상하관계가 형성되었다고 보기에는 무
리가 있다. 다만, 이 취락들 간에는 긴밀한 교류 또는 교환이 이루어지는

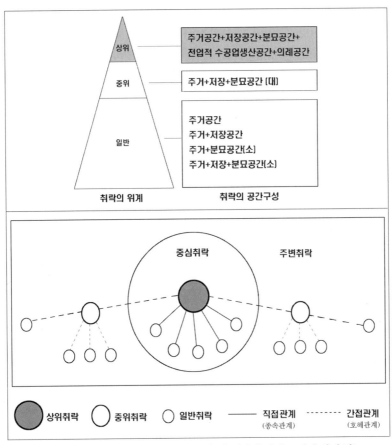

도면 74 청동기시대 후기 취락의 위계(상)와 취락간 관계 모델의 일례(하)

관계망이 존재했을 것이다. 그리고 강한 문화적 동질성에 바탕을 둔 공동의 의례행위가 송국리와 같은 중심취락에서 행해졌을 가능성도 있다고 추정한다. 문제는 이 단위취락을 넘어선 차원의 공동의례를(물론 이를 증명하는 것도 어렵지만) 어떻게 해석할 것인가인데, 현재로서는 종속적인 상하관계가 아닌 호혜적인 간접관계로 이해하고자 한다. 지금까지 설명한 내용을 고려하여 중서부지역 청동기시대 후기 취락의 위계구조와 취락간의 관계를 모델화 한 것이 〈도면 74〉이다.

(2) 외부 지향적 성향의 상위계층과 취락간 교류양상

청동기시대 후기의 취락 가운데에는 외부 지향적 성향을 가진 집단도 존재하며, 특히 중심취락의 상위계층이 외래계 취락을 대상으로 한 교류 또는 교역의 주체적인 역할을 했던 것으로 생각된다. 여기에서는 중서부지역의 중심취락 중의 하나인 보령 관창리유적과 외래계 취락으로 이해되고 있는 보령 교성리유적과의 비교검토를 통해 이를 설명하고자 한다. 앞에서 보령 관창리취락의 초대형주거지에서 점토대토기와 같은 외래계 유물이 출토된 것을 대외 교류 또는 교역의 산물로 설명한 바 있다. 이를 좀 더 자세히 검토하기 위하여 이와 유사한 양상을 보이는 중서부지역의 자료를 검토한 이후, 이와 관련한 취락 내 상위계층의 동향을 살펴보기로 한다.

최근 송국리식 외반구연토기와 수석리식 원형점토대토기의 공반 양상이 중서부지역의 여러 유적에서 확인되면서 주목받고 있다. 보령 관창리유적(李弘鍾외 2001; 吳相卓·姜賢淑 1999; 忠南大學校博物館 1995)을 필두로 하여 보령 眞竹里유적(忠南大學校博物館 1999; 이형원 1999), 대전 弓洞(李康承외 2006)·加午洞유적(中央文化財研究院 2003), 공주 長院里유적(柳基正외 2001), 부여 羅福里유적(忠淸南道 歷史文化院 2004), 서천 道三里유적(李弘鍾외 2005) 등이 이에 해당한다.

이 유적들은 송국리유형과 수석리유형(점토대토기문화)의 관계를 검토하는 데 매우 중요한 의미를 지니는데, 재지계 문화와 외래계 문화의 역학관계를 추적할 수 있는 실마리를 제공하기 때문이다. 물론 이러한 논의에는 원형점토대토기로 대표되는 수석리유형의 형성이 외래기원, 특히 주민이주의 결과라는 전제조건이 필요하다. 점토대토기 한강유역 형성설(韓相仁 1981)이 요령지역 유입설(朴淳發 1993b)로 부정되면서 외래기원

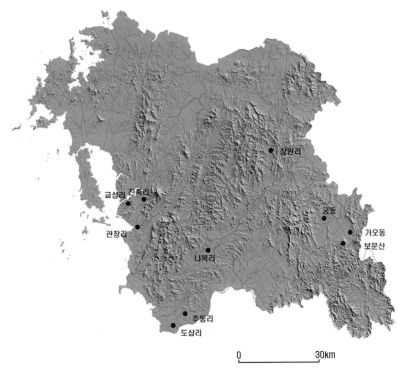

도면 75 중서부지역 점토대토기문화 이입기의 주거유적 분포

설이 주류를 이루고 있다(李健茂 1994b; 朴辰一 2000; 李淸圭 2000). 물론
이에 대한 비판적 견해(李在賢 2002)가 제기된 바 있으나, 그 강도와 설득
력은 약한 편이다.

　주민이주에 대한 본격적인 이론적 검토(金壯錫 2002)가 진행되는 한
편, 이와 같은 관점에서 점토대토기단계 주민의 이주를 노지의 형태 등 주
거지구조나 취사용기 등 특정 양식의 토기 등의 공간분포를 통한 접근(朴
淳發 2004)이 이루어지면서 점토대토기문화 외래기원설이 더욱 확고해
지고 있다. 즉 생활필수 시설 또는 도구가 서로 인접하지 않은 복수의 지
역에서 공통적으로 확인되는 경우에는 단순한 문화요소의 전파가 아니라

주민의 이주로 볼 수 있으며, 이에 해당하는 고고학 자료는 주거지의 구조, 특히 주생활과 식생활 양자에 걸쳐 밀접한 관련이 있는 노지의 구조적 특징, 그리고 역시 필수적인 생활도구인 솥과 같은 취사용 토기로 설명하고 있다(朴淳發 2004, 39쪽). 이러한 연구성과를 통해 송국리식주거지에서 송국리식의 외반구연토기와 수석리식의 점토대토기가 공반되는 양상을 토착(재지)의 송국리유형과 외래기원으로 추정되는 수석리유형의 역학관계로 이해하고자 하는 전제는 어느 정도 성립된 셈이다.

전술한 바와 같이, 재지의 토착 송국리유형과 외래기원으로 판단되는 수석리유형의 상관성을 검토하는 데 중요한 자료를 제공하는 것은 송국리식토기 중심의 관창리취락과 점토대토기 중심의 교성리취락(國立扶餘博物館 1987)이 공존하는 충남 서해안의 보령지역이다. 두 취락은 7km 정도 떨어진 거리에 위치하고 있다.

관창리유적에 대해서는 앞에서 자세한 설명을 했기 때문에 외래계 유물이 출토된 주거지만을 언급하면 다음과 같다. 점토대토기가 출토된 주거지는 B지구에서 1동(79호), D지구에서 1동(16호), F지구에서 1동(30호) 등 모두 3동뿐이다[97]. 이들은 모두 원형주거지로 D-16호가 중앙2주공식이며, B-79호(49m²)와 F-30호(45.6m²)는 중앙2주공+4주공식으로 후자의 2동은 면적 40m² 이상의 초대형주거지에 해당한다. 이 3동의 주거지는 내부에서 외반구연의 송국리식토기, 적색마연토기와 같은 재지계 토기와 더불어 점토대토기, 흑색마연토기, 두형토기 등의 외래계 토기가 공반된다. 또한 D-16호를 제외한 나머지 2동은 입지나 규모, 출토유물로 보아 취락내 최상위 계층의 주거지로 분류되는데, 특히 점토대토기 등과 같은 외래계 유물의 존재는 여타 구성원들과의 차별성을 시사하는 위세품

---

97) 이 밖에 D지구 27호와 F지구 10호주거지에서 점토대토기 구연부편이 1점씩 출토되었으나, 출토정황이 분명치 않다. 이 두 주거지를 포함한다 하더라도 총 5동에 불과하다.

(prestige good)적인 성격을 반영하고 있을 것이다. B지구 취락에 대한 연구에서도 주거지 면적과 마제석기의 출토량에 주거지간 위계가 내재되어 있는 것으로 파악되고 있어(孫晙鎬 2003), 이를 뒷받침하고 있다. 아마도 이 주거지들은 관창리 취락 상위계층의 모습을 시사하는 것으로 이해해도 좋을 것이다. 결국 관창리취락 청동기시대 후기의 늦은 단계는 재지계의 송국리유형이 주체(송국리식주거지+송국리식유물)를 이루면서 외래계인 수석리유형의 유물(수석리식유물)이 공반되는 양상으로 볼 수 있겠다.

한편 보령 교성리유적은 해발 188m의 山頂에 위치하고 있는데[98], 유적의 북서쪽에 펼쳐져 있는 淺水灣 일대의 바다와 주변의 낮은 산을 한눈에 조망할 수 있는 高地性 聚落에 해당한다. 주거지는 총 9동이 조사되었으며, 대부분 한쪽 구석에 노지가 설치된 (장)방형 평면의 水石里式 구조[99]를 하고 있다. 주거지 내부 출토유물은 점토대토기와 흑색마연장경호, 두형토기, 환형파수, 조합우각형파수 등 외래계토기 일색이다. 교성리 취락은 전술한 주거구조 및 유물상에서 관창리 취락과 뚜렷이 구별되는 것은 분명하다. 다만, 일부 주거지(3호·9호)에서 적색마연토기가 공반되는 점을 주목할 필요가 있다. 이 적색마연토기는 현재까지의 고고학적 상황으로 볼 때, 점토대토기문화와는 관계가 없는 송국리유형문화의 유물로밖에 볼 수 없기 때문이다.

그런데 이와 관련하여 8호 주거지와 표토에서 채집된 3점의 유구석부는 기존의 견해(裵眞晟 2001)에 따르면 재지적 성격(송국리유형)이 짙지만, 최근 한반도내 점토대토기문화와 유구석부의 공반관계 및 공간분포

---

98) 평지와의 고도차를 나타내기 위한 유적의 비고 역시 168m로 상당히 높은 편이다.
99) 아직 이와 같은 수석리유형 시기의 주거형태에 대해서 연구자들 사이에 특별한 형식명이 부여된 바는 없으나, 필자는 대표 유적명을 따라 "水石里式住居址"로 부르고 있다(李亨源 2005a).

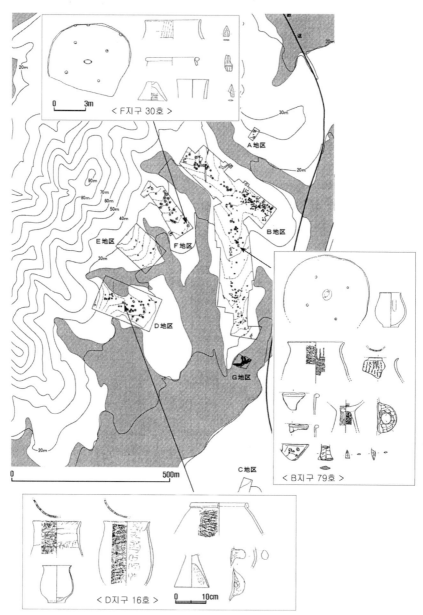

도면 76 보령 관창리 취락의 외래계토기 출토 송국리식주거지 (유구1/350,유물1/12)

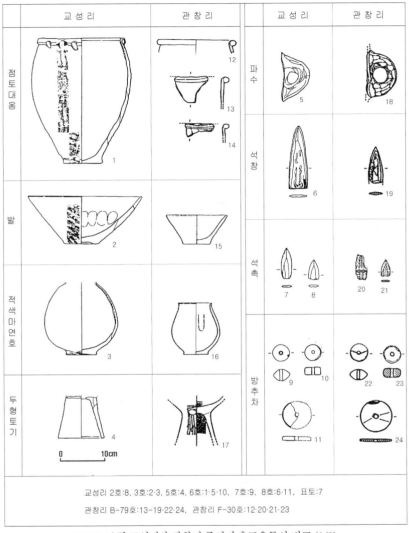

	교성리	관창리		교성리	관창리
점토대옹	1	12 13 14	파수	5	18
발	2	15	석창	6	19
적색마연호	3	16	석촉	7 8	20 21
두형토기	4 0 10cm	17	방추차	9 10 11	22 23 24

교성리 2호:8, 3호:2·3, 5호:4, 6호:1·5·10, 7호:9, 8호:6·11, 표토:7

관창리 B-79호:13-19·22·24, 관창리 F-30호:12·20·21·23

도면 77 보령 교성리와 관창리 주거지 출토유물의 비교 (1/8)

상의 특징을 근거로 서북한지역이 유구석부의 기원지일 가능성이 제기된 바 있어(朴淳發 2004) 검토의 여지가 있다. 필자 역시 최근의 고고학적 상황으로 볼 때, 토착 송국리유형의 유구석부와 외래 수석리유형의 유구석부가 계기적으로 이어지는 것으로 보는 점에는 다소 회의적이다. 강릉 방동리 환호취락(江原文化財硏究所 2004)의 점토대토기 주거지(지현병외 2007) 및 청양 분향리의 점토대토기 석관묘(忠淸南道歷史文化院 2006)에서 유구석부가 공반되는 점도 주목된다. 아무튼 교성리의 유구석부가 송국리유형의 영향을 받은 것인지, 점토대토기와 세트관계를 이루는 것인지 확언할 수 없으나, 후자 쪽에 더욱 무게를 두고 싶다. 지금으로서는 서북한 지역의 유구석부와 관련될 가능성을 염두에 두고 있기 때문에(朴淳發 2004), 교성리의 유구석부는 송국리유형보다는 수석리유형과의 관련성이 보다 높은 것으로 이해하고자 한다. 결국 교성리 취락은 주거구조 및 유물상에서 수석리유형이 중심을 이루면서 송국리유형 요소가 일부 공반되는 것으로 볼 수 있다.

지금까지 설명한 송국리유형(관창리의 예)과 수석리유형(교성리의 예) 유물의 공반 양상을 양 유형간에 이루어진 접촉, 즉 교류의 산물로 이해하고자 한다. 관창리 취락은 재지의 토착 송국리유형이 주체를 이루고, 교성리 취락은 외래계의 수석리유형이 중심적이라는 점은 전술한 바와 같으며, 〈표 18〉을 통해 쉽게 이해할 수 있을 것이다.

그런데 이러한 논의과정에서 반드시 검토되어야만 하는 사항 가운데 하나는 관창리의 늦은 단계 취락과 교성리 취락의 동시 존재 여부가 될 것이다. 아쉽게도 한국고고학에서 원형점토대토기문화에 대한 만족할 만한 수준의 세밀한 편년연구는 아직 이루어지지 않은 것이 현실이다. 다만 관창리의 늦은 시기 주거지와 교성리 주거지에서 출토된 유물(점토대토기옹을 비롯하여 두형토기, 흑색마연호, 적색마연호, 완, 파수, 석창, 석촉, 방추차 등)의 형태적 유사도가 매우 높은 점에서 이들은 동시기에 속하는 것으로 판단된다(도면 77 참조)[100].

그렇다면 관창리 취락(송국리유형)과 교성리 취락(수석리유형)의 접촉양상을 이론적인 측면에서 간단히 검토해 보기로 하자. 전술한 바와 같

표 18 중서부 해안지역의 재지계(관창리)와 외래계(교성리) 주거지의 출토토기 비교

주거지	주거구조		재지계 토기		외래계 토기				
	재지계 (송국리식)	외래계 (수석리식)	외반구연 토기	적색마연 토기	점토대 토기	흑색마연 토기	두형 토기	환형 파수	조합우각 형파수
관창리B79호	⊙		⊙	⊙	■	■	■	■	■
관창리F30호	⊙		⊙		■	■	■		
관창리D16호	⊙		⊙	⊙	■	■	■		
교성리 2호		■					■		
교성리 3호		■		⊙					
교성리 4호		■				■			
교성리 5호		■		⊙	■		■		■
교성리 6호		■			■			■	
교성리 9호		■		⊙	■		■		

(⊙ : 재지계, ■ : 외래계)

이, 관창리유적은 재지문화가 주체(주거구조,유물)를 이루면서 외래요소(유물)를 수용하는 양상인 반면, 교성리유적은 외래문화가 주체(주거구조,유물)를 이루면서 재지요소(유물)를 일부 수용하는 양상으로 이해된다. 아직 작업가설적인 수준의 논의에 불과하지만, 전자를 "寬倉里型 聚落"으로 후자를 "校成里型 聚落"으로 가칭하여 다음 논의를 진행하고자 한다.

이와 같이 "관창리형 취락"과 "교성리형 취락"이 공존하는 현상은 재지의 토착 관창리취락 집단(재지계 선주민)과 새롭게 등장한 교성리취락

---

100) 두 취락의 동시성 문제는 후술할 재지계 취락과 외래계 취락 관계의 모델화를 위해 매우 중요한 문제이다. 향후 보다 치밀한 편년검토를 통해 검증작업을 진행할 계획임을 밝혀 둔다. 이와 관련하여 주목되는 점 가운데 하나는 서해안지역에 집중적으로 분포하는 타날문토기의 양상이다(深澤芳樹·李弘鍾 2004). 이들의 대부분은 횡방향의 평행선문타날을 특징으로 하는데, 관창리 79호 주거지의 송국리식토기(李弘鍾외 2001의 도면 207-25)와 교성리 6호 주거지의 점토대토기(도면 78-1)의 경우에는 독특하게 구연아래 동체부에 종방향의 굵은 평행선문타날이 시문되어 있어 이들이 동시기에 속할 가능성을 높여주고 있다. 관창리 79호 주거지 유물을 실견한 결과, 여기에서 공반된 점토대토기 구연부편에서도 같은 타날문을 확인할 수 있었다.

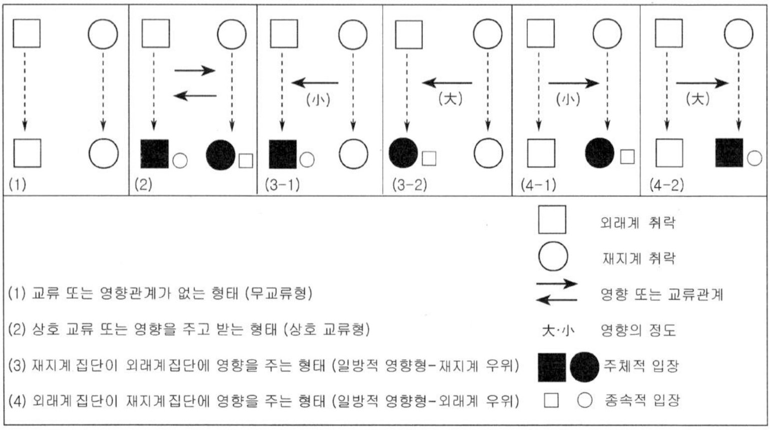

도면 78 재지계 취락과 외래계 취락의 공존관계 모델

집단(외래계 이주민) 간에 상대방 집단의 특징적인 유물을 공유하는 "교류"관계에서 비롯되었을 것이다. 물론 이 "교류"의 본질이 단순한 물물교환인지, 모방을 비롯한 기술이나 사람의 이동과 관련된 것인지는 향후의 진전된 연구성과에 따라 밝혀질 것이다. 외래문화의 최초 이입시점에는 정보를 통한 모방 또는 물건의 이동이 먼저 이루어졌을 것이며, 그 다음 단계에 사람이나 기술의 이동이 진행되었을 가능성이 높다. 물건의 경우는 기호에 따른 선택적 수용의 측면이 크게 작용하였을 것이다. 그런데 관창리취락의 송국리식주거지에서는 새롭게 이주해 온 점토대토기인들의 실생활도구(토기, 석기)가 거의 대부분 세트로 확인되고 있는 점에서, 선주민들이 이들 외래 물건의 입수에 대해 매우 적극적이었던 것으로 해석된다. 관창리취락에서 이를 주도한 것은 취락내 상위계층일 것으로 추정되는데, 이러한 점은 전술한 바와 같이 외래유물 출토 주거지들이 입지, 규모, 유물상에서 여타 주거지에 비해 우월하기 때문이다.

한편, 관창리취락 F지구 42호 옹관(吳相卓 · 姜賢淑 1999)의 경우는 송국리식토기에 조합우각형파수가 부착된 점이나, 송국리단계의 일반적인 수직식이 아닌 수평식 옹관으로 이질적인 양상이 간취된다. 이로 볼때, 이 단계에 이미 송국리유형 집단 내에서 외래계 유물이 생산되었을 가능성이 높으며, 외래문화는 일상생활뿐만 아니라 매장과 관련된 측면, 즉 정신세계에까지 깊숙이 파고 든 것으로 이해된다. 아마도 점토대토기가 공반된 송국리식 주거지들과 시간적으로 동시기이거나 약간 후행하는 것으로 이해된다.

위 내용을 간단히 정리하면 다음과 같다. 재지의 토착 송국리유형이 자리 잡고 있던 한반도 중서부지역에 외래계의 점토대토기집단이 새롭게 들어오면서 재지주체+외래요소 수용의 "관창리형 취락"과 외래주체+재지요소 수용의 "교성리형 취락"이 형성된 것으로 상정할 수 있다.

〈그림 78〉은 점토대토기 등장 초기단계의 재지계 취락과 외래계 취락의 공존 관계 모델을 제시한 것이다. (1)의 경우는 양 집단이 상호간에 교류 또는 영향관계가 전혀 없는 형태를 말하는데, 이를 고고학적으로 검증하기는 매우 어렵다. (2)의 경우는 상호 교류 또는 영향을 주고받는 형태로서, 위에서 설명한 관창리형 취락과 교성리형 취락이 이에 해당할 것이다. (3)의 경우는 재지계 집단이 외래계 집단에 영향을 주는 형태를 말하며, (4)의 경우는 외래계 집단이 재지계 집단에 영향을 주는 형태를 나타낸다. 물론 여기에서 관창리형 취락과 교성리형 취락의 관계를 (2)의 모델로 성급하게 판단하는 것에는 문제가 있다. 왜냐하면, "외래주체+재지요소 수용"의 양상은 (2)뿐만 아니라, (3-1)이나 (4-2)의 경우에도 동일하게 나타날 수 있으며, "재지주체+외래요소 수용"의 양상 역시 (3-2)나 (4-1)의 경우도 상정될 수 있기 때문이다. 많은 검토가 필요하겠지만, "외래주체+재지요소 수용"과 "재지주체+외래요소 수용"의 양상이 동일한 지역에서 고고학적 현상으로 나타난다면, 관창리형 취락과 교성리형 취락의 양상이 (2)의 모델로써 설명될 가능성이 더 높다고 생각한다. (1)~(4)의 모델을 고고학적 현상으로 파악하기 위한 가장 기본적인 작업은 역시 각 취

락에 대한 편년설정과 치밀한 형식학적 검토일 것이다. 향후 이에 대한 심도 있는 논의가 이루어지길 기대한다. 또한 상기 내용은 점토대토기 등장 초기단계의 재지계 집단과 외래계 집단의 관계를 단순히 가정하여 설명한 것임을 밝혀둔다.

기존의 연구성과에 의하면, 남하해온 초기의 외래계 점토대토기문화인들은 재지계 지석묘 사회인들과의 마찰을 피해 비교적 그 세력이 강하지 않은 소규모 지석묘 밀집군 또는 공백지역을 중심으로 정착하였던 것으로 볼 수 있다. 보령 교성리유적(비고168m-해발188m)을 비롯하여 안성 망이산(비고302m-해발452m, 단국대학교중앙박물관 1996), 대전 보문산 유적(비고246m-해발406m, 李達勳외 1994) 등 초기 점토대토기인들의 주거유적이 대부분 일상적인 생활에 불편을 느낄 수 있는 정도의 山上의 高地에 위치하고 있는 점이 이를 잘 보여주고 있다[101](朴淳發 1997 · 1998). 또한 이 점토대토기 유적들의 시간적 위치상 외래계 집단이 장기간에 걸쳐 산상의 고지성 취락에 정주하지는 않은 것 같다. 입지적 특성상 可耕地가 미확보된 상태에서 이들의 생계경제는 수렵 또는 채집의 비중이 높았

---

101) 이와 관련하여 최근 화성 동학산 환호유적(비고72m-해발122m, 金載㳂 2004)이나 안성 반제리유적(비고48m-해발98m, 중원문화재연구원 2004) 등 점토대토기단계의 高地性 聚落이 활발히 조사되고 있는 점이 상당히 주목된다. 향후 이들 유적에 대한 정식 보고서가 간행되면 관련 논의가 매우 활발해 질 것으로 기대된다. 이밖에 자세한 유구상황은 알 수 없으나, 이미 보고되어 있는 구리 아차산(비고242m-해발292m, 林炳泰 1969), 서울 대모산(비고243m-해발293m, 金炳模외 1999), 화성 고금산(비고49m-해발99m, 任孝宰외 2002), 안성 죽주산성(비고160m-해발250m, 박경식외 2002) 등 수석리유형의 고지성 유적들을 종합적으로 분석할 필요가 있을 것이다. 즉 원형점토대토기 출토 유적의 입지적 특징이 삼국시대 이후의 山城유적과 상당부분 공통되는 점에서 재지민과의 긴장 · 갈등관계에서 비롯된 사회 · 정치적인 측면을 강하게 나타내는 것으로 볼 수 있다. 이와 함께 점토대토기인들의 생계경제적 측면을 일부 반영하는 것으로 해석될 여지도 있으므로, 다각적인 분석을 통해서 수석리유형 취락의 경관(landscape)을 이해하는 것이 중요하다.

을 것이므로[102], 이들은 초기의 긴장·갈등 관계를 극복하기 위해서 수전 농경을 중심으로 하는 재지계 집단과의 관개를 개선하고자 부단히 노력하였을 것이다. 그 대상은 재지계 집단의 상위계층일 가능성이 높으며, 이를 통해서 양 집단간에 다양한 교류가 이루어졌을 것이다. 한편, 재지계 집단의 상위계층은 점토대토기와 같은 외래유물을 집단 내에서 여타 구성원들과의 상대적 차별성을 부각시키는 한편, 자신들의 기득권을 유지하는데 사용하였을 것으로 추정된다. 아마도 송국리유형 → 수석리유형으로의 전반적인 변화에는 재지계 집단의 상위계층이 가장 중요한 역할을 담당했을 것으로 생각된다. 최초 高地에 자리잡은 외래계 집단은 재지계 집단과의 이러한 과정을 거쳐 평지의 구릉으로 내려오는 것으로 이해되는데, 이 당시의 고지성 취락이 장기간에 걸쳐 조영되지 않은 점이 이를 반증하는 것으로 생각된다.

아무튼, 위와 같은 양상을 통해 동시기에 관창리형 취락과 교성리형 취락의 양상이 나타났을 것이며, 머지않아 재지계의 송국리유형은 외래계의 수석리유형 중심으로 재편되는 것으로 판단된다. 물론 이러한 변화의 동인에 대해서는 재지계와 외래계 양 집단의 사회, 정치, 경제, 문화적 힘의 차이, 그리고 이 차이를 확대재생산하거나 감소시키려는 양 집단의 전략적 작용 - 반작용(金壯錫 2002) 등을 종합적으로 고려해야만 할 것이다. 관창리형 취락과 교성리형취락에 대한 위 가설을 김장석(2002, 20쪽)이 제시한 "이주민과 선주민의 관계와 이주 후의 문화변동가설"에 대비해 보자. 이에 따르면 김장석의 네 번째 가능성, 즉 재지계 집단과 외래계 집단

---

102) 교성리유적에서 석도와 석겸이 출토된 점에서 농경과의 관련성을 상정할 수는 있을 것이나, 입지상 일반적인 수전농경과는 거리가 먼 것으로 판단된다. 아마도 수석리유형의 일부 고지성 취락 중에는 생업활동의 일환으로 화전농경을 영위한 취락도 존재했을 것이다.

이 비교적 명확한 경계선을 가지고 한 지역에 공존하는 경우가 이에 해당한다. 중서부지역의 경우 동일 지역에 재지계 집단이 가경지 주변의 구릉성 취락을 점유하고 있는 반면, 외래계 집단은 주로 고지성 취락을 형성하고 있는 점에서 그러하다. 김장석에 의해서 제시된 이주와 전파에 대한 다양한 가설적 이론은 향후 고고학 자료에 대한 구체적·실증적 검토를 통해 문화변동에 대한 한국고고학의 중요한 연구테마로 다루어져야 할 분야로 생각된다.

4) 청동기시대 사회조직의 양상

지금까지 청동기시대 사회조직에 대해서 살펴보았으며, 여기에서는 일부 연구자들이 주장하고 있는 청동기시대 세습지위의 존재여부에 대해서 약간 검토해 보고자 한다. 이것은 계층사회의 개념과도 관계가 있는데, 문화사에 토대를 둔 서구의 신진화론적 인류학에서는 평등사회와 계층사회를 분류하는 가장 중요한 기준으로 혈연에 의한 지위의 세습을 들고 있지만, 이와 달리 일본의 신맑시즘에서는 서열을 메기는 작업으로 위계나 계층을 논하고 있다. 우리 학계는 이러한 두 가지 연구사조를 거의 무차별적으로 받아들이면서 동일한 현상에 대해 서로 다른 용어가 사용되는 등 혼란한 상황을 맞고 있다(권오영 2006).

물론 구미 이론에 대한 도식적인 도입은 문제가 될 수도 있지만, 사회조직에 대한 논의에서는 서구학계의 선행 연구성과를 참고할 필요는 있다. 예를 들어 서비스(Service)의 분류 : 군집(band) - 부족(tribe) - 족장(chiefdom) - 국가(state), 또는 프리드(Fried)의 분류 : 단순 평등사회(simple egalitarian society) - 서열사회(rank society) - 계층사회(stratified society) 개념(朴洋震 1997), 또한 얼(Earle)이나 프라이스(Price)의 견해를 토대로 정리한 〈표 19〉와 같이 평등사회(egalitarian society)와 계층사회

표 19 평등사회와 계층사회의 주요 특징(朴洋震 2006, 14쪽)

	평등사회	계층사회
사회적 특징	수평적 차별화 사회적 분화 (남녀노소)	수직적 계층화 불평등의 제도화
사회적 지위	임시 지도자 획득적 지위	세습 지배자 귀속적 지위
경제적 특징	호혜적 교환 임시 수공업자 경제적 분화(성별 및 기능적 분업)	재분배 전업수공업자 경제적 전문화

(stratified society)로 분류하는 방식도 있을 것이다.

본고에서 사용하는 위계(화) 또는 계층(화)이라는 용어는 일단 서열화를 전제로 한 의미가 크지만, 구미의 계층화 개념을 같이 고려할 필요가 있을 것이다. 필자는 남한지역의 청동기시대, 특히 후기에 상당한 정도의 사회 복잡화가 진행되었다는 점에 대해서는 전혀 반대하지 않는다. 다만 이 시기에 유력개인, 또는 유력집단의 존재, 그리고 경제적 측면의 재분배와 전문수공업자의 존재는 인정되지만(安在晧 2006), 구미식의 사회적 계층화가 제도화된 세습적(귀속적) 지위, 즉 세습 지배자가 존재한 것으로 보기에는 어려움이 많다(朴洋震 2006). 특히 분묘자료는 혈연에 의한 세습지위를 가시적으로 보여주는 것인데, 인골은 검토대상 자료가 거의 없어 논의의 대상이 되기 어렵고, 분묘군의 입지, 규모, 부장품에서도 이를 입증할만한 근거는 미약하기 때문이다.

위와 관련하여 획득지위와 귀속지위를 구분하는 한 가지 유용한 기준은 어린이들에게 때로 풍부한 부장품이 공반되고 또 차별적 배려가 있는지의 여부를 보고, 이를 세습적 계층체계가 존재한 것으로 이해하는 것이다. 그 이유는 어린아이가 개인적인 공적을 통해 그러한 지위를 획득하였을 가능성은 별로 없기 때문이다(콜린 렌프류 · 폴 반(이희준 역) 2006, 200쪽). 이와 관련하여 일찍이 최몽룡은 나주 판촌리의 소형 지석묘를 통해 지석묘사회가 세습이 인정되는 족장사회(chiefdom society)였다고 주장한 바 있으며(崔夢龍 1981, 3쪽), 김승옥 역시 일부 우월한 집단의 무덤군 내[103])에서 유소아묘가 확인된다고 하여 이를 유력 세대공동체(출계집단)의 무덤으로 이해하기도 한다(金承玉 2006a, 88쪽). 이 무덤들의 피장자가 수장과 혈연적으로 연계된 유아인지를 밝히는 것은 매우 어려운 일이나 청동기시대 후기의 사회조직을 평가하는 데 중요한 논쟁거리로 삼을 만하다[104]). 그렇지만 중서부지역 송국리문화 단계의 묘제를 검토한 김승옥이 주장한 바와 같이 일부 유적이 다른 유적에 비해 상대적 우월성이 인정되고, 일부 엘리트 친족집단의 묘는 개인의 성이나 연령, 능력에 의해 획득되는 成就地位가 당시 사회에 존재했을 가능성이 높지만, 이것이 곧바로 개인과 집단의 사회적 지위가 세습되거나 제도적으로 고정되는 歸屬地位가 당시에 존재했음을 입증하는 것은 아니다(金承玉 2001). 특히 본고에서 집중적으로 검토한 중서부지역에서는 송국리와 관창리의 분묘공간에서 수장의 존재는 인정할 수 있지만, 그 수장 가계의 권력이 장기간 지속되었다는 근거는 찾아보기 어렵다.

현재로서는 중서부지역의 일부 청동기시대 취락은 구미식의 평등사회와 계층사회의 성격을 모두 가지고 있다고 볼 수 있다. 즉 송국리나 관창리와 같은 중심취락은 경제적으로 재분배, 전업수공업자, 경제적 전문화가 인정되며, 공동체성이 강화된 상태에서 사회집단의 구성원이 3단계의 계층으로 구분된 계층사회의 성격을 가지고 있다. 반면, 이 집단의 사회조직의 정점에는 획득지위에 해당하는 수장(지배자) 혹은 권력자의 존

---

103) 진안 여의곡 5호, 구곡A유적 5-2호, 사천 이금동A군 3~5호와 C군 2~3호, 고흥 중산리 13-2호
104) 이영문(2002)도 고인돌사회를 공동체적인 협동사회이면서도 어떤 질서에 의한 계층이 발생한 사회로 보고 있는데, 세습신분제에 의한 누세대적인 지배집단을 논하고 있는 점에서 최몽룡·김승옥과 같이 세습지위를 인정하고 있다.

표 20 평등사회와 세분된 계층사회의 주요 특징

	평등사회	단순 계층사회	복합 계층사회
사회적 특징	수평적 차별화 사회적 분화 (남녀노소)	심화된 수평적 차별화	수직적 계층화 불평등의 제도화
사회적 지위	임시 지도자 획득적 지위	한시적 수장(지배자) 획득적 지위	세습 수장(지배자) 귀속적 지위
경제적 특징	호혜적 교환 임시 수공업자 경제적 분화(성별 및 기능적 분업)	재분배 전업수공업자 경제적 전문화	재분배 전업수공업자 경제적 전문화

재를 상정할 수는 있지만, 그것이 혈연에 의해서 세습되는 제도화된 권력
구조는 형성되지 못한 것으로 추정된다[105]. 이러한 이유에서 송국리단계
를 단순히 평등사회 아니면 계층사회라는 이분법적으로 구분하는 것은 적
절하지 않다고 생각하며, 이에 대한 대안으로서 계층사회에 대한 개념 역
시 "획득지위만 허용되는 계층사회"와 "귀속지위가 제도화된 계층사회"
로 나눌 필요가 있다고 본다[106]. 이를 감안하면, 전자를 "단순 계층사회"로,
후자를 "복합 계층사회"로 부르는 것이 좋다고 생각한다. 이에 따르면 한반
도 중서부지역의 청동기시대 후기 사회는 "단순 계층사회"로 분류된다.

결론적으로 이번에 검토한 중서부지역에서는 부여 송국리와 보령 관
창리취락을 통해 이전 시기 또는 동시기의 여타 취락에 비해 집단의 사회
조직이 보다 복잡하고 발전된 모습이었음을 확인하였다. 그 결과 이 두 취

---

105) 물론 한시적으로 수장의 지위가 계승될 수도 있겠지만, 이것은 사회조직의 구조적 측면
에서 지위가 제도화되는 것과는 차원을 달리한다.
106) 이는 티모시 얼(Earle 1991)이 말하는 취프덤 사회를 단순 수장(simple chiefdom)과 복합
수장(complex chiefdom)으로 나누는 구분과 어느 정도 가까운 개념으로 볼 수 있다. 그
렇지만 얼의 단순 수장사회가 수천명의 인구 규모를 갖는 정치체라는 점과 수장 지위의
세습에 관한 내용이 불분명하여 본고의 개념과는 다소 차이가 있다. 단순 수장과 복합
수장에 관해서는 Johnson and Earle 1987의 저서에 사례 연구화 함께 자세히 논의되어
있다.

락(집단)의 공동체를 상위계층 - 중위계층 - 일반계층의 3단계로 서열화하였으며, 이를 歐美의 사회조직 분류를 일부 변용한 "단순 계층사회"로 규정할 수 있다고 생각한다. 그렇지만 그 이후의 세습지위가 제도화된 "복합 계층사회"가 과연 언제부터 어떻게 시작되는지에 대해서는 다른 지역과의 비교검토나 전후 시대의 양상에 대한 통시적 검토를 진행하면서 규명해야만 할 것이다[107].

한편, 송국리단계 이전의 사회를 모두 평등사회라는 하나의 개념으로만 설명하기도 어렵다고 본다. 검토 자료가 충분하지 않아 자세한 설명을 할 수는 없었지만, 비파형동검이 부장된 대전 비래동이나 서천 오석리 오석산 분묘유적의 존재로 볼 때, 청동기시대 전기 사회는 평등사회보다는 서열사회로 분류하는 것이 타당하다고 생각한다. 향후의 자료증가와 함께 보다 진전된 논의를 필요로 하지만, 우선 사회조직의 발전단계를 평등사회-서열사회-단순 계층사회-복합 계층사회로 분류하며, 이에 대한 종합적인 논의는 후고를 기약하고자 한다.

---

107) 현재로서는 초기철기시대나 원삼국시대에 복합 계층사회가 형성된 것으로 생각하고 있지만, 이는 본고의 주제를 벗어나는 내용이어서 더 이상의 논의는 진행하지 않는다.

06 | 결론

이 책은 청동기시대 취락의 구조와 사회조직에 대해서 검토한 글이다. 연구대상의 시간적 범위는 청동기시대 전기간을 포괄하며, 공간적 범위는 한반도 중서부지역으로 설정하였다. 전체적인 내용을 논의 순서에 따라 정리하면서 결론을 맺고자 한다.

먼저, 서론에 이어지는 제 2장에서는 청동기시대 취락을 구체적으로 논의하기에 앞서 전제조건이 되는 개념설정과 편년을 검토하였다. 개념과 관련하여 미사리유형, 가락동유형, 역삼동·흔암리유형, 송국리유형과 같은 문화적 유형(Cultural Assemblage)을 새롭게 조정하거나 정리하였는데, 각각을 주거구조와 유물상에서 나타나는 핵심 요소를 중심으로 유형을 설정하였다. 청동기시대의 시작을 알리는 조기의 미사리유형은 미사리식주거지(방형 또는 장방형 평면에 판석부위석식노지 설치)를 특징으로 하며, 토기에서는 미사리식토기(돌대각목문토기)와 삼각만입석촉이나 반월형석도, 편평석부 등의 석기를 표지로 한다. 전기는 가락동유형과 역삼동·흔암리유형으로 대표된다. 가락동유형의 전형적인 유구·유물복합체는 주거구조는 장방형 또는 세장방형주거지에 위석식노지를 비롯하여 초석, 저장공 등이 설치되며(가락동식주거지), 토기상으로는 이중구연

과 단사선문의 가락동식토기가, 석기상으로는 이단병 또는 유혈구 마제석
검을 비롯하여 삼각만입석촉, 이단경석촉, 양인석부, 반월형석도 등을 주
요 구성요소로 한다. 역삼동·흔암리유형은 기왕의 역삼동유형과 흔암리
유형에 대한 비판적 재검토를 통해 하나의 유형으로 재설정하였다. 주거
구조는 장방형 또는 세장방형 평면에 무시설식 또는 토광형의 노지에 주
공식 기둥배치가 특징적인 역삼동식주거지이며, 토기는 공렬문과 구순각
목문을 표지로 하는 역삼동식토기와 여기에 이중구연, 단사선 등이 결합
된 흔암리식토기, 그리고 이들이 공반하는 양자를 포함하며, 석기는 (혈
구)이단병식석검, 삼각만입·이단경석촉, 반월형석도 등을 중심으로 한
다. 청동기시대의 가장 발전된 시기인 후기의 송국리유형은 방형 또는 원
형의 송국리식주거지와 외반구연호인 송국리식토기, 이와 더불어 일단병
식석검, 일단경식석촉, 삼각형석도, 유구석부 등이 조합을 이루는 것이 특
징이다. 이와 함께 지석묘, 석관묘, 석개토광묘, 토광묘, 옹관묘 등 다양한
형식의 분묘가 유행한다.

　　청동기시대의 편년과 관련하여 우선, 조기-전기-후기로 나누는 근거를
제시하였다. 조기는 즐문토기 말기요소와 무문토기 요소가 결합된 양상,
그리고 이와 동시기의 돌대문토기 단순기로서 이전 시기에 비해 농경의 비
중이 높아진 신석기 - 청동기시대의 전환기로 정의된다. 전기는 조기에는
존재하지 않았던 마제석검과 청동기, 그리고 분묘가 출현하면서 중국 동북
지역 비파형동검문화의 영향을 강하게 받는 시기로 특징된다. 후기는 재지
의 청동기문화를 계승·발전시키면서 보다 성숙한 농경문화를 꽃피우게
되는데, 이를 통해 송국리식주거지라는 새로운 주거형식과 다양한 분묘가
등장하게 되고, 사회복합도가 상당히 높아지는 시기에 해당한다.

　　조기는 자료가 부족하여 단계설정이 부족한 실정이지만, 전기는 전
술한 가락동유형과 역삼동·흔암리유형이 서로 병존하는 것이 특징이다.
각 유형의 Ⅰ·Ⅱ·Ⅲ기는 각각 청동기시대 전기전반과 전기중반, 전기후

반으로 구분되는데, 이들은 서로간의 접촉 또는 교류를 통해 상대 집단 또는 지역의 문화를 수용하게 된다. 이것을 단적으로 반영하는 것이 중서부지역의 가락동유형과 역삼동·흔암리유형 유적의 분포상이다. 가락동유형은 차령산맥 이남의 충청 남동부지역에, 역삼동·흔암리유형은 차령산맥 이북의 충청 북서부지역에 집중적으로 분포하는 것을 말한다. 후기는 기존의 편년연구 성과를 활용하였는데, 선송국리유형의 후기전반과 송국리유형의 후기후반으로 나눈 편년안이 타당하다고 보았다.

제3장에서 각 시기의 취락을 검토한 이후에, 이를 토대로 제4장에서는 취락의 입지와 주거지를 분석하였다. 취락의 입지는 생계방식과의 관련성을 검토하였다. 그 결과 제한된 자료이지만 조기는 강변 충적지의 평지형만 확인되었는데, 전작농경이 주가 되었던 것으로 보인다. 전기와 후기에는 평지는 물론 산지와 구릉으로 취락의 입지가 다양화하는 특징이 있다. 그러나 중서부지역에서는 아직 평지취락의 조사예는 많지 않은 실정이다. 전기에는 산지형이 부각되면서 화전농경을 포함한 밭농사가 중심을 이루며, 후기에는 구릉형 취락이 주체가 되는데 이는 논농사의 확대와 밀접한 관련이 있다고 보았다.

이어서 개별 주거와 주거군을 분석하였다. 주거지의 분포양상은 전기의 가락동유형 취락은 전기전반(가락동 I 기)의 점상취락에서 전기중·후반(가락동 II · III기)에는 선상취락으로 변화되는 흐름이 간취되며, 역삼동·흔암리유형 취락은 전기전반(I 기)은 분명치 않지만, 전기중반(II 기)은 선상취락이 많이 보이며, 전기후반(III기)에는 면상취락이 등장한다. 후기가 되면 면상취락이 급증하게 되는데, 이는 다시 괴형, 광장형, 환형으로 세분된다. 이 가운데 환형취락이 취락내에서 단위 주거군 간의 기능분화나 위계가 관찰되는 점에서 중심취락적인 성격이 강하다는 것을 확인하였다.

개별 주거에 있어서 조기와 전기의 장방형 또는 세장방형의 대형 주거지는 복수의 노지가 설치된 점에서 볼 때, 세대공동체의 가옥으로 이해된다. 그리고 후기의 소형 방형 또는 원형 주거지는 개별 세대의 가옥이지만, 이들이 2~5동으로 군집된 주거군 역시 세대공동체로 해석된다. 청동기시대 후기의 송국리식주거지는 노지가 확인되지 않아 계절가옥 또는 공방적 성격의 주거 등으로 해석하는 경향이 강했지만, 주거지 내부의 타원형수혈이 노지일 가능성이 높다는 "타원형수혈 노지설"을 수용하여 이를 복원해 보았다. 이는 청동기시대 후기의 취락론을 펼치는 데 중요한 전제조건 중의 하나이기 때문이다. 그리고 주거군의 분석을 통해 전기 주거지들간의 배치와 출입구의 위치에 주목하여 2동 조합의 주거군은 일렬배치, 병렬배치, 직교배치가 존재하며, 3동 조합의 주거군에는 일렬배치와 삼각배치가 존재함을 밝혀냈다. 이는 복수의 세대공동체의 조합을 의미한다. 전기와 후기 주거지는 모두 중개축 현상이 나타나는데, 전기의 장방형 또는 세장방형 주거지가 주로 장축방향으로 횡적인 확장이 나타는데 반해, 후기의 송국리식주거지는 기본구조의 결합에 의한 건축구조의 변화를 수반하는 것으로 확인되었다.

최근 학계에 이슈화된 송국리식주거지의 형성과 관련해서는 경기남부와 충청북부의 신출 자료를 토대로 반송리식주거지라는 새로운 주거형식을 설정하고, 이것으로부터 송국리식주거지가 형성되어 가는 과정을 주장하였다. 즉 청동기시대 전기말 장방형주거지의 중심2주공으로부터 시작하여, 여기에 타원형수혈이 중심축에 있는 송국리식주거지와 달리 중심축에서 벗어난 곳에 설치되는 반송리식주거지를 주목한 것이다. 이에 따라 반송리식을 포함한 광의의 송국리식주거지가 처음 등장한 지역은 경기남부 또는 충청북부라는 새로운 견해를 피력한 것이다.

제 5장에서는 취락의 구조와 사회조직을 고찰하였다. 청동기시대 조기의 미사리유형 취락은 아직 주거지만 확인된 상황이며, 전기의 가락동유형과 역삼동 · 흔암리유형 취락도 대부분 주거공간만으로 구성된 취락

이 일반적이다. 그렇지만 극히 일부의 취락은 소규모의 분묘공간이 형성되면서 취락구성에 중요한 변화가 일어나게 된다. 이와 함께 전기 취락의 매우 예외적인 현상으로 전기전반으로 편년되는 청원 대율리의 환호취락도 나타난다. 이는 가락동유형의 기원지로 지목되고 있는 서북한지역의 청천강~압록강유역에 계보를 둘 가능성을 언급하였다. 아무튼 전기취락은 천안 백석동취락과 같이 200여동의 주거지가 확인되었음에도 불구하고 분묘는 한 기도 분포하지 않는 것으로 밝혀진 것에서도 단적으로 알 수 있듯이, 이 시기의 대부분의 취락들은 이동이 빈번한 화전농경을 주요 생계원으로 하였을 가능성이 높다. 이것이 청동기시대 전기에 분묘군의 형성이 미약한 가장 큰 이유로 해석하였다.

그러나 청동기시대 후기가 되면 취락의 내부 공간은 다양하게 바뀌면서 이와 동시에 질적인 변화도 수반된다. 주거공간만이 아닌, 군집 저장공의 형태로 저장공간이 부가되는 경우와 주거와 분묘공간의 조합, 그리고 주거, 저장, 분묘, 의례공간이 모두 세트를 이루는 취락 등으로 변모하게 된다. 물론 여기에는 수도농경의 확대발전과 밀접한 관련이 있으며, 이 시기야말로 본격적인 정주취락이 형성되는 시기이다. 이 가운데 주거공간+저장공간+분묘공간+전업적 수공업생산 공간+의례공간으로 구성된 취락이 부여 송국리나 보령 관창리취락과 같은 대형 또는 중심취락과 연결된다. 이와 함께 후기의 취락구성에서 주목되는 시설로는 지상건물과 저장공, 우물을 중시하였는데, 특히 지상건물과 저장공은 농경생산물의 저장시설로서 또는 의례공간과 같은 공공집회소로 활용되면서 취락 내부의 공간활용 및 위계관계 또는 취락간의 위상이나 성격을 파악하는 데 매우 중요하기 때문이다.

사회조직과 관련해서는 전기 취락의 집단은 2단위의 계층으로 구성된 것으로 보았다. 즉 주거공간에서 확인되는 주거군간의 차별화를 통해 취락을 이끄는 지도자와 그의 가족들(세대공동체)을 상위계층으로, 나머지 취락 구성원들을 일반계층으로 나누었다. 또한 일부 유적에서 확인되는 분묘를 축조한 계층은 취락을 대표하는 지도자와 관련이 있으며, 나머지 대부분의 일반계층은 분묘를 축조하지 못했던 것으로 이해된다. 대전 비래동이나 서천 오석리 오석산유적과 같이 중서부지역 전기후반의 분묘에서 비파형동검이 부장되는 현상은 주목할 만한데, 이는 전기의 늦은 시기에 계층화가 심화되었다는 것을 시사하는 자료임에 틀림 없다.

후기에는 전기와 비슷한 2단계의 사회조직 형태를 취하는 취락도 여전히 존속하지만, 이 시기에는 상위계층과 중위계층, 그리고 일반계층으로 구성된 3단계의 서열화된 위계관계가 나타난다. 전기보다 후기의 취락이 농경생산의 증대에서 기인하는 대규모 저장공간과 분묘공간이 형성되는 등 사회복합도가 상당히 진전되었을 것이지만, 상위집단과 일반집단으로 양분되는 큰 틀은 대부분의 취락이 상당부분 유사하다는 점을 확인하였다. 그렇지만 보령 관창리나 부여 송국리취락과 같은 대형 또는 중심취락의 경우에는 분묘공간과 전업적 수공업생산공간, 저장공간, 의례공간 등의 취락내 분화가 활발히 진행되면서 더욱 다양하고 복잡한 조직관계가 형성된다. 중심취락 내의 사회조직이 상위 - 중위 - 일반계층으로 삼분되는 현상이 그것이다. 특히 송국리취락의 대형 지상건물과 동지주건물로 구성된 대규모 의례공간과 특정 계층을 위한 분묘공간은 수장의 존재를 상정하게 하는 중요한 자료로 이해하였다.

취락간의 관계 또는 위계 설정에서 주목한 것은 단위 취락의 공간구성이었다. 앞에서도 언급한 부여 송국리나 보령 관창리취락은 주거공간을 비롯하여 저장공간, 분묘공간, 전업적 수공업생산공간, 의례공간으로 이루어진 상위취락으로 볼 수 있다. 그리고 공주 산의리와 같이 주거와 저장, 그리고 비교적 큰 규모의 분묘공간으로 구성된 취락은 중위취락으로 구분된다. 이 밖에 주거공간만으로 구성된 취락이나 주거+저장공간의 조합, 주거와 소규모 분묘공간의 조합, 주거+저장+소규모 분묘공간으로 이루어진 취락들은 일반취락으로 분류하였다. 즉 취락간의 위계는 상위취락, 중위취락, 일반취락으로 삼분되는데, 이들 각각의 단위 취락은 서로 직접 또는 간접적으로 연결된 네트워크를 형성했던 것으로 이해하였다. 또한 관창리나 송국리와 같은 상위취락은 직접적인 관계망으로 상하(종속)관계를 형성한 일반취락을 포괄하는 중심취락으로 설정할 수 있으며, 그 외부의 주변 취락들과는 교류, 또는 교역 등을 통해 간접적인 관계망을 유지했던 것으로 보았다. 특히 송국리 중심취락과 주변취락 간에는 강한 문화적 동질성에 바탕을 둔 공동의 의례행위가 행해졌을 가능성을 언급하였는데, 이 단위 취락을 넘어선 차원의 공동 의례는 상호 호혜적인 관계로 추정하였다.

한편, 청동기시대 후기의 취락 가운데에는 외부 지향적 성향을 가진 집단이 존재하며, 특히 중심취락의 상위계층이 외래계 취락을 대상으로 한 교류 또는 교역의 주체적인 역할을 했던 것으로 파악하였다. 그 사례 연구로서 보령 관창리취락과 교성리취락간의 교류양상을 주목하였는데, 관창리취락의 초대형주거지에서 점토대토기 등의 외래계 유물이 출토된 것을 수장을 포함한 재지계의 상위계층이 외래계 취락과 접촉한 것으로 이해하였다. 이와 관련하여 중서부지역에서는 청동기시대 후기의 송국리식주거지에서 송국리식토기와 수석리식토기(점토대토기)가 공반되는 유적들이 속속 확인되고 있는데, 보령 관창리유적을 비롯한 이 유적들은 송국리유형과 수석리유형의 편년적 위치와 함께 재지계 문화와 외래계 문화의 역학관계를 추적할 수 있는 중요한 단서를 제공한다. 주거구조 및 공반유물상에 대한 검토를 통해 관창리 유적의 늦은 단계는 "재지주체(주거지·유물)+외래수용(유물)"의 "관창리형 취락"으로, 교성리 유적은 "외래주체(주거지·유물)+재지수용(유물)"의 "교성리형 취락"으로 개념화시켰다. 관창리형 취락의 경우 송국리식주거지에서 점토대토기, 흑도장경호, 두형토기 등 각종 외래유물이 세트로 확인되는 점에서 외래계 신기종의 수용에 보다 적극적이었던 것 같으며, 이와는 대조적으로 교성리형 취락에서는 토착 송국리유형의 적색마연토기만이 소량 공반되는 점에서 차별된다. 이와 같이 "관창리형 취락"과 "교성리형 취락"이 공존하는 현상은 요령지방으로부터 새롭게 등장한 교성리 취락 집단(외래계)과 재지의 토착 관창리 취락 집단(재지계)간에 상대방 집단의 특징적인 유물을 공유하는 "교류"관계에서 비롯된 것이다. 이 시기에는 양 집단의 주거구조는 변화없이 물품교류만 이루어지는데, 이는 문화의 선택적 수용의 결과로 이해하였다.

유적의 입지적 특징을 통해서 볼 때, 등장 초기의 점토대토기 사용집단은 가경지를 선점하고 있던 토착 송국리유형 집단과의 마찰을 피하기 위해 산상의 고지에 취락을 형성하게 되었다. 이때의 긴장, 갈등, 대립 국면은 점토대토기집단으로서는 생계경제상 전혀 도움이 되지 못하였을 것이므로, 재지 선주민들과의 부단한 접촉을 시도하였던 것이다. 이때의 구체적인 접촉 대상은 선주민 사회의 상위계층으로 추정되는데, 선주민 사회의 상위계층에 있어 외래유물은 집단 내에서 여타 구성원과의 차별성을 부각시키는 동시에 자신들의 기득권 유지에 도움이 되었을 것이다. 그리고 이러한 과정상에서 관창리형 취락과 교성리형 취락의 양상이 나타난 것으로 파악하였다. 이와 같이 송국리유형 → 수석리유형으로의 변화에 있어서 가장 핵심적인 것은 재지계(선주민) 집단에 대한 외래계(이주민) 집단의 접촉시도와 이를 적극적으로 받아들이고자 했던 재지계 집단 상위계층의 수용 욕구였다는 것을 주장하였다.

그리고 마지막으로 중서부지역 청동기시대 사회조직의 양상을 검토하였는데, 구미 고고학계에서 논의되어 온 평등사회와 계층사회의 일반적인 특징을 비교하였다. 그 결과 청동기시대 후기에 유력 개인이나 유력 집단의 존재, 경제적 측면의 재분배와 전문 수공업자의 존재, 그리고 3단계의 위계 형성 등은 계층사회의 특징과 다르지 않다는 것을 확인하였다. 그렇지만 사회적 계층화가 제도화된 세습적(귀속적) 지위, 즉 세습 지배자의 존재를 입증할만한 근거는 찾아볼 수 없었다. 이러한 점에서 후기 송국리 유형 단계의 사회를 획득지위만 허용되는 계층사회인 "단순 계층사회(simple stratified society)"로 규정하였다. 한편, 자료가 부족하여 자세한 설명을 할 수는 없었지만, 청동기 부장묘가 존재하는 청동기시대 전기사회는 서열사회(rank society)로 분류될 가능성만을 언급하였다.

이상으로 이 책의 내용을 장별로 요약 정리하였는데, 다음은 글을 작성하면서 느낀 점을 약간 언급하고자 한다. 본 연구에서 검토한 청동기시대 취락의 구조와 사회조직에 대한 분야는 최근부터 구체적인 연구가 시작되었다고 보아도 좋을 것이다. 수많은 선학들의 연구논문이 작성될 당시만 해도 좁은 의미의 취락으로 볼 수 있는 주거공간만을 대상으로 조사와 연구가 진행되었고, 분묘공간 역시 주거공간과의 유기적인 관계는 다루어지지 않은 것이 현실이었다. 삶의 영역과 죽음의 영역이 별개로 논의될 수밖에 없었던 셈이다. 이 책에서는 취락의 전모가 파악된 유적을 분석 대상으로 삼고자 노력하였으며, 주거공간만으로 이루어진 취락을 비롯하여, 주거지역과 매장지역을 아우르는 넓은 차원의 취락 연구를 시도한 것에 의의를 부여하고 싶다.

그렇지만 연구 내용에 부족한 점이 많이 있다. 먼저 취락의 구조와 사회조직의 발전과정에 대한 구미학계의 선행 연구를 제대로 참고하지 못한 점이 아쉬움으로 남는다. 그리고 취락과 취락 사이의 관계에 대해서는 심도 있는 검토를 진행하지 못했는데, 이는 유물의 산지 추정과 같은 자연과학적 분석을 병행한 연구가 절실하다. 또한 연구대상지역인 중서부지역과 그 이외 지역에 대한 비교검토를 실시하지 못했다. 지석묘 최대 밀집지역이면서 청동기의 출토 수량 역시 가장 많은 호남지역과 환호취락이 발달한 영남지역 등과의 공통점과 차이점을 분석하면서 각 지역의 문화적 특질과 지역성을 밝히고, 이를 통해 한반도 남한지역 청동기시대의 취락과 사회의 성격을 제대로 이해할 수 있기 때문이다. 물론 그 다음은 북한지역을 비롯하여, 한반도를 벗어난 차원에서 일본이나 중국과의 관계를 연구하는 것이 수순일 것이다. 본서의 작성 과정에서 도출된 여러 가지 문제점은 향후의 진전된 연구를 통해 보완하고자 한다.

07 | 참고문헌

| 국문 논저 |

孔敏奎, 2003, 『무문토기문화 가락동유형의 성립과 전개』, 숭실대학교대학원 석사학위
논문

_____, 2005a, 「中西內陸地域 可樂洞類型의 展開」, 『송국리문화를 통해 본 농경사회의
문화체계』, 고려대학교 고고환경연구소

_____, 2005b, 「中部地域 無文土器文化 前期 環濠聚落의 檢討 -淸原 大栗里 環濠聚落의
性格-」, 『研究論文集』創刊號, 中央文化財研究院

곽종철, 2002, 「우리나라의 선사~고대 논밭 유구」, 『韓國 農耕文化의 形成』, 韓國考古學
會

宮里修, 2005, 「無文土器時代의 취락구성 -中西部地域의 驛三洞 類型-」, 『韓國考古學報』
56

權五榮, 1996, 『三韓의 「國」에 대한 研究』, 서울대학교대학원 국사학과 박사학위논문

_____, 1997, 「한국 고대의 聚落과 住居」, 『韓國古代史研究』12

_____, 2000, 「무덤에 나타난 불평등성의 발생과 심화과정」, 『한국고대의 신분제와 관
등제』, 아카넷

_____, 2002, 「방어취락의 발전과 토성의 출현」, 『강좌한국고대사』7

_____, 2006, 「"계층사회와 지배자의 출현" 개별 발표에 대한 종합토론 요지문」, 『계층
사회와 지배자의 출현』, 韓國考古學會

김규정, 2006,「湖西·湖南地域의 松菊里型 住居址」,『금강 : 송국리형문화의 형성과 발전』, 호남·호서고고학회 합동학술대회 발표요지, 湖南考古學會·湖西考古學會

_____, 2007,「靑銅器時代 中期設定과 問題」,『한국청동기학보』1

金庚澤, 2004,「韓國 複合社會 硏究의 批判的 展望」,『韓國上古史學報』14

김권구, 2005,『청동기시대 영남지역의 농경사회』, 학연문화사

김권중, 2005,「嶺西地域 靑銅器時代 住居址의 編年 및 性格」,『江原地域의 靑銅器文化』, 강원고고학회 2005년 추계학술대회 발표요지

_____, 2008,「江原 嶺西地域 靑銅器時代 住居址와 聚落 構造의 變遷」,『한일 취락의 연구 -생산유적과 취락유적-』제4회 공동연구회 발표요지, 한일취락연구회

金吉植, 1994,「扶餘 松菊里遺蹟 調査槪要와 成果」,『마을의 考古學』, 第18回 韓國考古學全國大會 發表要旨, 韓國考古學會

_____, 1998,「扶餘 松菊里 無文土器時代墓」,『考古學誌』9

金良善·林炳泰, 1968,「驛三洞住居址 發掘報告」,『史學硏究』20

김명진·이성준·박순발·홍덕균, 2005,「베이지안 통계학(Bayesian statistics)을 이용한 한국 청동기시대 전기 可樂洞類型의 연대 고찰」,『韓國上古史學報』47

金範哲, 2005,「錦江 중·하류역 청동기시대 중기 聚落分布類型 硏究」,『韓國考古學報』57

_____, 2006a,「錦江 중·하류역 松菊里型 聚落에 대한 家口考古學的 접근」,『韓國上古史學報』51

_____, 2006b,「중서부자역 靑銅器時代 水稻生産의 政治經濟」,『한국고고학보』58

_____, 2006c,「忠南地域 松菊里文化의 生計經濟와 政治經濟」,『湖南考古學報』24

金炳燮, 2003,『韓半島 中南部地域 前期 無文土器에 대한 一考察-二重口緣土器를 中心으로-』, 경상대학교대학원 석사학위논문

金承玉, 1998,「複合社會 形成過程에 대한 理論的 모델의 一例」,『湖南考古學報』8

_____, 2001,「錦江流域 松菊里型 墓制의 硏究」,『韓國考古學報』45

_____, 2003,「금강상류 무문토기시대 무덤의 형식과 변천」,『韓國考古學報』49

_____, 2006a,「墓域式(龍潭式) 支石墓의 展開過程과 性格」,『韓國上古史學報』53.

_____, 2006b,「청동기시대 주거지의 편년과 사회변천」,『한국고고학보』60

_____, 2006c,「송국리문화의 지역권 설정과 확산과정」,『湖南考古學報』24

_____, 2006d,「분묘 자료를 통해 본 청동기시대 사회조직과 변천」,『계층사회와 지배
　　자의 출현』, 韓國考古學會

金元龍, 1986,『韓國考古學槪說』, 一志社

金壯錫, 2001,「흔암리 유형 재고 : 기원과 연대」,『嶺南考古學』28

_____, 2002,「이주와 전파의 고고학적 구분 : 시험적 모델의 제시」,『韓國上古史學報』
　　38

_____, 2003,「충청지역 송국리유형 형성과정」,『韓國考古學報』51

_____, 2006,「충청지역의 선송국리 물질문화와 송국리유형」,『韓國上古史學報』51

_____, 2007,「청동기시대 취락과 사회복합화과정 연구에 대한 검토」,『湖西考古學』17

_____, 2008,「송국리단계 저장시설의 사회경제적 의미」,『한국고고학보』67

金正基, 1974,「韓國竪穴住居址考(二)」,『考古學』3, 韓國考古學會

_____, 1996,「靑銅器 및 初期鐵器時代의 竪穴住居」,『韓國考古學報』34

金廷鶴, 1963,「廣州 可樂里 住居址 發掘 報告」,『古文化』2

金載昊, 2006,「寬倉里遺蹟 階層性에 관한 硏究」,『湖西考古學』15

김종일, 2004,「한국 중기 무문토기문화의 사회구조와 상징체계」,『國史館論叢』104

_____, 2006,「경관고고학의 이론적 특징과 적용 가능성」,『한국고고학보』58

_____, 2007,「"계층사회와 지배자의 출현"을 넘어서」,『한국고고학보』63

金智賢, 2008,『中西部地域 前期 無文土器의 炊事用土器 硏究 -驛三洞·欣岩里類型 鉢
　　形土器를 中心으로-』, 충남대학교대학원 고고학과 석사학위논문

김한식, 2006,「경기지역 역삼동유형의 정립과정」,『고고학』5-1

김현식, 2008a,「울산지역의 청동기시대 주거지」,『청동기시대 취락연구와 울산』, 한국
　　청동기학회 취락분과 워크숍(1회) 발표요지, 한국청동기학회

_____, 2008b,「호서지방 전기 무문토기 문양의 변천과정 연구」,『嶺南考古學』44

羅建柱, 2005,「中西部地方 松菊里類型 形成過程에 대한 檢討」,『錦江考古』2

_____, 2006,『前·中期 無文土器文化의 變遷過程에 대한 考察 -牙山灣·錦江流域의
　　資料를 中心으로-』, 충남대학교 고고학과 석사학위논문

_____, 2008,「서울·경기지역 청동기시대 중기와 송국리유형 형성과정」,『전통과 변
　　화 -서울경기 무문토기문화의 흐름-』, 2008년도 서울경기고고학회 추계학술대
　　회 발표요지

羅建柱·李讚熙 2006,「唐津 自開里 1遺蹟 出土 磨製石鏃의 製作過程 및 形式學的 檢討」,『錦江考古』3

盧爀眞, 2001,「粘土帶土器文化의 社會性格에 대한 一考察」,『韓國考古學報』45

리경철, 1996,「석정리 집자리유적에 대하여」,『조선고고연구』1996-4호

武末純一, 2002,「遼寧式銅劍墓와 國의 形成」,『淸溪史學』16·17

朴淳發, 1993a,「한강유역의 청동기·초기철기문화」,『한강유역사』, 민음사

_____, 1993b,「우리나라 初期鐵器文化의 展開過程에 對한 약간의 考察」,『考古美術史論』3

_____, 1997,「漢江流域의 基層文化와 百濟의 成長過程」,『韓國考古學報』36

_____, 1998,「前期 馬韓의 時·空間的 位置에 대하여」,『마한사 연구』, 忠南大學校出版部

_____, 1999,「欣岩里類型 形成過程 再檢討」,『湖西考古學』創刊號

_____, 2002,「村落의 形成과 發展」,『강좌한국고대사』7

_____, 2003,「渼沙里類型 形成考」,『湖西考古學』9

_____, 2004,「遼寧 粘土帶土器文化의 韓半島 定着 過程」,『錦江考古』創刊號

_____, 2007,『백제토기 탐구』, 주류성

박순발·이성준 2005,「大田 馬蜂재·兜率山 堡壘 遺蹟」,『百濟研究』41

朴榮九, 2004,「嶺東地域 靑銅器時代 住居址 研究」,『江原考古學報』3

朴洋震, 1997,「윌리(Willey)와 취락고고학」,『인물로 본 고고학사』, 한울아카데미

_____, 2006,「韓國 支石墓社會 "族長社會論"의 批判的 檢討」,『湖西考古學』14

朴辰一, 2000,『圓形粘土帶土器文化研究』, 釜山大學校 大學院 碩士學位論文

_____, 2007,「粘土帶土器, 그리고 靑銅器時代와 初期鐵器時代」,『한국청동기학보』1

裵德煥, 2000,「靑銅器時代 掘立柱에 대한 一考察」,『제1회 문화재조사연구단 학술세미나 발표요지』, 한국문화재보호재단

_____, 2005,「청동기시대 영남지역의 주거와 마을」,『영남의 청동기시대 문화』, 제14회 영남고고학회 학술발표회 요지, 嶺南考古學會

_____, 2007,「靑銅器時代 環濠聚落의 展開樣相」,『石堂論叢』39, 동아대학교 석당학술원

裵眞晟, 2001,「柱狀片刃石斧의 變化와 劃期」,『韓國考古學報』44

_____, 2005, 「檢丹里類型의 成立」, 『韓國上古史學報』48

_____, 2006, 「無文土器社會의 威勢品 副葬과 階層化」, 『계층사회와 지배자의 출현』, 韓國考古學會

_____, 2007, 『無文土器文化의 成立과 階層社會』, 서경문화사

석광준・김재용 2003, 「구룡강유적 발굴보고」, 『강안리 고연리 구룡강유적 발굴 보고』, 백산자료원

성정용, 1997, 「大田 新垈洞・比來洞 青銅器時代遺蹟」, 『호남고고학의 제문제』(제21회 한국고고학전국대회 발표요지문), 韓國考古學會

孫晙鎬, 2003, 「磨製石器 分析을 통한 寬倉里遺蹟 B區域의 性格 檢討」, 『韓國考古學報』51

_____, 2004, 「錦江流域 松菊里文化의 群集 貯藏孔 研究」, 『科技考古研究』10

_____, 2006, 『青銅器時代 磨製石器 研究』, 서경문화사

_____, 2007a, 호서지역 청동기시대 묘제와 고인돌, 『아시아 거석문화와 고인돌』, 제2회 아시아권 문화유산(고인돌) 국제심포지엄 발표요지, 동북아지석묘연구소

_____, 2007b, 「松菊里遺蹟 再考」, 『古文化』70

宋滿榮, 1995, 『中期 無文土器時代 文化의 編年과 性格』崇實大學校 碩士學位論文

_____, 1996, 「火災住居址를 통해 본 中期 無文土器時代 社會의 性格」, 『古文化』49

_____, 1997, 「中西部地方 無文土器文化의 展開」, 『崇實史學』第10輯, 崇實大學校 史學會

_____, 2002, 『南韓地方 農耕文化形成期 聚落의 構造와 變化』, 『韓國 農耕文化의 形成』, 韓國考古學會

_____, 2006a, 「湖南地方 青銅器時代 研究 現況과 松菊里類型 形成의 諸 問題」, 『崇實史學』19

_____, 2006b, 「남한지방 청동기시대 취락구조의 변화와 계층화」, 『계층사회와 지배자의 출현』, 韓國考古學會

沈奉謹, 1984, 「密陽 南田里와 義昌 平城里遺蹟 出土遺物」, 『尹武炳博士 回甲紀念論叢』, 通川文化社

安承模, 2008, 「韓半島 青銅器時代의 作物組成 -種子遺體를 中心으로-」, 『湖南考古學報』28

安在晧, 1991, 『南韓 前期無文土器의 編年 -嶺南地方의 資料를 中心으로-』, 慶北大學校 碩士學位論文

_____, 1992, 「松菊里類型의 檢討」, 『嶺南考古學』11

_____, 1996, 「無文土器時代 聚落의 變遷 -住居址를 통한 中期의 設定-」, 『碩晤尹容鎭 敎授停年退任紀念論叢』, 碩晤尹容鎭敎授 停年退任紀念論叢刊行委員會

_____, 2000, 「韓國 農耕社會의 成立」, 『韓國考古學報』43

_____, 2004, 「中西部地域 無文土器時代 中期聚落의 一樣相」, 『韓國上古史學報』43

_____, 2006, 『青銅器時代 聚落研究』, 부산대학교 대학원 고고학과 박사학위논문

嶺南考古學會, 2005, 『영남의 청동기시대 문화』

吳洪晳, 1994, 『聚落地理學』, 教學研究社

禹在柄, 2006, 「토광형 노지의 존재와 남겨진 과제」, 『大田 上書洞遺蹟』, 忠南大學校博物館

俞炳琭, 1998, 「大邱 八達洞 青銅器時代 住居遺蹟에 대하여」, 『제8회 영남매장문화재연구원 조사연구발표회』, 嶺南埋藏文化財研究院

_____, 2008, 「蔚山 檢丹里마을유적의 재검토」, 『청동기시대 취락연구와 울산』, 한국청동기학회 취락분과 워크숍(1회) 발표요지, 한국청동기학회

尹武炳, 1987, 「公州郡 灘川面 南山里 先史墳墓群」, 『三佛 金元龍教授 停年退任紀念論叢Ⅰ-考古學篇-』, 一志社

李康承, 1979, 「遼寧地方의 青銅器文化 -青銅遺物로 본 遼寧銅劍文化와 夏家店上層文化의 比較研究-」, 『韓國考古學報』6

_____, 1983, 「回顧-韓國考古學 40年(1945~1982) : 青銅器時代」, 『韓國考古學年報』10

_____, 1990, 「청동기시대 유적」, 『북한의 문화유산Ⅰ』, 고려원

_____, 2000, 「青銅器의 製作과 展開」, 『韓國古代文化의 變遷과 交涉』, 서경문화사

李健茂, 1992, 「松菊里型 住居分類試論」, 『韓國史學論叢』, 擇窩許善道先生停年紀念, 一潮閣

_____, 1994a, 「先史時代 住居址考古學 現況」, 『마을의 考古學』, 제18회 韓國考古學 全國大會 發表要旨, 韓國考古學會

_____, 1994b, 「韓國式 銅劍文化의 性格 -成立背景에 대하여-」, 『東아시아의 青銅器文化』, 文化財管理局 文化財研究所.

_____, 2006, 「韓國 靑銅器時代 早期設定에 대한 小考」, 『畿甸考古』6

이기성, 2000, 『無文土器時代 住居樣式의 變化』, 서울대학교대학원 석사학위논문

_____, 2006, 「석기 석재의 선택적 사용과 유통」, 『湖西考古學』15

李白圭, 1974, 「京畿道 出土 無文土器 磨製石器 -土器編年을 中心으로-」, 『考古學』第三
輯, 韓國考古學會

_____, 1986, 「漢江流域 前半期 민무늬토기의 編年에 대하여」, 『嶺南考古學』2, 嶺南考
古學會

李相吉, 1999, 「晉州 大坪 漁隱1地區 發掘調査槪要」, 『남강선사문화 세미나 요지』, 東亞
大學校博物館

_____, 2000, 『靑銅器時代 儀禮에 관한 考古學的 硏究』, 大邱 曉星카톨릭大學校 博士學
位論文

_____, 2002, 「우리는 왜 남강유역의 유적에 주목하는가?」, 『청동기시대의 大坪·大坪
人』, 국립진주박물관

_____, 2006a, 「區劃墓와 그 社會」, 『금강 : 송국리형 문화의 형성과 발전』, 호남·호서
고고학회 합동학술대회 발표요지, 湖南考古學會·湖西考古學會

_____, 2006b, 「祭祀와 權力의 發生」, 『계층사회와 지배자의 출현』, 韓國考古學會

이상복, 2005, 「대전 괴정고등학교 신축부지 문화재 발굴조사」, 『호서지역 문화유적 발
굴성과』제12회 호서고고학회 학술대회 발표요지, 호서고고학회

李盛周, 1998, 「韓國의 環濠聚落」, 『환호취락과 농경사회의 형성』, 영남고고학회·구주
고고학회 제3회 합동고고학대회 발표요지

_____, 2000, 「世界史的 見地에서 본 蔚山의 環濠」, 『울산연구』第2輯, 울산대학교박물관

_____, 2006, 「韓國 靑銅器時代 '社會'考古學의 問題」, 『古文化』68

_____, 2007a, 『靑銅器·鐵器時代 社會變動論』, 學硏文化社

_____, 2007b, 「청동기시대의 취락」, 『한국고대사연구의 새동향』, 한국고대사학회

李秀鴻, 2005, 「檢丹里式土器의 時空間的 位置와 性格에 대한 一考察」, 『嶺南考古學』36

_____, 2007, 「大形堀立柱建物의 出現과 그 意味」, 『考古廣場』創刊號, 釜山考古學硏究會

_____, 2008, 「울산지역 청동기시대 취락구조의 변화」, 『청동기시대 취락연구와 울산』,
한국청동기학회 취락분과 워크숍(1회) 발표요지, 한국청동기학회

李榮文, 1995, 「韓國 靑銅器時代 硏究의 半世紀 -硏究成果와 課題-」, 『韓國考古學의 半

世紀』, 韓國考古學會

＿＿＿＿, 2000, 「韓國 支石墓 年代에 대한 檢討」, 『先史와 古代』14

＿＿＿＿, 2002, 『韓國 支石墓 社會 研究』, 學研文化社

＿＿＿＿, 2002, 『韓國 靑銅器時代 研究』, 주류성

李在賢, 2002, 「圓形粘土帶土器文化에 대하여」, 『金海 大淸遺蹟』, 釜山大學校博物館

李宗哲, 2000, 『南韓地域 松菊里型 住居址에 대한 一考察』, 전북대학교 대학원 사학과 석사학위논문

＿＿＿＿, 2002, 「松菊里型住居址의 構造變化에 대한 試論」, 『湖南考古學報』16

李眞旼, 2004, 「중부지역 역삼동유형과 송국리유형의 관계에 대한 일고찰」, 『韓國考古學報』54

李淸圭, 1988a, 「南韓地方 無文土器文化의 展開와 孔列土器文化의 位置」, 『韓國上古史學報』1

＿＿＿＿, 1988b, 「광복후 남북한 청동기시대의 연구성과」, 『韓國考古學報』21

＿＿＿＿, 1994, 「청동기・철기시대의 사회와 문화」, 『한국사』1, 한길사

＿＿＿＿, 1995, 『濟州道 考古學 研究』, 學研文化社

＿＿＿＿, 1999, 「先史考古學」, 『歷史學報 -韓國 歷史學界의 回顧와 展望 : 1998-』163

＿＿＿＿, 2000, 「遼寧 本溪縣 上堡村 출토 銅劍과 土器에 대하여」, 『考古歷史學志』제16집, 東亞大學校博物館

＿＿＿＿, 2007a, 「비파형동검문화」, 『한국고대사연구의 새동향』, 한국고대사학회

＿＿＿＿, 2007b, 「계층사회와 지배자의 출현 : 남한에서의 고고학적 접근」, 『계층사회와 지배자의 출현』, 한국고고학회편, 사회평론

李賢惠, 2002, 「한반도 청동기시대의 밭농사 -진주 대평리 밭유적을 중심으로-」, 『震檀學報』94

李亨源, 1998, 「口脣刻目土器의 變遷과 性格에 대하여」, 『百濟研究』28

＿＿＿＿, 1999, 「保寧 眞竹里遺蹟 發掘調査 槪報」, 『20세기에 대한 역사적평가』, 제42회 전국역사학대회 발표요지

＿＿＿＿, 2001, 「可樂洞類型 新考察 -錦江流域을 中心으로-」, 『湖西考古學』4・5

＿＿＿＿, 2002, 『韓國 靑銅器時代 前期 中部地域 無文土器 編年研究』, 충남대학교대학원 고고학과 석사학위논문.

_____, 2003a, 「泗沘都城內 軍守里地點의 空間區劃 및 性格」, 『湖西考古學』8

_____, 2003b, 「青銅器時代 前期 聚落의 編年 및 構造 試論」, 『國立公州博物館紀要』3

_____, 2005a, 「松菊里類型과 水石里類型의 接觸樣相」, 『湖西考古學』12

_____, 2005b, 「嶺西地域 青銅器時代 住居址의 編年 및 性格에 대한 토론문」, 『江原地域의 青銅器文化』, 강원고고학회 2005년 추계학술대회 발표요지

_____, 2006a, 「弓洞 青銅器時代 聚落의 編年的 位置와 性格」, 『弓洞』, 忠南大學校博物館

_____, 2006b, 「"남한지방 청동기시대 취락구조의 변화와 계층화"에 대하여」, 『계층사회와 지배자의 출현』, 韓國考古學會

_____, 2006c, 「천천리 취락의 편년적 위치 및 변천 - 송국리유형의 형성과 관련하여-」, 『華城 泉川里 青銅器時代 聚落』, 한신대학교박물관

_____, 2007a, 「盤松里 青銅器時代 聚落의 構造와 性格」, 『華城 盤松里 青銅器時代聚落』, 한신대학교박물관

_____, 2007b, 「湖西地域 可樂洞類型의 聚落構造와 性格」, 『湖西考古學』17

_____, 2007c, 「南韓地域 青銅器時代 前期의 上限과 下限」, 『韓國青銅器學報』創刊號

_____, 2007d, 「京畿地域 青銅器時代 墓制 試論」, 『고고학』6-2

_____, 2008a, 「韓半島中西部地域における青銅器時代の集落變遷」, 『日韓の先史時代集落』立命館大學グローバル COE プログラム 國際シンポジウム

_____, 2008b, 「서울·경기지역 청동기시대 문화의 전통과 변화에 대한 코멘트」, 『전통과 변화 -서울경기 무문토기문화의 흐름-』, 2008년도 서울경기고고학회 추계학술대회 발표요지

李弘鍾, 1988, 「日本 초기수전농경기의 덧띠새김무늬토기 -한반도와의 관련을 중심으로-」, 『史叢』33

_____, 1996, 『청동기사회의 토기와 주거』, 서경문화사

_____, 2000, 「무문토기가 彌生토기 성립에 끼친 영향」, 『청동기문화의 새로운 연구』, 한국고대학회 2000년 춘계학술회의 발표요지, 한국고대학회

_____, 2002, 「松菊里文化의 時空的 展開」, 『湖西考古學』6·7

_____, 2003, 「忠南地域 松菊里型 住居址의 調査成果와 課題」, 『충청학과 충청문화』2

_____, 2005a, 「寬倉里聚落의 景觀」, 『송국리문화를 통해 본 농경사회의 문화체계』, 서경

_____, 2005b, 「松菊里文化의 文化接觸과 文化變動」, 『韓國上古史學報』48

_____, 2007, 「송국리형취락의 공간배치」, 『湖西考古學』17

林炳泰, 1969, 「漢江流域 無文土器의 年代」, 『李弘稙博士 回甲紀念 韓國史學論叢』

_____, 1986, 「韓國 無紋土器의 研究」, 『韓國史學』7

庄田愼矢, 2005a, 「湖西地域 出土 琵琶形銅劍과 彌生時代 開始年代」, 『湖西考古學』12

_____, 2005b, 「玉 關聯 遺物을 통해 본 晉州 大坪 聚落의 分業體制」, 『嶺南考古學』 36

_____, 2006, 「취사용기의 사용흔 분석-청동기시대」, 『계층사회와 지배자의 출현』, 한국고고학회 창립30주년 기념 한국고고학전국대회 발표요지, 韓國考古學會

_____, 2007, 『南韓 靑銅器時代의 生産活動과 社會』, 충남대학교대학원 고고학과 박사학위논문

鄭仁盛, 1998, 「낙동강유역권의 細形銅劍 文化」, 『嶺南考古學』22

정한덕, 1999, 「欣岩里類型 形成過程 再檢討에 대한 토론」, 『湖西考古學』創刊號

_____, 2000, 『中國 考古學 研究』, 學研文化社

趙鎭先, 1999, 「湖南地域 靑銅器文化의 展開過程에 對한 考察」, 『湖南考古學報』9

_____, 2004, 「全南地域 支石墓의 研究現況과 型式變遷 試論 -1990年代 以後의 發掘資料를 中心으로-」, 『韓國上古史學報』43

주남철, 1999, 『한국의 목조건축』, 서울대학교출판부

千羨幸, 2005, 「한반도 돌대문토기의 형성과 전개」, 『韓國考古學報』57

_____, 2006, 「영남지방 무문토기시대 중기로의 문양구성 변화」, 『石軒 鄭澄元敎授 停年退任紀念論叢』, 釜山考古學研究會・論叢刊行委員會

_____, 2007, 「無文土器時代의 早期 設定과 時間的 範圍」, 『한국청동기학보』1

추연식, 1997, 『고고학 이론과 방법론』, 학연문화사

崔夢龍, 1981, 「全南地方 支石墓 社會와 階級의 發生」, 『韓國史研究』35

崔夢龍・朴洋震 1986, 「驪州 欣岩里 先史聚落址」, 『驪州 欣岩里 先史聚落址』, 三和社

崔在錫, 1994, 『韓國家族研究』, 一志社

崔鍾圭, 1993, 「東洋의 防禦 集落」, 『松菊里 V-木柵(1)』, 國立公州博物館

콜린 렌프류・폴 반(이희준 역) 2006, 『현대 고고학의 이해』, 사회평론

河仁秀, 1989, 『嶺南地方 丹塗磨研土器에 대한 新考察』, 부산대학교대학원 석사학위논문

韓國考古學會, 1994, 『마을의 考古學』, 第18回 韓國考古學全國大會 發表要旨

한국고고학회, 2007, 『한국 고고학 강의』, 사회평론

한국청동기학회, 2007, 『한국 청동기시대의 시기구분』, 한국청동기학회 제1회 학술대회
　　　발표요지

韓相仁, 1981, 『粘土帶土器 文化性格의 一考察』, 서울大學校 大學院 碩士學位論文

韓永熙, 1983, 「角形土器考」, 『韓國考古學報』14·15

한지선, 2006, 「무문토기에 보이는 소성흔·조리흔 검토」, 『華城 泉川里 靑銅器時代 聚
　　　落』, 한신대학교박물관

허의행, 2007, 「호서지역 역삼동·흔암리유형 취락의 변천」, 『湖西考古學』17

허의행·오규진, 2008, 「청동기시대 복원주거의 화재실험」, 『嶺南考古學』44

황기덕, 1987, 「우리나라 청동기시대의 사회관계에 대하여(1)·(2)」, 『조선고고연구』
　　　1987-2·4

| 국문 보고서 |

강원도, 1976, 『화전정리사』

姜仁求·李健茂·韓永熙·李康承 1979, 『松菊里 I』, 國立中央博物館

과학백과사전출판사, 1980, 『석탄리유적 발굴보고』, 유적발굴보고 제12집

국립김해박물관, 2003, 『弁辰韓의 黎明』특별전도록

國立扶餘博物館, 1987, 『保寧 校成里 집자리』

국립중앙박물관, 1987, 『松菊里III』

權五榮·李亨源·申誠惠·朴重國, 2007, 『華城 盤松里 靑銅器時代 聚落』, 한신대학교
　　　박물관

畿甸文化財硏究院, 2006, 『華城 盤松里 中世遺蹟』

김경택·정치영·이건일, 2008, 「부여 송국리유적 제12차 발굴조사」, 『2008 호서지역 문
　　　화유적 발굴성과』, 호서고고학회

金京鎬·李尙勳, 2006, 『淸州 飛下洞遺蹟』, 中原文化財硏究院

金吉植, 1993, 『松菊里V-木柵(1)』, 國立公州博物館

金秉模·金承·兪炳隣, 1999, 『大母山 文化遺蹟 試掘調査 報告書』, 漢陽大學校博物館

金永培·安承周, 1975, 「扶餘 松菊里 遼寧式銅劍出土 石棺墓」, 『百濟文化』7·8

金載衍, 2004,「華城 東鶴山遺蹟 發掘調査 槪報」,『통일신라시대 고고학』(제28회 한국고고학전국대회 발표요지문), 韓國考古學會

단국대학교중앙박물관, 1996,『망이산성 발굴보고서(1)』

柳基正・柳昌善・鄭華榮, 2006,『公州 新官洞遺蹟』, 忠淸文化財硏究院

柳基正・梁美玉・羅建柱・朴亨順, 2001,『公州 長院里 遺蹟』, 忠淸埋藏文化財硏究院

渼沙里先史遺蹟發掘調査團, 1994,『渼沙里』1~5卷

박경식・서영일・방유리・김호준, 2002,『안성 죽주산성 지표 및 발굴조사 보고서』, 단국대학교 매장문화재연구소

朴淳發・李亨源・山本孝文・董寶璟・姜秉權・李晟準・李販燮, 2003,『泗沘都城 -陵山里 및 軍守里 地點 發掘調査 報告書-』, 忠南大學校 百濟硏究所

朴淳發・李販燮・董寶璟・李亨源, 2004,『牙山 鳴岩里遺蹟』, 忠南大學校 百濟硏究所

부여문화재연구소, 1993,『부여 산직리 고인돌』

서울大學校博物館, 1973,『欣岩里住居址』Ⅰ~Ⅳ

成正鏞・李亨源 2002,『龍山洞』, 忠南大學校博物館

成正鏞・李亨源・李吉成, 2002,『天安 雙龍洞遺蹟』, 忠南大學校博物館

成春澤・李晟準・土田純子・崔卿煥, 2007,『華城 半月洞遺蹟』, 忠南大學校 百濟硏究所

吳圭珍, 2005,『公州 新影里 여드니遺蹟』, 忠淸文化財硏究院

오규진・배상훈, 2007,「천안 백석동 고재미골유적」,『국가 형성에 대한 고고학적 접근』제31회 한국고고학전국대회 발표요지문

吳相卓・姜賢淑, 1999,『寬倉里遺蹟 -A・F區域 發掘調査報告書-』, 亞洲大學校博物館

禹在柄・楊慧珍・姜胎正・李芝英・韓辰淑, 2006,『大田 上書洞遺蹟』, 忠南大學校博物館

尹武炳, 1986,「淸州 香亭・外北洞遺蹟 發掘調査 報告」,『中部高速道路 文化遺蹟發掘調査報告書』, 忠北大學校博物館

_____, 1987,「公州郡 灘川面 南山里 先史墳墓群」,『三佛 金元龍敎授 停年退任紀念論叢Ⅰ』, 一志社

尹世英・李弘鍾, 1994,『渼沙里』第5卷, 高麗大學校發掘調査團

_____, 1996,『館山里遺蹟(Ⅰ)』, 高麗大學校 埋藏文化硏究所 硏究叢書 第2輯, 高麗大學校埋藏文化硏究所

李康承・朴淳發, 1995,『屯山』, 忠南大學校博物館

李康承·禹在柄·李亨源·楊慧珍·姜胎正·韓辰淑, 2006,『弓洞』, 忠南大學校博物館

이남규·권오영·이기성·이형원·신성혜·조성숙·이진민·한지선·김여진, 2006,
    『華城 泉川里 靑銅器時代 聚落』, 한신대학교박물관

李南奭, 1996,『烏石里遺蹟』, 公州大學校博物館

_____, 1999,『公州 山儀里遺蹟』, 公州大學校博物館

李南奭·李勳·李賢淑, 1998,『白石洞遺蹟』, 公州大學校博物館

李達勳·李康承·沈正輔·兪元載, 1994,『寶文山城 發掘調査 報告書』, 大田直轄市

李隆助·權鶴洙·河文植·盧秉湜·權奇允, 1994,『淸原 宮坪里 靑銅器遺蹟』, 忠北大學
    校 先史文化硏究所

李殷昌·朴普鉉·金奭周, 2002,『寬倉里遺蹟 -C·E區域 發掘調査報告書-』, 大田保健大
    學博物館

李弘鍾·姜元杓, 2001,『黃灘里遺蹟』, 고려대학교매장문화재연구소

李弘鍾·姜元杓·孫晙鎬, 2001,『寬倉里遺蹟 -B·G區域-』, 高麗大學校 埋藏文化財硏究
    所

李弘鍾·朴性姬李僖珍, 2004,『麻田里遺蹟 -C地區 發掘調査 報告書-』, 高麗大學校 埋藏
    文化財硏究所

李弘鍾·孫晙鎬·姜元杓, 2002,『麻田里遺蹟 -A地區 發掘調査 報告書-』, 高麗大學校 埋
    藏文化財硏究所

李弘鍾·孫晙鎬·山本孝文·崔仁建, 2006,『鴻山-九龍間 道路擴張 및 鋪裝工事 區間內
    文化遺蹟 發掘調査 報告書』, 高麗大學校 考古環境硏究所

李弘鍾·孫晙鎬·趙은지, 2005,『道三里遺蹟』, 高麗大學校 考古環境硏究所

李弘鍾·崔鍾澤·朴性姬, 2002,『大井洞遺蹟』, 高麗大學校 埋藏文化財硏究所

林炳泰·崔恩珠·金武重·宋滿榮, 1994,『渼沙里』第3卷, 崇實大學校博物館

林尙澤, 1999,『天安 大興里遺蹟』, 忠南大學校博物館·서울大學校 考古美術史學科

任孝宰·金城南·李眞旼, 2002,『華城 古琴山遺蹟』, 서울대학교박물관

任孝宰·崔鍾澤·林尙澤·吳世筵, 1994,『渼沙里』第4卷, 서울大學校博物館

趙順欽·白永鐘, 2006,『보은 국민체육센터 예정부지내 長神里遺蹟』, 中原文化財硏究院

中央文化財硏究院, 2001a,『鎭川 思陽里遺蹟』

_____, 2001b,『論山 院北里遺蹟』

_____, 2002, 『大田 官坪洞遺蹟』

_____, 2003, 『大田 加午洞遺蹟』

_____, 2004a, 『陰城 下唐里遺蹟』

_____, 2004b, 『報恩 上長里遺蹟』

_____, 2005a, 『鎭川 新月里遺蹟』

_____, 2005b, 『淸原 大栗里·馬山里·楓井里遺蹟』

_____, 2005c, 『大田 伏龍洞遺蹟』

_____, 2006, 『淸原 雙淸里 靑銅器時代遺蹟』

_____, 2008a, 『大田 伏龍洞遺蹟 II』

_____, 2008b, 『大田 龍山·塔立洞遺蹟』

_____, 2008c, 『인천경제자유구역 영종지구 영종하늘도시내(3구역)유적 발
굴조사 3차지도위원회의 자료』

중원문화재연구원, 2006a, 『淸州 西村洞 572-4番地遺蹟 약보고서』

_____, 2006b, 『청주 비하동 계룡리슈빌 II아파트사업주지 문화유적 연장발
굴조사약보고서』

_____, 2006c, 『청주 운동초·중학교부지 유적 약보고서』

_____, 2006d, 『오창-증평IC간 도로4차로확·포장공사구간내 문화유적발굴
조사 1차지도위원회의 및 현장설명회자료(장대리유적을 중심으로)』

_____, 2006e, 『오창-증평IC간 도로4차로확·포장공사구간내 문화유적발굴
조사 2차지도위원회의 및 현장설명회 자료(학소리유적)』

_____, 2007, 『安城 盤諸里遺蹟』

지건길·안승모·송의정, 1986, 『松菊里 II』, 국립중앙박물관

지현병·이건충·김민경·최영석, 2007, 『江陵 芳洞里遺蹟』, 江原文化財研究所

車勇杰, 1986, 「淸州 內谷洞遺蹟 發掘調査 報告」, 『中部高速道路文化遺蹟發掘調査報
告』, 忠北大學校博物館

차용걸·박중균·노병식·한선경, 2004, 『淸州 鳳鳴洞遺蹟(III)』, 忠北大學校博物館

忠南大學校博物館, 1995, 『保寧 寬倉里遺蹟 發掘調査 略報告書』

_____, 1998, 『大田 老隱洞遺蹟 發掘調査 報告』

_____, 1999, 『保寧 眞竹里遺蹟』(현장설명회자료)

_____, 2000,『논산 정지리 백제 취락지』(현장설명회자료)

忠南大學校百濟研究所, 2002,『錦山 水塘里 遺蹟』

충청남도역사문화원, 2005,『금산 제원면 수당리 표고재배부지내 문화유적 발굴조사 개략보고서』

_____, 2006,『靑陽 鶴岩里·分香里遺蹟』

_____, 2007,『公州 濟川里 遺蹟』

忠淸文化財研究院, 2006,『舒川 烏石里 烏石山 遺蹟』(현장설명회자료)

_____, 2007,『天安 白石洞 고재미골유적』(현장설명회자료)

_____, 2008,『天安 白石洞 고재미골유적』(현장설명회자료)

崔完奎·金鍾文·金奎正, 2000,『益山 永登洞 遺蹟』, 圓光大學校 馬韓·百濟文化研究所

崔楨芯·河文植·皇甫慶, 2001,『堤川 綾江里』, 世宗大學校博物館

韓國文化財保護財團, 1999,『淸原 梧倉遺蹟(Ⅰ)』

_____, 2000,『淸州 龍岩遺蹟(Ⅰ)』

許義行·姜秉權, 2004,『天安 云田里遺蹟』, 忠淸文化財研究院

|中文|

董學增, 1992,「試論西團山文化所反映的漁獵經濟」,『西團山文化學術論文集』, 吉林市博物館

牛坡博物館·陝西省考古研究所·臨潼縣博物館, 1988,『姜寨-新石器時代遺址發掘報告-』, 文物出版社

魏海波·梁志龍, 1998,「遼寧本溪縣上堡靑銅短劍墓」,『文物』1998-6

張博泉, 1984,「從東北出土殷周銅器說起」,『遼寧文物』1984-6

項春松·李義, 1995,「寧城小黑石溝石槨墓調查淸理報告」,『文物』1995-5

|日文|

岡內三眞, 2005,「中國東北地區銅劍文化の形成と展開」,『社會考古學の試み』, 同成社

宮里修, 2001,「朝鮮半島の銅劍について」,『古代』109

宮本一夫, 2004,「中國大陸からの視點」,『季刊考古學』88

宮本長二郎, 1991,「彌生時代・古墳時代の掘立柱建物」,『彌生時代の掘立柱建物－本編』, 埋藏文化財研究會・第29回研究集會實行委員會

_____, 1996,『日本原始古代の住居建築』, 中央公論美術出版

廣瀨和雄, 1998,「彌生時代の「神殿」」,『日本古代史 都市と神殿の誕生』, 新人物往來社

近藤喬一, 2000,「東アジアの銅劍文化と向津具の銅劍」,『山口縣史』資料編 考古1

大貫靜夫, 1996,「欣岩里類型土器の系譜論をめぐって」,『東北アジアの考古學』第二, 東北亞細亞考古學研究會

大貫靜夫, 2001,『韓國の竪穴住居とその集落』

大阪府立彌生文化博物館, 2002,『王の居館を探る』

都出比呂志, 1989,『日本農耕社會の成立過程』, 岩波書店

藤口健二, 1986,「朝鮮無文土器と彌生土器」,『彌生文化の研究3』彌生土器 I , 雄山閣

武藤康弘, 1997,「繩文時代前・中期の長方形大型住居の研究」,『住の考古學』

木下正史, 1997,「籾の貯藏と收穫」,『彌生文化の研究2 -生業-』, 雄山閣

寺澤薰, 1991,「收穫と貯藏」,『古墳時代の研究4 -生産と流通 I -』, 雄山閣

_____, 2000,『王權誕生』, 講談社

山崎純南, 2003,「西日本の繩文後・晩期の農耕再論」,『朝鮮半島と日本の相互交流に關する綜合學術調査』, 大阪市學藝員等共同研究實行委員會

_____, 2008,『最古の農村 -板付遺跡-』, 新泉社

石野博信, 1990,「總論」,『古墳時代の研究2 -集落と豪族居館-』, 雄山閣

小笠原好彦, 1990,「住居と倉と井戸」,『古墳時代の研究2 -集落と豪族居館-』, 雄山閣

深澤芳樹・李弘鍾, 2004,「松菊里式土器におけるタタキ技法の檢討」,『2002年度 共同研究成果報告書』, 大阪府文化財センタ

安在晧, 2004,「韓國無文土器の炭素14年代」,『彌生時代の實年代』, 學生社

安在晧・千羨幸, 2004,「前期無文土器の文樣編年と地域相」,『福岡大學考古學論集 -小田富士雄先生退職記念-』

岩崎直也, 1991,「彌生時代の建物」,『彌生時代の掘立柱建物 -本編-』, 埋藏文化財研究會・第29回研究集會實行委員會

有光敎一, 1959,『朝鮮磨製石劍の研究』, 京都大學文學部考古學叢書 第二冊

李亨源, 2002,「韓半島における靑銅器時代前期の集落について」,『考古學論功』25

中島達也, 1995,「津古牟田遺跡」,『東アジアの稻作起源と古代稻作文化』

中村大介, 2003,「石劍と遼寧式銅劍の關係にみる並行關係」,『第15回東アジア古代史·
　　考古學研究會交流會 豫稿集』, 東アジア古代史·考古學研究會

_____, 2005,「無文土器時代前期における石鏃の變遷」,『待兼山考古學論集 -都出比
　　呂志先生退任記念-』, 大阪大學考古學研究室

_____, 2006,『彌生文化形成過程の研究』, 大阪大學大學院文學研究科

佐原眞, 1998,「彌生時代に神殿はなかった」,『日本古代史 都市と神殿の誕生』, 新人物往
　　來社

淸水眞一, 1997,「大和における彌生·古墳前期の獨立棟持柱付大型掘立柱建物につい
　　て」,『櫻井市埋藏文化財 1996年度 發掘調查報告書1』, (財)櫻井市文化財協會

秋山浩三, 2007,『彌生大形集落の研究』, 靑木書店

春城秀爾, 2006,『考古學はどう檢證したか』, 學生社

片岡宏二, 2007,「彌生時代の社會 -集落擴大から見た階層社會の發生-」,『季刊考古學』98

後藤直, 1973,「南朝鮮の無文土器 -その變遷のついて-」,『考古學研究』75

_____, 1995,「朝鮮半島原始時代農耕集落の立地」,『第四紀研究』33-5

| 영문 |

Earle T. 1991, "The Evolution of Chiefdoms", Chiefdoms: Power, Economy, and
　　Ideology, edited by T. Earle, Cambridge University Press

James S. 2005, "Celtic Husbandry", Exploring the World of The Celts, Thames &
　　Hudson

Johnson A. and Earle T. 1987, The Evolution of Human Societies, Stanford
　　University Press

08 찾아보기

사진출처

사진 1 충남대학교박물관, 2007, 『호서지역의 청동기문화』

사진 2 충남대학교박물관, 2007, 『호서지역의 청동기문화』

사진 3 公州大學校博物館, 1998, 『白石洞遺蹟』

사진 4 한신대학교박물관, 2007, 『華城 盤松里 青銅器時代 聚落』

사진 5 高麗大學校 埋藏文化財研究所, 2001, 『寬倉里遺蹟-B·G區域-』

사진 6 國立扶餘博物館, 1993, 『국립부여박물관』

사진 7 오규진·배상훈, 2007, 「천안 백석동 고재미골유적」, 『국가 형성에 대한 고고학
        적 접근』제31회 한국고고학전국대회 발표요지문

사진 8 高麗大學校 埋藏文化財研究所, 2004, 『麻田里遺蹟-C地區 發掘調查 報告書-』
        國立扶餘博物館, 1993, 『국립부여박물관』

사진 9 한국고고환경연구소, 2008, 『행정중심복합도시 건설사업예정지구내 문화유적발
        굴조사 지도위원회의자료집』

사진 10 忠淸文化財研究院, 2008, 『天安 白石洞 고재미골 遺蹟』

사진 11 中央文化財研究院, 2005, 『淸原 大栗里·馬山里·楓井里遺蹟』

사진 12 高麗大學校 埋藏文化財研究所, 2004, 『麻田里遺蹟-C地區 發掘調查 報告書-』
         忠淸南道歷史文化研究院, 2008, 『鷄龍 立岩里遺蹟』

사진 13 中央文化財研究院, 2005, 『大田 伏龍洞遺蹟』

사진 14 高麗大學校 埋藏文化財研究所, 2004, 『麻田里遺蹟-C地區 發掘調查 報告書-』

사진 15 한국전통문화학교 한국전통문화연구소, 2008,『扶餘 松菊里 先史聚落址 제12차
         발굴조사 2차 지도위원회의 자료』
         국립중앙박물관, 1997,『국립중앙박물관』
         國立中央博物館, 1992,『韓國의 靑銅器文化』
사진 16 한신대학교박물관, 2006,『華城 泉川里 靑銅器時代 聚落』
사진 17 충남대학교박물관, 2007,『호서지역의 청동기문화』
사진 18 高麗大學校 埋藏文化財研究所, 2001,『寬倉里遺蹟-B・G區域-』
사진 19 국립중앙박물관, 1997,『국립중앙박물관』
사진 20 한국전통문화학교 한국전통문화연구소, 2008,『扶餘 松菊里 先史聚落址 제12차
         발굴조사 2차 지도위원회의 자료』